Skarabäen außerhalb Ägyptens: Lokale Produktion oder Import?

Workshop an der Ludwig-Maximilians-Universität
München, November 1999

Herausgegeben von

Astrid Nunn
Regine Schulz

BAR International Series 1205
2004

Published in 2016 by
BAR Publishing, Oxford

BAR International Series 1205

Skarabäen außerhalb Ägyptens: Lokale Produktion oder Import?

ISBN 978 1 84171 568 1

BAR Publishing is the trading name of British Archaeological Reports (Oxford) Ltd.
British Archaeological Reports was first incorporated in 1974 to publish the BAR
Series, International and British. In 1992 Hadrian Books Ltd became part of the BAR
group. This volume was originally published by Archaeopress in conjunction with
British Archaeological Reports (Oxford) Ltd / Hadrian Books Ltd, the Series principal
publisher, in 2004. This present volume is published by BAR Publishing, 2016.

Printed in England

BAR
PUBLISHING

BAR titles are available from:

BAR Publishing
122 Banbury Rd, Oxford, OX2 7BP, UK
EMAIL   info@barpublishing.com
PHONE   +44 (0)1865 310431
FAX   +44 (0)1865 316916
www.barpublishing.com

INHALTSVERZEICHNIS

VORWORT DER HERAUSGEBERINNEN

Sucht man nach Kulturgütern, die Ägypten und Vorderasien verbinden, so denkt man unmittelbar an den vorderasiatischen Einfluss auf Ägypten gegen Ende des 4. Jahrtausends v. Chr., oder umgekehrt an die starke Ägyptisierung der levantinischen Küste ab dem 2. Jahrtausend v. Chr., oder auch an die ägyptisierende Mode des assyrischen Hofes. Skarabäen, die außerhalb Ägyptens gefunden wurden, stehen dagegen seltener im Fokus des Interesses, und nur diejenigen, die aus dem palästinischen Raum stammen, haben eine intensivere Beachtung erfahren. Die Ursache liegt nahe. Für einen Vorderasiatischen oder einen Klassischen Archäologen sind Skarabäen fachfremd. Ihre Bearbeitung setzt entweder ein vertieftes ägyptologisches Studium voraus oder die Zusammenarbeit mit Ägyptologen. Die zweite Lösung haben die Herausgeberinnen Astrid Nunn und Regine Schulz gewählt.

Keine Objektgattung kann besser als Skarabäen die Ausstrahlung Ägyptens auf ihre Nachbarkulturen verdeutlichen. An ihnen lässt sich hervorragend beobachten, wie ein ursprünglich in Vorderasien fremdes Kulturgut erst angepasst und schließlich als eigenständige kulturelle Äußerung verstanden wurde, die eine autochtone Motivsprache entwickelte.

Die bisherige Skarabäenkunde bietet ein außerordentlich heterogenes Bild. Ägyptische Skarabäen wurden, wenn auch nicht ausreichend, so doch zum Teil vorbildlich bearbeitet[1]. Für Palästina bieten die Werke von Othmar Keel (Professor für Exegese des Alten Testaments und für Biblische Umwelt an der Universität Freiburg/Schweiz) und seinem Forschungsteam ein Bild, das immer vollständiger wird[2]. Günther Hölbl (Universitätsdozent am Institut für Alte Geschichte, Altertumskunde und Epigraphik der Universität Wien und Kurator an der Ägyptisch-Orientalischen Sammlung des Kunsthistorischen Museums Wien) hat sich mit seinen Studien über die Aegyptiaca im Mittelmeerraum äußerst verdient gemacht[3]. Trotzdem ist nach wie vor nur ein Bruchteil des Materials bearbeitet und veröffentlicht worden. Mit der Frage nach der Herkunft und der Produktion der ersten Skarabäen in Israel/Palästina und nach den Auswirkungen der ältesten Beziehungen zwischen Ägypten und Byblos auf den Skarabäenhandel beschäftigt sich Daphna Ben-Tor (Curator of Archaeology of the Land of Israel and Neighbouring Cultures am Israel Museum, Jerusalem). Astrid Nunn (Apl. Professorin für Vorderasiatische Archäologie an der Justus-Maximilians-Universität Würzburg) konzentrierte sich zunächst auf die achämenidenzeitlichen Skarabäen der Levante und auf die Veröffentlichung der Stempelsiegelsammlung des Aleppo-Museums, zu der zahlreiche Skarabäen zählen. Ihr besonderes Interesse richtet sich aber über die Levante hinaus auf die in Mesopotamien gefundenen Skarabäen, die dringend weiterer Untersuchungen bedürfen.

Manfred Görg (Professor für Alttestamentliche Theologie an der Ludwig-Maximilians-Universität München) beschäftigt sich als Ägyptologe und Alttestamentlicher Theologe schon seit

---

[1] Es sei hier nur das jüngere Werk von F.V. Richards, The Anra Scarab. An archaeological and historical approach, BAR IS 919, Oxford 2001, genannt.

[2] O. Keel, Corpus der Stempelsiegel-Amulette aus Palästina/Israel. Von den Anfängen bis zur Perserzeit. Einleitung, OBO SA 10, 1995 und Corpus der Stempelsiegel-Amulette aus Palästina/Israel. Von den Anfängen bis zur Perserzeit. Katalog Band I: Von Tell Abu Faraǧ bis ʿAtlit, OBO SA 13, 1997.

[3] G. Hölbl, Beziehungen der ägyptischen Kultur zu Altitalien, EPRO 62, Leiden 1979 und Ägyptisches Kulturgut im phönikischen und punischen Sardinien, EPRO 102, Leiden 1986. Ders., Die Problematik der spätzeitlichen Aegyptiaca im östlichen Mittelmeerraum, in: M. Görg - G. Hölbl (Hg.), Ägypten und der östliche Mittelmeerraum im 1. Jahrtausend v. Chr., ÄAT 44, 2000, 119-161.

Jahren mit den kulturellen Beziehungen zwischen Ägypten und Israel/Palästina, genau wie Stefan Wimmer (Wissenschaftlicher Assistent am Institut für Biblische Theologie und Mitarbeiter am Institut für Ägyptologie der Ludwig-Maximilians-Universität München).

Matthias Seidel[4] (Wissenschaftlicher Mitarbeiter am Department of Ancient Art des Walters Art Museums Baltimore) wandte sich als Experte für altägyptische Kunstgeschichte auch dem Thema der Kleinkunst zu. Er hat sich vor allem mit den ägyptischen Skarabäen des Roemer- und Pelizaeus Museums, des Walters Art Museums und mehrerer Privatsammlungen intensiv auseinandergesetzt. Auch Regine Schulz (Apl. Professorin für Ägyptologie an der Ludwig-Maximilians-Universität München und Curator of Ancient Art am Walters Art Museum, Baltimore) hat sich als Kunsthistorikerin mit ägyptischen Skarabäen beschäftigt und sich dabei vor allem den Motivuntersuchungen zugewandt.

Natürlich haben die genannten Wissenschaftler nur einige wenige Aspekte ansprechen können. Trotzdem hoffen die Herausgeberinnen mit der Veröffentlichung einiger Beiträge weiteres Interesse zu wecken. Wir bedanken uns bei allen Teilnehmerinnen und Teilnehmern für die spontane Zusage, die angeregten Diskussionen und für die Bereitschaft, ihren Vortrag schriftlich niederzulegen.

---

[4] Dessen hier publizierter Artikel aus technischen Gründen vom mündlich gehaltenen Beitrag abweicht.

PROGRAMM DES WORKSHOPS

Skarabäen außerhalb Ägyptens: Lokale Produktion oder Import?

29. November 1999

9 Uhr: Begrüßung durch Astrid Nunn und Regine Schulz.

9.30 Uhr: Othmar Keel; Skarabäen der 18. und 19. Dynastie in Palästina/Israel – Themen und ihre Entwicklung, Import und lokale Produktion.

10.45 Uhr: Astrid Nunn; Die Skarabäen aus Westvorderasien und Mesopotamien. Importe aus Ägypten oder lokale Produktion?

12.00 Uhr: Stefan Wimmer; *jmnjj.t*-Skarabäen.

12.30 Uhr: Manfred Görg; Thronende auf Skarabäen.

13.00 Uhr: Matthias Seidel; Zwei unge-wöhnliche Siegelamulette der Hyksoszeit.

Mittagspause.

15.30 Uhr: Daphna Ben-Tor; Import or lo-cal? Scarabs from the Israel-Museum.

16.15 Uhr: Günther Hölbl; Skarabäen aus dem nördlichen Mittelmeerraum.

17.30 Uhr: Regine Schulz; Gedanken zu einem ungewöhnlichen Siegelamulett.

18.30 Uhr: Abschließende Diskussion.

THE POLITICAL IMPLICATIONS OF THE EARLY SCARAB SERIES IN PALESTINE

Daphna BEN-TOR, Jerusalem

The number of scarabs found in Middle Bronze Age sites in Palestine, unparalleled in this region at any other period undoubtedly reflects commercial contacts with Egypt, as well as strong Egyptian cultural influence. The historical and political implications of these scarabs are, however, still highly controversial[1]. The controversy reflects the ambiguous sources available for the historical reconstruction of the first half of the 2nd millennium B.C. in both Egypt and Palestine. The political situation in Egypt during this period, which includes the Middle Kingdom and the Second Intermediate Period, is still partly obscure and highly debated[2]. The political situation in Middle Bronze Palestine is even more obscure due to the scarcity of contemporary textual sources in this region, and to the dependence of the absolute chronology of the Middle Bronze Age phases on Egyptian chronology[3]. Consequently, the nature of the relations between Egypt and Palestine during the Middle Bronze Age is still the subject of debate.

The special contribution of scarabs to the reconstruction of these relations is primarily the outcome of their extreme popularity and wide distribution in both regions during this period. In fact, scarabs constitute the most extensive and informative body of contemporary source material regarding this issue, and they were frequently used as primary archaeological evidence in many studies[4]. However, due to difficulties associated with establishing a reliable chronological typology of these scarabs the historical conclusions presented in these studies, even those based on excavated series, are inconclusive and controversial.

It was recently argued that the inconclusive state of affairs in the scholarly literature requires a reexamination of two issues, both associated with the large number of scarabs from Middle Bronze Age sites in Palestine: 1. The absolute chronology of the Middle Bronze Age phases in Palestine, and the coinciding of these phases with the Middle Kingdom and the Second Intermediate Period in Egypt. 2. The origin of production of the scarabs found in Middle Bronze Age Palestine[5].

Many scholars are now in agreement that absolute dates of archaeological deposits in the southern Levant can only be established through synchronisms with Egyptian chronology, and that the most secure synchronism for this period is provided by the Egyptian and Canaanite pottery from stratified deposits at Tell el-Dab`a[6]. The ceramic assemblages in the early levels of the Asiatic settlement at the site, which include Canaanite MBIIA pottery and 13th Dynasty Egyptian

1   Bietak, AJA 88, 1984, 482-485 und BASOR 281, 1991, 54-57. Tufnell, Studies on Scarab Seals II, 1984. O'Connor, JSSEA 15, 1985, 1-41. Ward, AJA 91, 1987, 507-532. Ward - Dever, Studies on Scarab Seals III, 1994. Beck - Zevulun, BASOR 304, 1996, 64-75. Weinstein, BASOR 304, 1996, 55-63. Ben-Tor, IEJ 47, 1997, 162-189. Ryholt, The Political Situation in Egypt During the Second Intermediate Period, 1997, 84-86, 105-116, 138-140. Ben-Tor e.a., BASOR 315, 1999, 53-63.

2   von Beckerath, Untersuchungen zur politischen Geschichte der Zweiten Zwischenzeit in Ägypten, 1964. Kemp - Merrillees, Minoan Pottery in Second Millennium Egypt, 1980. Quirke, in: Quirke (ed.), Middle Kingdom Studies, 1991, 123-139. Redford, Egypt, Canaan and Israel in Ancient Times, 1992, 82-122. Bietak, The Center of Hyksos Rule: Avaris, in: Oren (ed.), The Hyksos: New Historical and Archaeological Perspectives, 1997, 87-139. Bourriau, Beyond Avaris: The Second Intermediate Period in Egypt Outside the Eastern Delta, in: Oren (ed.), op. cit. n. 2, 159-182; The Second Intermediate Period, in: Shaw (ed.), The Oxford History of Ancient Egypt, 2000, 185-217. O'Connor, The Hyksos Period in Egypt, in: Oren (ed.), op. cit. n. 2, 45-67. Schneider, Ausländer in Ägypten, ÄAT 42, 1998. Ben-Tor e.a., BASOR 315, 1999, 53-63.

3   Weinstein, BASOR, 213, 1974, 49-57; BASOR 217, 1975, 1-16; BASOR 288, 1992, 27-46; BASOR 304, 1996, 55-63. Dever, The Beginning of the Middle Bronze Age in Syria-Palestine, in: Cross - Lemke - Miller (eds.), Magnalia dei, 1976, 3-38. Dever, Relations Between Syria-Palestine and Egypt in the "Hyksos" Period, in: Tubb (ed.), Palestine in the Bronze and Iron Ages, 1985, 69-87. Dever, BASOR 281, 1991, 73-79; BASOR 288, 1992, 1-14; Settlement Patterns and Chronology of Palestine in the Middle Bronze Age, in: Oren (ed.), op. cit. n. 2, 285-301. Bietak, AJA 88, 1984, 471-485; BASOR 281, 1991, 27-72; ÄL 3, 1992, 29-37; The Center of Hyksos Rule: Avaris, in: Oren (ed.), op. cit. n. 2, 125-128. Kempinski, Some Observations on the Hyksos (XVth) Dynasty and its Canaanite Origins, in: Israelit-Groll (ed.), Pharaonic Egypt, The Bible and Christianity, 1985, 129-137. Kempinski, The Middle Bronze Age, in: A. Ben-Tor (ed.), The Archaeology of Ancient Israel, 1992, 159-210. Ward, AJA 91, 1987, 507-532. Redford, Egypt, Canaan and Israel in Ancient Times, 1992, 71-97. Ben-Tor, BASOR 294, 1994, 7-22; IEJ 47, 1997, 162-189. Ward - Dever, Studies on Scarab Seals III, 1994. Oren, The "Kingdom of Sharuhen" and the Hyksos Kingdom, in: Oren (ed.), op. cit. n. 2, 1997, 253-283.

4   Giveon, RdE 19, 1967, 29-37; CdE 49, 1974, 223-233; Tel Aviv 3, 1976, 127-133; RdE 30, 1978, 163-167; Tel Aviv 7, 1980, 179-184. Tufnell, Levant 5, 1973, 69-82; JEA 61, 1975, 67-101; 'Atiqot 14, 1980, 37-48; Studies on Scarab Seals II, 1984. Bietak, AJA 88, 1984, 482-485; BASOR 281, 1991, 54-57. Kempinski, Some Observation on the Hyksos (XVth) Dynasty and its Canaanite Origins, in: Israelit-Groll (ed.), op. cit. n. 3, 129-137. Kempinski, Two Scarabs of Yakubum, in: Israelit-Groll (ed.), Studies in Egyptology, 1990, 632-643. O'Connor, JSSEA 15, 1985, 28-40. Ward, AJA 91, 1987, 507-532. Keel, OBO 88, 1989, 39-87; Corpus der Stempelsiegel-Amulette aus Palästina/Israel, OBO SA 10, 1995; Stamp Seals, in: Westenholz (ed.), Seals and Sealing in the Ancient Near East, 1995, 96-121. Ben-Tor, BASOR 294, 1994, 7-22; IEJ 47, 1997, 162-189. Ben-Tor e.a., BASOR 315, 1999, 47-74. Ward - Dever, Studies on Scarab Seals III, 1994. Ryholt, The Political Situation in Egypt During the Second Intermediate Period, 1997, 34-65; IEJ 48, 1998, 194-200.

5   Ben-Tor, IEJ 47, 1997, 162.

6   Bietak, AJA 88, 1984, 472; BASOR 281, 1991, 27; The Center of Hyksos Rule: Avaris, in: Oren (ed.), op. cit. n. 2, 1997, 125. Bietak, Regional Projects: Egypt, in: Bietak (ed.), The Synchronisation of Civilisations in the Eastern Mediterranean in the Second Millennium B.C., 2000, 83, 88. Weinstein, BASOR 288, 1992, 27; BASOR 304, 1996, 60-61. Smith, Askut in Nubia, 1995, 76, 85-86. Ben-Tor, IEJ 47, 1997, 163-164. Bagh, The Beginning of the Middle Bronze Age in Egypt, 2000, 26-27.

pottery, argue for the continuation of the MBIIA in Palestine well into the 13th Dynasty[7].

The early Palestinian scarab series, reflecting the initial occurrence of scarabs in this region come from archaeological contexts ranging between the last phase of the MBIIA with only a handful of examples, and the early MBIIB to which most examples are attributed[8]. These scarabs were defined as groups IIA and III by Ward and Dever[9], who note their identical typological profile and the fact that they are closely related archaeologically. Ward and Dever maintain, however, the division of these scarabs into two groups, attributing scarabs from MBIIA and the transitional MBIIA-B contexts to group IIA and those from early MBIIB contexts to group III[10]. In terms of absolute dates both groups were dated by Ward and Dever to the 12th Dynasty, group III probably continuing into the early 13th Dynasty[11].

These dates, first suggested by Tufnell and Ward and further defended by Ward and Dever were based on the high chronology proposed by these scholars for the Middle Bronze Age phases in the southern Levant[12]. The dates based on the high chronology, disregarding the crucial evidence from Tell el-Dab`a[13], were challenged by many scholars and are largely unaccepted[14]. The relative sequence of scarabs proposed by Tufnell, Ward, and Dever, which is based on the high chronology, places the early Palestinian series between the Montet Jar scarabs and the late Middle Kingdom sealings from Kahun and Uronarti[15].

The early 12th Dynasty date for the Montet Jar scarabs recently suggested by Ward[16] was confirmed based on the ceramic context of the scarabs and sealings from Abu Ghalib, which display identical designs[17]. It has been argued[18] that the small number of Montet Jar-type scarabs attested in excavated series and in museum collections[19] indicates their production prior to the mass production of scarabs in Egypt. The archaeological contexts of published groups of scarabs and sealings from Middle Kingdom sites in Egypt and lower Nubia strongly suggest that the beginning of mass production of scarabs in Egypt did not occur prior to the late 12th Dynasty[20]. The evidence further indicates that this development probably occurred sometime between the reigns of Senusret III and Amenemhat III – ca. 1850 B.C., in association with the religious and administrative developments attested in Egypt during this period[21]. The late Middle Kingdom excavated series in Egypt and Nubia constitute primarily sealings from administrative units at sites such as Kahun, Uronarti[22], South Abydos[23] and Elephantine[24]. The bulk of the sealings dates from the 13th Dynasty, based on the ceramic assemblages associated with them[25] though some late 12th Dynasty examples[26] are most probably included

---

[7] Refuting the high chronology accepted prior to the Tell el-Dab`a excavations, which coincides the MBIIA with the 12th Dynasty (below). Bietak, AJA 88, 1984, 479-482; BASOR 281, 1991, 31-40; The Center of Hyksos Rule: Avaris, in: Oren (ed.), op. cit. n. 2, 1997, 126-127. Weinstein, BASOR 288, 1992, 29-31; BASOR 304, 1996, 58-61. Smith, Askut in Nubia, 1995, 76. Ben-Tor, IEJ 47, 1997, 164.

[8] Weinstein, BASOR 217, 1975, 1-7; BASOR 288, 1992, 35; BASOR 304, 1996, 57-58, 60. Beck - Zevulun, BASOR 304, 1996, 67, 69-72.

[9] Studies on Scarab Seals III, 1994, 5-6.

[10] Beck - Zevulun, op. cit. n. 8, however, argue that most of the ceramic assemblages attributed by Ward and Dever to the MBIIA and the transitional MBIIA-B should be attributed to the early MBIIB.

[11] Studies on Scarab Seals III, 1994, 6.

[12] Ward - Dever, op. cit. n. 11, 1994, 48.

[13] Ward - Dever, op. cit. n. 11, 74-82, hardly consider the Egyptian pottery at Tell el-Dab`a. See also Ben-Tor, IEJ 47, 1997, 164 n. 14.

[14] Kemp - Merrillees, op. cit. n. 2, 1980, 44-50. Bietak, AJA 88, 1984, 482-485; BASOR 281, 1991, 53-75; The Center of Hyksos Rule: Avaris, in: Oren (ed.), op. cit. n. 2, 125-128. O'Connor, JSSEA 15, 1985, 40-41. Weinstein, BASOR 288, 1992, 27-46; BASOR 304, 1996, 55-63. Beck - Zevulun, BASOR 304, 1996, 64-75. Smith, Askut in Nubia, 1995, 76, 85-86. Ben-Tor, IEJ 47, 1997, 163-164. Bagh, op. cit. n. 6, 26-27.

[15] Tufnell, Studies on Scarab Seals II, 1984, 3-6. Ward, AJA 91, 1987, 506 n. 6.

[16] Ward - Dever, Studies on Scarab Seals III, 1994, 89-93.

[17] Ben-Tor, The Absolute Date of the Montet Jar Scarabs, in: Lesko (ed.), Ancient Egyptian and Mediterranean Studies in Memory of William A. Ward, 1998, 1-17.

[18] Ben-Tor, op. cit. n. 17, 14.

[19] Only a handful of scarabs apart from the Montet Jar group are presented by Ward, Studies on Scarab Seals I, 1978, Pls. 3-16, and very few examples were found by this author in the scarab collections of the Israel Museum, Jerusalem, the Metropolitan Museum of Art, New York, and the Matouk collection, Fribourg, Switzerland.

[20] The great majority of Middle Kingdom scarabs and seal impressions were found in late Middle Kingdom cemeteries and administrative units dating from the late 12th and the 13th Dynasty (below).

[21] Martin, Egyptian Administrative and Private-Name Seals, 1971, 3. Johnson, Private Name Seals of the Middle Kingdom, in: Gibson - Biggs (eds.), Seals and Sealings in the Ancient Near East, BiMes 6, 1977, 141-145. Williams, Aspects of Sealing and Glyptic in Egypt Before the New Kingdom, in: Gibson - Gibbs (eds.), op. cit., 136-138. Hornung - Staehelin, Skarabäen und andere Siegelamulette aus Basler Sammlungen, 1976, 50. Bourriau, Pattern of Change in Burial Customs during the Middle Kingdom, in: Quirke (ed.), op. cit. n. 2, 3-20.

[22] Tufnell, JEA 61, 1975, 67-101.

[23] Wegner, JARCE 35, 1998, 32-41.

[24] von Pilgrim, Elephantine XVIII, 1996, 234-274.

Published Late Middle Kingdom scarabs from excavations are extremely rare. The publication of the Harageh scarabs, Engelbach, Harageh, 1923, Pl. 20, does not include their backs and sides and only a few were properly published later by Kemp and Merrillees, Minoan Pottery, 1980, Fig. 18. Most of the Harageh scarabs display, however, the same designs that are attested on the numerous late Middle Kingdom sealings. The scarabs from the north pyramid cemetery at el-Lisht are currently prepared for publication by Geoffrey Martin, who kindly granted this author permission to examine them. As in the case of Harageh, most scarabs from the north pyramid cemetery at el-Lisht display designs that are identical to those found on late Middle Kingdom sealings. Bourriau, Patterns of Change, in: Quirke (ed.), op. cit. n. 2, 8, states that the main period of use of the Harageh and Lisht North cemteries came in the late 12th to 13th Dynasties.

[25] Smith, Askut in Nubia, 1995, 70-71. Wegner, JARCE 35, 1998, 37-41. Allen, in: Ben-Tor e.a., BASOR 315, 1999, 55-58.

[26] The bulk of the sealings at Elephantine comes from stratum 13/XIII, von Pilgrim, Elephantine XVIII, 1996, 252-253, which is dated by the excavator to the late 12th Dynasty (ibid., 15). Dorothea Arnold who examined the published pottery from this stratum at my request, states that it continues well into the 13th Dynasty. This conclusion is confirmed by Teodozja Rzeuska who is currently working on the publication of the

in all groups[27]. Most deposits in which late Middle Kingdom scarabs and sealings were found do not allow us to distinguish between late 12th and 13th Dynasty examples[28]. The material can therefore only be defined as 'Late Middle Kingdom', ranging between the late 12th through the 13th Dynasty, sometimes continuing into the early Second Intermediate Period[29].

It was recently argued[30] that designs occurring on scarabs of the early Palestinian series simulate designs of late Middle Kingdom scarabs, indicating that the artists who produced them had attempted to copy Egyptian late Middle Kingdom prototypes (**Tafel 1-2**). It was further demonstrated that many of the scarabs in the early Palestinian series display misrendered signs and pseudohieroglyphs that are not attested on the Egyptian examples (see n. 30). The misrendered signs and the distribution of these scarabs almost exclusively in Palestine[31], argue for the non-Egyptian origin of the artists who produced them and for Palestine as their place of production. Most designs occurring on the scarabs of the early Palestinian series constitute variations and imitations of late Middle Kingdom designs[32], confirming the latter as the source of inspiration for the Canaanite artists, and strongly arguing against the absolute chronology and sequence suggested by Tufnell, Ward and Dever[33].

The archaeological contexts and the distribution of the early Palestinian series indicate the primary use of these scarabs as funerary amulets in Canaanite tombs, and their southern and central Palestinian origin. The largest groups were found in early MBIIB Canaanite cemeteries at Jericho, Tel Aviv harbor, Rishon Leziyyon and Megiddo[34]. According to the low chronology based on the ceramic evidence at Tell el-Dab`a, the initial occurrence of scarabs in Palestine can not

date earlier than the late 18th century B.C., coinciding with the advanced 13th Dynasty – the time of final decline of the Middle Kingdom. As these scarabs constitute the earliest evidence in Palestine for significant commercial contacts with Egypt in the Middle Bronze Age[35], it is highly unlikely that they reflect relations initiated by the Middle Kingdom residence at that particular time. However, it is exactly at that time that a significant growth and development in the Canaanite settlement at Tell el-Dab`a are attested[36]. Moreover, the archaeological evidence at Tell el-Dab'a indicates gradual Egyptian influence on the material culture of the Canaanite settlement, including the use of scarabs as funerary amulets[37]. It was therefore suggested that scarabs of the early Palestinian series do not reflect relations between Middle Kingdom Egypt and Palestine, but a Canaanite adaptation of an Egyptian funerary custom that was transmitted through contacts with the Asiatic settlers in the eastern Delta[38].

This conclusion is confirmed when scarabs of the early Palestinian series are compared with scarabs from Middle Kingdom sites in lower Nubia – which were under Egyptian rule at that time[39], and Byblos – which had strong commercial and diplomatic relations with Middle Kingdom Egypt[40]. Unlike the early Palestinian series, the scarabs found in lower Nubia and Byblos constitute almost exclusively Egyptian Middle Kingdom imports, reflecting the particular relations between Egypt and these regions during this period[41]. The currently accepted date for the archaeological contexts of the early Palestinian series, and its constituting mainly locally manufactured scarabs indicate relations between Egypt and Palestine, which differ from those attested in lower Nubia and in Byblos. Moreover, these scarabs reflect the initial phase of close commercial and cultural relations between the eastern Delta and Palestine, which are attested throughout the Second Intermediate Period. These relations are manifested in the massive Canaanite material culture at Tell el-Dab`a[42] and in the large number of scarabs found in late Middle Bronze contexts in Palestine[43].

Middle Kingdom pottery from the site. I thank both these scholars for their generous help.

[27] Even isolated early Middle Kingdom scarabs of the Montet Jar type are attested among the late Middle Kingdom sealings (e.g. Tufnell, JEA 61, 1975, Fig. 7: 317-18; von Pilgrim, Elephantine XVIII, 1996, Fig. 101: 85, Fig. 104: 131, 135, Fig. 102: 242).

[28] The only exceptions are scarabs displaying features identical to those found on the mid-13th Dynasty royal-name scarabs termed, 'the Sobkhotep group' by Ward (in Tufnell, Studies on Scarab Seals II, 1984, 156-59), which can be securely dated to this period. These include a large number of private-name scarabs (Martin, Egyptian Administrative and Private-Name Seals, 1971, 5 – back type 6. Ryholt, The Political Situation in Egypt, 1997, 34 n. 90) and design scarabs bearing distinctive late Middle Kingdom designs. These scarabs will be presented in a study currently prepared by this author.

[29] Wegner, JARCE 35, 1998, 1-44. Allen, in: Ben-Tor e.a., BASOR 315, 1999, 55-58.

[30] Ben-Tor, IEJ 47, 1997, 168-185.

[31] Only six examples are attested outside Palestine in tomb 66 at Ruweise on the Lebanese coast (Ben-Tor, IEJ 47, 1997, 187 n. 89), found together with 13 late Middle Kingdom Egyptian scarabs. Beck and Zevulun (BASOR, 304, 1996, 66-67) attribute the ceramic assemblages from Tomb 66 to the transitional MBIIA-B and the early MBIIB.

[32] Ben-Tor, IEJ 47, 1997, 167-183.

[33] A small number of imported late Middle Kingdom scarabs were found in the early Palestinian series, but the great majority constitutes local Canaanite productions, Ben-Tor, IEJ 47, 1997, 185-87.

[34] Ben-Tor, op. cit. n. 33, 185-187.

[35] See Weinstein, BASOR 213, 1974, 49-57; BASOR 217, 1975, 1-16; BASOR 288, 1992, 34-35; BASOR 304, 1996, 61. Ben-Tor, BASOR 294, 1994, 11; IEJ 47, 1997, 187-88.

[36] Bietak, BASOR 281, 1991, 38-40; Avaris, The Capital of the Hyksos, 1996, 49.

[37] Bietak, BASOR 281, 1991, 31-47. Ben-Tor, IEJ 47, 1997, 188 n. 92.

[38] Ben-Tor, BASOR 294, 1994, 11; IEJ 47, 1997, 187-188.

[39] Smith, Askut in Nubia, 1995, 25-80.

[40] Ryholt, The Political Situation in Egypt, 1997, 86-90.

[41] A large number of official sealings of the Egyptian administration were found in late Middle Kingdom contexts in Lower Nubia, see Smith, Administration at the Egyptian Middle Kingdom Frontier, in: Palaima (ed.), Aegean Seals, 1990; Askut in Nubia, 1995, 43-44, attesting to the Egyptian control of this region. No such sealings are attested at Byblos.

[42] Bietak, Avaris, The Capital of the Hyksos, 1996; The Center of Hyksos Rule: Avaris, in: Oren (ed.), op. cit. n. 2, 87-139. Holladay, The Eastern Nile Delta, in: Oren (ed.), op. cit. n. 2, 183-252. McGovern - Harbottle, "Hyksos" Trade Connections, in: Oren (ed.), op. cit. n. 2, 141-57. Bourriau, The Second Intermediate Period, in: Shaw (ed.), op. cit. n. 2, 186-195.

[43] Tufnell, Studies on Scarab Seals II, 1984. Ward, AJA 91, 1987, 507-32. Keel, OBO SA 10, 1995.

The question that should to be considered now is whether the early scarab series in Palestine reflect a political change in Egypt. This question encounters difficulties, which result from the controversy concerning the historical and chronological definition of the Second Intermediate Period in Egypt. The term 'Intermediate Period' is used to describe periods in Egyptian history when the land was divided between rival dynasties[44]. The term 'Second Intermediate Period' should therefore apply to the period between the takeover of the eastern Delta by rulers of Canaanite origin and their expulsion by Ahmose in the early 18th Dynasty[45]. The end of the period is clearly defined historically and archaeologically[46].

However, the beginning of the period, coinciding with the takeover of the eastern Delta by a dynasty of Canaanite origin and the subsequent division of the land is highly debated[47].

The archaeological evidence at Tell el-Dab`a indicates that the earliest Canaanite settlement at the site dates from the late 12th – early 13th Dynasty in the early 18th century B.C.[48]. The time of the actual takeover of the eastern Delta by these settlers is, however, still controversial (above). It was recently argued, based on archaeological evidence from Tell el-Dab`a, that this takeover occurred in the late 18th - early 17th century B.C., by a pre-Hyksos Dynasty of Canaanite origin, which is usually identified with Manetho's 14th Dynasty[49]. Bietak argues that this takeover took place at Tell el-Dab`a during the occupation level associated with stratum F/b3, which is dated between the late 18th - early 17th century B.C.[50].

This suggested date for the takeover of the eastern Delta by the Canaanite settlers is corroborated by archaeological evidence that argues for distinct changes in the pattern of trade relations between Egypt and the Levant, which occurred in the late 18th - early 17th century B.C. Archaeological evidence from Egypt and Syria-Palestine shows that Egypt's trade with the Levant during the Middle Kingdom was almost exclusively with Syria, primarily with the city of Byblos on the Lebanese coast[51]. Close commercial relations between Middle Kingdom Egypt and Byblos are reflected in the archaeological evidence at the site, which indicates that these relations lasted throughout the 12th Dynasty and well into the 13th Dynasty[52]. The archaeological evidence in Palestine argues against commercial relations with Egypt during this period[53]. The last 13th Dynasty king attested at Byblos is king Ibiaw Wahibre whose reign is dated to the last decade of the 18th century[54], indicating that the close relations between Middle Kingdom Egypt and Byblos ended sometime in the late 18th - early 17th century B.C.

Archaeological evidence from the el-Lisht – Memphis region, where the capital was located during the Middle Kingdom, corroborates the change in trade patterns between Egypt and the Levant in the late 18th - early 17th century B.C. Imported Levantine pottery that can be dated to the 12th Dynasty is extremely rare in this region, the few attested examples have their closest parallels at sites along the Syrian coast, particularly at Byblos[55]. The importation of Canaanite jars from Palestine to this region is first attested in contexts dating from the advanced 13th Dynasty – not earlier than the late 18th - early 17th century B.C.[56]. The evidence thus argues for the coinciding of the termination of trade relations between Egypt and Byblos, and the beginning of trade relations between Egypt and Palestine – both occurring sometime between the late 18th - early 17th century B.C.

Recent studies of the archaeological evidence in Nubia argue that distinct changes in trade patterns occurred at that time also between Egypt and Nubia. Egyptian pottery found in the second cataract forts and in Kerma reflects large-scale trade between these Nubian sites and both Upper and Lower Egypt during the 12th Dynasty, continuing well into the 13th Dynasty[57].

44 Ryholt, op. cit. n. 40, 311-12. Ben-Tor e.a., BASOR 315, 1999, 67 n. 1.

45 Bourriau, Beyond Avaris: The Second Intermediate Period in Egypt Outside the Eastern Delta, in: Oren (ed.), op. cit. n. 2, 159. O'Connor, The Hyksos Period in Egypt, in: Oren (ed.), op. cit. n. 2, 45-52.

46 Bourriau, Beyond Avaris: The Second Intermediate Period in Egypt Outside the Eastern Delta, in: Oren (ed.), op. cit. n. 2, 159-65; The Second Intermediate Period, in: Shaw (ed.), op. cit. n. 2, 210-15. O'Connor, The Hyksos Period in Egypt, in: Oren (ed.), op. cit. n. 2, 45.

47 Redford, Egypt, Canaan and Israel in Ancient Times, 1992, 101-106. Bietak, The Center of Hyksos Rule, in: Oren (ed.), op. cit. n. 2, 108-109. Bourriau, Beyond Avaris, in: Oren (ed.), op. cit. n. 2, 159; The Second Intermediate Period, in: Shaw (ed.), op. cit. n. 2, 190-93. O'Connor, The Hyksos Period in Egypt, in: Oren (ed.), op. cit. n. 2, 48-52. Ryholt, The Political Situation in Egypt During the Second Intermediate Period, 1997, 5-6. Ben-Tor e.a., BASOR 315, 1999, 47-74.

48 Bietak, The Center of Hyksos Rule, in: Oren (ed.), op. cit. n. 2, 97-100.

49 Bietak, The Center of Hyksos Rule, in: Oren (ed.), op. cit. n. 2, 108-109. Bourriau, The Second Intermediate Period, in: Shaw (ed.), op. cit. n. 2, 190-193. O'Connor, The Hyksos Period in Egypt, in: Oren (ed.), op. cit. n. 2, 48-52. The first king of this local dynasty may have been an Egyptian official, see Bietak, SAK 11, 1984, 59-75; The Center of Hyksos Rule, in: Oren (ed.), op. cit. n. 2, 109. Bourriau, The Second Intermediate Period, in: Shaw (ed.), op. cit. n. 2, 190-91. The evidence at Tell el-Dab`a argues, however, for the Canaanite origin of his successors, Bietak, in: Oren (ed.), op. cit. n. 2, 108-109. For the Canaanite origin of this Dynasty see also Ryholt, op. cit. n. 47, 94-102 and J. Allen, in: Ben-Tor e.a., BASOR 315, 1999, 51. Ryholt's proposed chronology and reconstruction of the 14th Dynasty are, however, problematic (Ben-Tor e.a., BASOR 315, 1999, 47-74).

50 Bietak, BASOR 281, 1991, 51; The Center of Hyksos Rule, in: Oren (ed.), op. cit. n. 2, 90, 108-109.

51 Weinstein, BASOR 213, 1974, 56; BASOR 217, 1975, 13-14. Eder, Die ägyptischen Motive, 1993, 175. Teissier, OBO SA 11, 1996, 1-3. Ryholt, op. cit. n. 47, 84-90.

52 Ryholt, op. cit. n. 47, 84-90.

53 Weinstein, BASOR 213, 1974, 56; BASOR 217, 1975, 13-14; BASOR 288, 1992, 34-35; BASOR 304, 1996, 61. Ben-Tor, BASOR 294, 1994, 11; IEJ 47, 1997, 187-188.

54 Ryholt, op. cit. n. 47, 89-90, 197.

55 Arnold e.a., ÄL 5, 1995, 16-20. Bagh, ÄL 8, 1998, 47-49; The Beginning of the Middle Bronze Age in Egypt, 2000, 158-160.

56 Arnold e.a., ÄL 5, 1995, 24-27. The Egyptian pottery associated with these jars is analogous to that of complex 7 at Dahshur, which was dated by Arnold, MDAIK 38, 1982, 42, within the range of ca. 1760-1650, but more likely beginning only ca. 1700, see Arnold, op. cit., 39-40. Bietak, in: Oren (ed.), op. cit. n. 2, 131-132, n. 116. Smith, Askut in Nubia, 1995, 76. The hemispherical cups found with the Canaanite jars have vessel indices ranging from 151 to 115, which date them to the advanced 13th Dynasty (Arnold e.a., ÄL 5, 1995, 24).

57 Bourriau, Relations Between Egypt and Kerma, in: Davies (ed.), Egypt and Africa: Nubia from Prehistory to Islam, 1991, 129-130. Smith, Askut in Nubia, 1995, 75-79.

However, from the advanced 13th Dynasty and throughout the Second Intermediate Period the Egyptian pottery in Nubia is exclusively of Upper Egyptian origin, attesting to a hiatus in trade contacts between Lower Egypt and Nubia during this period[58]. It was suggested that this change in trade patterns between Egypt and Nubia reflects the disintegration of the central rule of the Middle Kingdom at el-Lisht, and the final abandonment of this northern capital by the late rulers of the 13th Dynasty in favor of Thebes[59]. No conclusive evidence is available to determine the precise turn of events that caused the abandonment of the northern residence[60]. This development is, however, most likely to be associated with the takeover of the eastern Delta by rulers of Canaanite origin and their subsequent takeover of the el-Lisht - Memphis region. The termination of trade contacts between Egypt and Byblos can also be attributed to the disintegrating power of the 13th Dynasty, and the subsequent retreat of its late rulers to Thebes, where they were no longer able to continue the traditional Middle Kingdom commercial contacts with the Syrian coast.

The distinct changes in trade patterns between Egypt and the Levant on the one hand and Egypt and Nubia on the other strongly argue for a political change in Egypt in the late 18th - early 17th century B.C., and most probably reflect the transition from the Middle Kingdom to the Second Intermediate Period. If this is indeed the case, the early Palestinian scarab series reflect the takeover of the eastern Delta by rulers of Canaanite origin, who initiated new trade patterns – with Palestine, their place of origin. As noted above, close commercial and cultural contacts between the eastern Delta and Palestine are attested throughout the Second Intermediate Period. The Egyptian cultural influence in Palestine, which resulted from these contacts, is manifested in the highly Egyptianized iconography on the numerous locally produced scarabs during this period[61], and in their primary use as funerary amulets. The unparalleled number of scarabs attested in Palestine during this period most probably reflects the particular political situation in Egypt, i.e. the control of northern Egypt by rulers of Canaanite origin. It is argued here that the early groups of scarabs in Palestine represent the initial phase of the special contacts resulting from this political development.

References

D. Arnold, Keramikbearbeitung in Dahschur 1976-1981, MDAIK 38, 1982, 25-65.

D. Arnold - F. Arnold – S. Allen, Canaanite Imports at Lisht, The Middle Kingdom Capital of Egypt, ÄL 5, 1995, 13-32.

---

58 Bourriau, op. cit. n. 57, 130. Allen, in: Ben-Tor e.a., BASOR 315, 1999, 57-58.

59 Bourriau, op. cit. n. 57, 130.

60 O'Connor, The Hyksos Period in Egypt, in: Oren (ed.), op. cit. n. 2, 48-52. Bourriau, The Second Inter-mediate Period, in: Shaw (ed.), op. cit. n. 2, 190-191.

61 Keel, OBO 88, 1989, 39-87; OBO 135, 1994, 213-224; Stamp Seals – The Problem of Palestinian Workshops, in: Westenholz (ed.), Seals and Sealing in the Ancient Near East, 1995, 106-114.

T. Bagh, `Ezbet Rushdi and the 12th Dyn. Levantine Connection, ÄL 8, 1998, 47-49.

Id., The Beginning of the Middle Bronze Age in Egypt and the Levant: A Study of the so-called Levantine Painted Ware and Related Painted Pottery Styles of the Beginning of the Middle Bronze Age Focusing on Chronology. Ph.D. Thesis. University of Copenhagen, 1998.

P. Beck - U. Zevulun, Back to Square One, BASOR 304, 1996, 64-75.

J. von Beckerath, Untersuchungen zur politischen Geschichte der Zweiten Zwischenzeit in Ägypten, ÄgF 23, 1964.

D. Ben-Tor, The Historical Implications of Middle Kingdom Scarabs found in Palestine Bearing Private Names and Titles of Officials, BASOR 294, 1994, 7-22.

Id., The Relations Between Egypt and Palestine in the Middle Kingdom as Reflected by Contemporary Canaanite Scarabs, IEJ 47, 1997, 162-89.

Id., The Absolute Date of the Montet Jar Scarabs, in: L.H. Lesko (ed.), Ancient Egyptian and Mediterranean Studies in Memory of William A. Ward, Providence 1998, 1-17.

D. Ben-Tor - S.J. Allen - J.P. Allen, Seals and Kings, BASOR 315, 1999, 47-74.

M. Bietak, Problems of Middle Bronze Age Chronology: New Evidence from Egypt, AJA 88, 1984, 471-85.

Id., Zum Königsreich des '3-zḫ-R' Neḥesi, SAK 11, 1984, 59-75.

Id., Egypt and Canaan during the Middle Bronze Age, BASOR 281, 1991, 27-72.

Id., Die Chronologie Ägyptens und der Beginn der Mittleren Bronzezeit-Kultur, ÄL 3, 1992, 29-37.

Id., Avaris, The Capital of the Hyksos - Recent Excavations at Tell el-Dab`a, London 1996.

Id., The Center of Hyksos Rule: Avaris (Tell el-Dab`a), in: E. D. Oren (ed.), The Hyksos: New Historical and Archaeological Perspectives, Philadelphia 1997, 87-139.

Id., Regional Projects: Egypt, in: M. Bietak (ed.), The Synchronisation of Civilisations in the Eastern Mediterranean in the Second Millennium B.C., Vienna 2000, 83-92.

J. Bourriau, Patterns of Change in Burial Customs during the Middle Kingdom, in: S. Quirke (ed.), Middle Kingdom Studies, New Malden 1991, 3-20.

Id., Relations Between Egypt and Kerma during the Middle and new Kingdoms, in: W.V. Davies (ed.), Egypt and Africa: Nubia from Prehistory to Islam, London 1991, 129-44.

Id., Beyond Avaris: The Second Intermediate Period in Egypt Outside the Eastern Delta, in: E.D. Oren (ed.), The Hyksos: New Historical and Archaeological Perspectives, Philadelphia 1997, 159-82.

Id., The Second Intermediate Period (c. 1650-1550 B.C.), in: I. Shaw (ed.), The Oxford History of Ancient Egypt, Oxford 2000, 185-217.

W.G. Dever, The Beginning of the Middle Bronze Age in Syria-Palestine, in: F.M. Cross - W.E. Lemke - P.D. Miller (eds.), Magnalia dei: The Mighty Acts of God. Essays on the Bible and Archaeology in Memory of G. Ernest Wright, Garden City, New York 1976, 3-38.

Id., Relations Between Syria-Palestine and Egypt in the "Hyksos" Period, in: J.N. Tubb (ed.), Palestine in the Bronze and Iron Ages: Papers in Honor of Olga Tufnell, London 1985, 69-87.

Id., Tell el-Dab`a and Levantine Middle Bronze Age Chronology: A Rejoinder to Manfred Bietak, BASOR 281, 1991, 73-79.

Id., The Chronology of Syria-Palestine in the Second Millennium B.C.E.: A Review of Current Issues, BASOR 288, 1992, 1-25.

Id., Settlement Patterns and Chronology of Palestine in the Middle Bronze Age, in: E.D. Oren (Hg.), The Hyksos: New Historical and Archaeological Perspectives, Philadelphia 1997, 285-301.

C. Eder, Die ägyptischen Motive in der Glyptik des östlichen Mittelmeerraumes zu Anfang des 2. Jts. v. Chr. Leuven 1993.

R. Engelbach, Harageh, PBSAE 28, London 1923.

R. Giveon, Royal Seals of the XIIth Dynasty from Western Asia, RdE 19, 1967, 29-37.

Id., Hyksos Scarabs with Names of Kings and Officials from Canaan, CdE 49, 1974, 223-33.

Id., New Egyptian Seals with Titles and Names from Canaan, Tel Aviv 3, 1976, 127-33.

Id., The XIIIth Dynasty in Asia, RdE 30, 1978, 163-67.

Id., Some Scarabs from Canaan with Egyptian Titles, Tel Aviv 7, 1980, 179-84.

J.S. Holladay, The Eastern Nile Delta During the Hyksos and Pre-Hyksos Periods: Toward a Systemic/Socioeconomic Understanding, in: E.D. Oren (ed.), The Hyksos: New Historical and Archaeological Perspectives, Philadelphia 1997, 183-252.

E. Hornung - E. Staehelin, Skarabäen und andere Siegelamulette aus Basler Sammlungen, Ägyptische Denkmäler in der Schweiz I, Mainz 1976.

J.H. Johnson, Private Name Seals of the Middle Kingdom, in: M. Gibson - R.D. Biggs (eds.), Seals and Sealings in the Ancient Near East, BiMes 6, 1977, 141-45.

O. Keel, Die Ω-Gruppe. Ein Mittelbronzezeitlicher Stempelsiegel-Typ mit erhabenem Relief aus Anatolien-Nordsyrien und Palästina, OBO 88, 1989, 39-87.

Id., Die Jaspis-Skarabäen-Gruppe. Eine vorderasiatische Skarabäenwerkstatt des 17. Jahrhunderts v. Chr., OBO 88, 1989, 213-42.

Id., Zur Identifikation des Falkenköpfigen auf den Skarabäen der ausgehenden 13. und der 15. Dynastie, OBO 88, 1989, 243-80.

Id., Studien zu den Stempelsiegeln aus Palästina/Israel IV, OBO 135, 1994.

Id., Corpus der Stempelsiegel-Amulette aus Palästina/Israel, OBO SA 10, 1995.

Id., Stamp Seals – The Problem of Palestinian Workshops in the Second Millennium and Some Remarks on the Preceding and Succeeding Periods, in: J. G. Westenholz (ed.), Seals and Sealing in the Ancient Near East, Jerusalem 1995, 93-142.

B.J. Kemp – R.S. Merrillees, Minoan Pottery in Second Millennium Egypt, Mainz 1980.

A. Kempinski, Some Observations on the Hyksos (XVth) Dynasty and its Canaanite Origins, in: S. Israelit-Groll (ed.), Pharaonic Egypt, The Bible and Christianity, Jerusalem 1985, 129-137.

Id., Two Scarabs of Yakubum, in: S. Israelit-Groll (ed.), Studies in Egyptology, Presented to Miriam Lichtheim, Jerusalem 1990, 632-43.

Id., The Middle Bronze Age, in: A. Ben-Tor (ed.), The Archaeology of Ancient Israel, New Haven 1992, 159-210.

G.T. Martin, Egyptian Administrative and Private-Name Seals, Principally of the Middle Kingdom and Second Intermediate Period, Oxford 1971.

P.E. Mcgovern – G. Harbottle, "Hyksos" Trade Connections Between Tell el-Dab`a (Avaris) and the Levant: A Neutron Activation Study of the Canaanite Jar, in: E.D. Oren (ed.), The Hyksos: New Historical and Archaeological Perspectives, Philadelphia 1977, 141-57.

D. O'Connor, The Chronology of Scarabs of the Middle Kingdom and the Second Intermediate Period, JSSEA 15, 1985, 1-41.

Id., The Hyksos Period in Egypt, in: E.D. Oren (ed.), The Hyksos: New Historical and Archaeological Perspectives, Philadelphia 1997, 45-67.

E.D. Oren, The "Kingdom of Sharuhen" and the Hyksos Kingdom, in: E.D. Oren (ed.), The Hyksos: New Historical and Archaeological Perspectives, Philadelphia 1997, 253-283.

C. von Pilgrim, Elephantine XVIII. Untersuchungen in der Stadt des Mittleren Reiches und der Zweiten Zwischenzeit, Archäologische Veröffentlichungen 91, Mainz 1996.

S. Quirke, Royal Power in the 13th Dynasty, in: S. Quirke (ed.), Middle Kingdom Studies, New Malden 1991, 123-39.

D.B. Redford, Egypt, Canaan and Israel in Ancient Times, Princeton 1992.

K.S.B. Ryholt, The Political Situation in Egypt During the Second Intermediate Period, c. 1800-1550 B.C., Copenhagen 1997.

Id., King Qareḥ, a Canaanite King in Egypt during the Second Intermediate Period, IEJ 48, 1998, 194-200.

T. Schneider, Ausländer in Ägypten während des Mittleren Reiches und der Hyksoszeit, I. Die ausländischen Könige, ÄAT 42, 1998.

S.T. Smith, Administration at the Egyptian Middle Kingdom Frontier: Sealings from Uronarti and Askut, in: T.G. Palaima (ed.), Aegean Seals, Sealings and Administration, Aegaeum 5, Liège 1989, 197-220.

Id., Askut in Nubia: The Economics and Ideology of Egyptian Imperialism in the Second Millennium B.C., London 1995.

B. Teissier, Egyptian Iconography on Syro-Palestinian Cylinder Seals of the Middle Bronze Age, OBO SA 11, 1995.

O. Tufnell, The Middle Bronze Age Scarab-Seals from Burials on the Mound at Megiddo, Levant 5, 69-82.

Id., Seal Impressions from Kahûn Town and Uronarti Fort, JEA 61, 1975, 67-101.

Id., A Review of the Contents of Cave 303 at Tell el-`Ajjul, `Atiqot 14, 1980, 37-48.

Id., Studies on Scarab Seals II. Scarab Seals and their Contribution to History in the Early Second Millennium B.C., 2 vols, Warminster 1984.

W.A. Ward, Studies on Scarab Seals I: Pre-12th Dynasty Scarab Amulets, Warminster 1978.

Id., Scarab Typology and Archaeological Context, AJA 91, 1987, 507-32.

W.A. Ward - W.G. Dever, Studies on Scarab Seals III. Scarab Typology and Archaeological Context. An Essay on Middle Bronze Age Chronology, San Antonio 1994.

J. Wegner, Excavations at the Town of *Enduring - are - the - Places - of - Khakaure -Maa - Kheru - in - Abydos*. A Preliminary Report on the 1994 and 1997 Seasons, JARCE 35, 1998, 1-44.

J.M. Weinstein, A Statuette of the Princess Sobeknefru at Tell Gezer, BASOR 213, 1974, 49-57.

Id., Egyptian Relations with Palestine in the Middle Kingdom, BASOR 217, 1975, 1-16.

Id., The Chronology of Palestine in the Early Second Millennium B.C.E., BASOR 288, 1992, 27-46.

Id., A Wolf in Sheep's Clothing: How the High Chronology Became the Middle Chronology. Review Article of Ward and Dever 1994, BASOR 304, 1996, 55-63.

B. Williams, Aspects of Sealing and Glyptic in Egypt Before the New Kingdom, in: M Gibson - R.D. Biggs (eds.), Seals and Sealing in the Ancient Near East, BiMes 6, 1977, 135-40.

THRONENDE AUF PALÄSTINISCHEN SKARABÄEN

Manfred GÖRG, München

Thronende Königsfiguren sind in der ägyptischen Miniaturkunst, nicht zuletzt als Gravuren auf der Unterseite von Skarabäen, gut bekannt. Hier hat seinerzeit A. Wiese 62 Belege mit diesem Motiv und im wesentlichen dreifacher Typisierung anführen können, um zugleich den frühesten Beleg unter Ahmose auszumachen[1]. Dieser Beleg, von Wiese als zeitgenössische Konstellation des thronenden Pharao mit der Namenskartusche einem eigenen Typ zugeordnet, unterscheidet sich nach ihm von einem ebenfalls zeitgenössischen Typ mit dem Thronenden und dem rahmenlosen Königsnamen, der erstmals unter Tuthmosis III. nachweisbar sein soll. Typ 3 schließlich zeigt den Thronenden mit dem Namen in Oval oder Halboval, eine Ausführung, die von Wiese als "Massenproduktion" in ramessidische Zeit datiert wird.

Getrennt von dieser Beleggruppe erscheint in Wieses Dokumentation eine Gruppe "Der König mit Adoranten"[2]. Auch hier werden Typen benannt. Typ 1 zeigt den König und einen Höfling mit erhobener Hand, Typ 2 gibt eine Mehrzahl von Adoranten. Beide Typen werden von Wiese in ramessidische Zeit datiert, wobei ihm das qualitätvollste Stück in die Zeit Ramses' II. weist, wie auch der überwiegende Teil dieser Zeit entstammen soll. Dagegen hat O. Keel die spätramessidische Zeit als Produktionsperiode des Typs vorgeschlagen. Typ 2 wird von Wiese ohne näheren Definitionsversuch der Ramessidenzeit zugeschlagen. Zu Typ 1 konnte Wiese eine besondere Gruppe innerhalb der Siegelamulette der ehemaligen Sammlung Matouk und weiterer Schweizer Privatsammlungen isolieren und beschreiben. Das Studium der Originale ließ ihn die Konstellation näher charakterisieren. Zu sehen ist in der Regel eine summarische Darstellung eines Pharao mit den beiden Insignien (Krummstab und Geißel), der auf einem Thron mit der Ornamentik nach Art des ägyptischen srḥ, dh. der Palastseite sitzt und eine relativ kleine menschliche Figur mit herabhängenden Armen zur Seite hat[3]. Ein Kontakt zwischen den ungleichen Gestalten erscheint nicht angezeigt.

In der Miniaturkunst Palästina/Israels scheinen Darstellungen von Thronen oder Thronenden nur eine eher untergeordnete Rolle zu spielen. Lediglich in der frühen Eisenzeit sind Dekorationen auf den Unterseiten von Skarabäen in größerer Stückzahl greifbar, die einen Thronenden mit oder ohne Begleitperson zeigen. Die einschlägigen Belegstücke sind bereits vor längerer Zeit von O. Keel behandelt und einer

bestimmten Gruppe innerhalb des Oberbegriffs "spätramessidische Massenware" zugeordnet worden[4]. Die Produktion dieser Stücke hat nach Keel zwar in der Zeit Ramses' II. begonnen, aber bis ins 11. Jh. v. Chr. fortgedauert, wobei die Phasen der Produktion noch genauer studiert werden müßten. Zuletzt hat Keel für Skarabäen "mit einem eckig stilisierten Bild des Pharao" eine Werkstatt an der palästinischen Küste zwischen dem 11. und 9. Jh. v. Chr. angenommen, wobei die Skarabäen "in bezug auf die Ikonographie weitgehend ägyptisch, in bezug auf den Stil aber vom stark geometrischen philistäischen Kunsthandwerk beeinflußt" worden seien[5].

Von den jüngeren Darstellungstypen des Königs ohne oder mit Adoranten ist mit Recht der weitaus ältere Typ mit dem "thronenden Wulstsaummantel-Träger" auf Skarabäen unterschieden worden, der allerdings nur auf palästinischem Boden belegt erscheint, wohl der 13. Dynastie = MB IIA zugehört und von Keel einer eigenen Motivklasse 10E (korrigiert in 10D) zugeordnet wird[6]. Hier liegt offenbar die Illustration eines Fürsten vor, wie sie auch auf zeitgenössischen Rollsiegeln nachweisbar ist[7]. Während der bisher einzige aus Lachisch stammende Beleg noch die Herkunft des Motivs aus der altsyrischen Rollsiegelglyptik verrät, zeigt ein Stück aus Tell el-'Aǧul[8] bereits eine ägyptisierende Gestaltung an[9]. Weiterhin lassen sich Konstellationen auf Skarabäen nachweisen, die thronende Individuen, so etwa eine Frau zusammen mit einer Adorantin oder auch einen Mann mit einer Adorantin (bekleidet oder unbekleidet) zeigen, die Keel zur Motivklasse 10B1b rechnet[10]. Schließlich führt Keel unter der Rubrik "Anthropomorpher Thronender" (Motivklasse 10E, richtig 10D) auch

---

[1] A. Wiese, Zum Bild des Königs auf ägyptischen Siegelamuletten, OBO 96, 1990, 27-40.

[2] Wiese, op. cit., 89-103.

[3] Vgl. Wiese, op. cit., 168 zu Nr. 5696.

[4] O. Keel, Studien zu den Stempelsiegeln aus Palästina/Israel, Band IV, OBO 135, 1994, 49 mit Hinweis auf Keel, in: O. Keel - M. Shuval - Ch. Uehlinger, Studien zu den Stempelsiegeln aus Palästina/Israel III. Die Frühe Eisenzeit. Ein Workshop, OBO 100, 1990, 337-340.

[5] O. Keel, Corpus der Stempelsiegel-Amulette aus Palästina/Israel. Von den Anfängen bis zur Perserzeit, Einleitung OBO SA 10, 1995, 37.

[6] Dazu Keel, Corpus, OBO SA 10, 1995, 229 (§ 622); vgl. auch 207 (§ 570), wo das Motiv noch als Variante der Motivklasse 10A1f erscheint. Vgl. die Korrekturangabe in Ders., Corpus der Stempelsiegel-Amulette aus Palästina/Israel. Von den Anfängen bis zur Perserzeit. Katalog Band 1: Von Tell Abu Farag bis 'Atlit. With Three Contributions by Baruch Brandl, OBO SA 13, 1997, 792.

[7] Dazu S. Schroer, Der Mann im Wulstsaummantel. Ein Motiv der Mittelbronze-Zeit II B, in: O. Keel - S. Schroer, Studien zu den Stempelsiegeln aus Palästina/Israel, OBO 67, 1985, 49-115.

[8] Abbildungen und Beschreibung des Stücks Tell el-'Aǧul Nr. 519 bei Keel, OBO SA 13, 1997, 280f.

[9] Vgl. Keel, OBO SA 10, 1995, 208.229 (§ 622). Ders., OBO SA 13, 1997, 280.

[10] Näheres bei Keel, OBO SA 10, 1995, 219f (§ 598).

noch 5 mittelbronzezeitliche Darstellungen eines Thronenden[11] an, der "auf einem löwenfüßigen (?) Thron sitzt und eine Hand auf dem Oberschenkel liegen, die andere grüssend erhoben hat", nennt aber auch eine thronende Gestalt mit einer Blüte in der Hand sowie eine Thronende mit Zweig in Konstellation mit einer knienden und zweighaltenden Frau. Eine weitere Darstellung eines Thronenden mit erhobener Hand auf einem Exemplar der MB IIB ist jüngst von B. Brandl bekannt gemacht worden[12].

Die bisherigen Beobachtungen am Material aus Palästina/ Israel mögen nun am Beispiel einiger weiterer Belegexemplare aus dem Jerusalemer Antikenhandel[13] bestätigt, teilweise ergänzt bzw. modifiziert werden.

1. "Thronender mit einem Adoranten"

Als weitere Beispiele seien hier zunächst zwei Belegstücke (Abb. 1 und 2) angeführt, die dem von Keel gegebenen Exemplar[14] weitestgehend entsprechen und wie dieses auf der Unterseite einen Thronenden mit einem Verehrer zeigen.

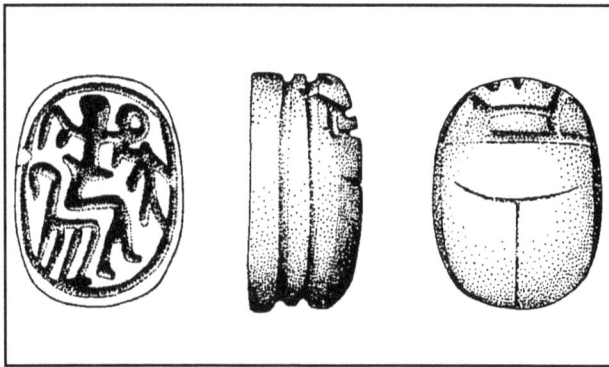

Abb. 1

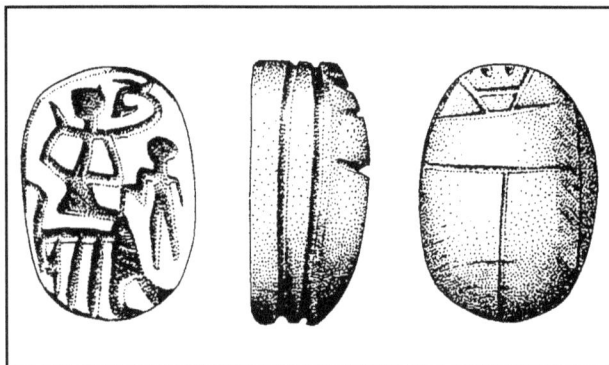

Abb. 2

Im Vergleich mit den von Wiese gebotenen Varianten steht das Stück offensichtlich dem Modell c der Nr. 581 im Blick auf die Vorderseite und dem Modell g (Matouk 572) im Blick auf die Seitengestalt und dem Modell Typ 1 mit der Variante der nicht mehr erhobenen Hand des Adoranten (Matouk 565,590,603 = Abb. Wiese 111-113) am nächsten. Das Gleiche gilt für das weitere Exemplar (Abb. 2), das sich allenfalls dadurch von den bekannten Modellen unterscheidet, dass der Verehrer noch eine (verehrende?) Verbindung mit dem Thronenden erkennen läßt:

Ein Vergleich mit den Tafeldarstellungen und den zugehörigen Abbildungen (nur Unterseite) aller Exemplare der Sammlung Matouk läßt für das erste Belegstück eine deutliche Nähe zu Nr. 5701. 5702. 5712. 5714. 5716. 5721. 5731 und 5736 erkennen, was den Eindruck der Massenproduktion nur noch verstärkt.

Die Produktionen der einschlägigen flüchtigen Ausführung beruhen auf einem Motiv, dessen qualitativ beste Ausführung auf dem Stück Matouk 528 (Wiese Abb. 107 bzw. 108) erkennbar ist[15]. Die Konstellation darf allem Anschein nach auf das Konto von Zeugnissen der sogenannten 'Persönlichen Frömmigkeit' gehen, die vor allem seit der Ramessidenzeit eine besondere Verbreitung gefunden hat. Die beiden aus Südpalästina stammenden Belegstücke können mit aller Zurückhaltung als weiteres Signal für eine entsprechende Orientierung gewertet werden, obwohl sie keine Beziehung zu dem Einzugsbereich des Tempels Ramses' III. in Gaza erkennen lassen.

2. Thronende Gestalt mit Lotospflanze

Ein weiteres Stück (Abb. 3) mit der Darstellung einer thronenden Gestalt erweist wiederum eine unausgebildete Gravur, so dass auch sie zu einer Massenproduktion zu zählen sein wird: Die Dekoration läßt sich jedoch sofort einer anderen Konstellation zuordnen, da die thronende Gestalt eine Pflanze, anscheinend eine Lotosblume, in der Hand hält. Lotosblüten auf Skarabäenunterseiten[16] sind in verschiedenen Konstellationen zur Genüge belegt[17]. Überdies ist das Oval unten durch ein deutlich vom unteren Rand abgehobenes nb-Zeichen abgeschlossen. Die stehenden bzw. schreitenden Gestalten mit einer Blüte in der Hand und dem nb-Zeichen ordnet Keel den Motivklassen 10A1b (Mensch) und 10A2b (Falkenköpfiger) 10A 2d (Krokodilköpfiger) zu, die kniende Figur mit Lotosblüte der Klasse 10C1b. Eine eigene Gruppe mit einer sitzenden Gestalt, die eine Lotosblüte hält, wird von Keel nicht definiert, obwohl er eine Motivklasse 10E (korrigiert in 10D) "Einzelne thronende anthropomorphe

---

[11]   Vgl. Schroer, OBO 67, 1985, 85.

[12]   Vgl. B. Brandl, A "Hyksos" Scarab and a Syrian Cylinder Seal from a Burial Cave at Moza 'Illit, 'Atiqot 29, 1996, 7-14. Keel, OBO SA 13, 1997, 792.

[13]   Nähere Angaben finden sich in einem von mir vorbereiteten Katalog. Für die Nachzeichnungen danke ich Frau M. Bürgle M.A., München.

[14]   Vgl. Keel, OBO 135, 1994, Tf. 15/20.

[15]   Die Abbildungsfolge bei Wiese, OBO 96, 1990, ist etwas irreführend, da es sich bei Abb. 107 und Abb. 108 doch offensichtlich um das gleiche Stück handelt.

[16]   Dazu S. Hodjasch, Skarabäen mit Pflanzendarstellungen, in: Studia Aegyptiaca I. Recueil d'études dédiées à Vilmos Wessetzky à l'occasion de son 65e anniversaire, Budapest 1974, 177-201.

[17]   Dazu v.a. Keel, OBO SA 10, 1995, 204f (§ 561-562), 215 (§ 587), 220 (§ 599), 222 (§ 603), 223 (§ 606), 227 (§ 616).

Figur" benennt und u.a. auf eine Darstellung einer thronenden Figur verweist, die eine "riesige Blüte" hält[18]. Während die im ersten Abschnitt behandelte Gruppe deutlich eine Königskonstellation zur Voraussetzung hat, muß für die hier anstehende Motiv noch eine überzeugende Vorlage als Grundmodell gefunden werden.

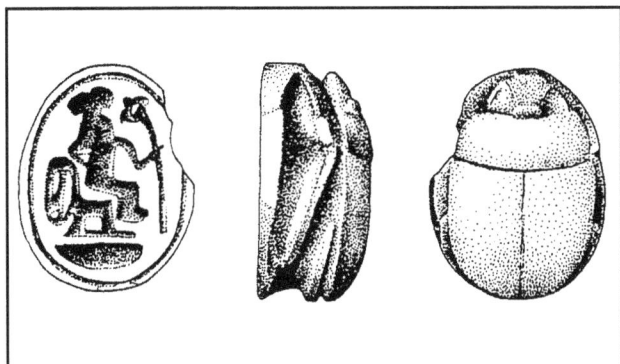

Abb. 3

Einem außerordentlich gehobenen Niveau der Skarabäenproduktion gehört dagegen die Darstellung einer thronenden Gestalt an, die eine Lotosblume in der Hand trägt (Abb. 4). Der Thronende sitzt auf einem Stuhl mit Seitenstütze und Löwenfüßen. Beachtenwert ist hier die geschwungene Rückenlehne, die anscheinend in einen Entenschnabel ausläuft. Die Gestalt selbst trägt ein langes, fast bis zu den Fußknöcheln reichendes Gewand, dessen Falten durch Striche angezeigt sind. Von besonderem Interesse ist der fein modellierte Kopf, dessen Gesichtszüge trotz des kleinen Formats in ungewöhnlicher Klarheit ausgeführt und erkennbar sind. Dazu gehört auch das nach der rechten Seite herabhängende Haarteil, das allem Anschein nach einen Vergleich mit der Jugendlocke gestattet. Dies führt unmittelbar zu der Idee, dass es sich um eine Darstellung nach dem Modell des Gottes Nefertem handelt, dessen Nähe zum Lotossymbol unbestreitbar ist[19]. Am oberen linken Rand ist das bekannte Nefer-Zeichen zu sehen, für sich genommen ein beliebtes Hieroglyphenzeichen mit Wunschcharakter, doch auch belegt in Kombination mit *R'w nfr* u.ä. (Keel)[20]. Darunter - schon auf dem Rand - ist ein Zeichen oder eine Zeichengruppe, die auch in der Nachzeichnung nicht klar identifizierbar erscheint, aber doch wohl zwei Parallelstriche mit einem 'Aufsatz' über dem oberen Strich erkennen läßt. Ich möchte da rin die Hieroglyphe für *tm* sehen, welches

Zeichen sich jedenfalls mit den beiden Waagerechten auf der Randseite gut vertragen würde. In Verbindung mit dem *Nfr*-Zeichen wäre also die Lesung *Nfrtm* vorzuschlagen, die sich somit als Beischrift zur Darstellung verstehen ließe.

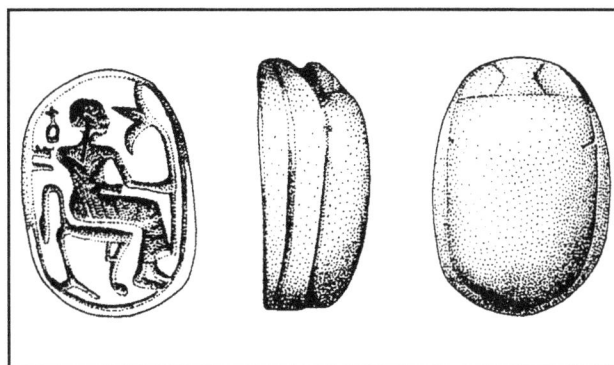

Abb. 4

Die Konstellation als Ganze, also vermutlich ein Thronender in der Pose des Nefertem mit Lotosblüte in der Hand, könnte einer eigenen Gruppe das Gepräge gegeben haben, die sich bis zu der Unschärfe entwickelt hätte wie sie im oben vorgestellten Stück der Abb. 3 zu beobachten ist. Als Nefertem können Priester oder Prinzen dargestellt werden. Nach Munro kann Nefertem u.a. auch als "der lebende König" gelten[21]. In unserem Fall dürfte so am ehesten mit einer Prinzenfigur zu rechnen sein, bzw. mit einer Königsdarstellung, die auf die Erwählung bereits als Prinz anspielt.

Das Belegstück ist daher nicht zuletzt für die Illustration des Erwählungsgedankens in der Königsideologie von Interesse. Dazu darf zur Diskussion gestellt werden, ob es sich um eine Einflußnahme aus dem memphitischen Raum (mit der dort verehrten Triade Ptah-Sachmet-Nefertem) auf Südpalästina handelt, wie diese ja auch für die Ptah-Vorstellung anhand von Skarabäen beobachtet worden ist[22].

3. Thronender König mit Begleitung

Ein für unseren Zusammenhang noch interessanteres Stück stellt eine Darstellung des thronenden Pharao dar, für die es bisher kein direktes Vergleichsexemplar aus der Skarabäenkunst zu geben scheint (Abb 5):

Die Skarabäenunterseite zeigt zentral einen nach rechts orientierten Thronenden, der offensichtlich 'bikulturell' gestaltet ist. Er trägt zwar die Doppelkrone von Unter- und Oberägypten, jedoch keine ägyptische Kleidung, sondern ein relativ eng anliegendes vom Hals bis den Knöcheln reichendes Gewand mit Längsstreifen, das in vier etwa gleich

---

[18] Keel, OBO SA 10, 229 (§ 622) mit Verweis auf W.M.F. Petrie, Buttons and Design Scarabs. Illustrated by the Egyptian Collection in University College, London 1925, Pl. 14, 940.

[19] Dazu die Ausführungen von P. Munro, Nefertem und das Lotos-Emblem, Zeitschrift für Ägyptische Sprache und Altertumskunde 95, 1968, 34-40. Zum Ursprung des Nefertem vgl. bereits R. Anthes, ZÄS 80, 1955, 81-89. Ders., ZÄS 82, 1957, 1-8.

[20] Hierzu v.a. O. Keel, Der Pharao als "vollkommene Sonne": ein neuer ägypto-palästinischer Skarabäentyp, in: S. Israelit-Groll (Hg.), Egyptological Studies (Scripta Hierosolymitana XXVIII), Jerusalem 1982, 406-537. Überarbeitete und ergänzte Fassung unter dem Titel "Der Pharao als Sonnengott. Eine Gruppe ägypto-palästinischer Siegelamulette des 10./9. Jahrhunderts" in: Ders., Studien zu den Stempelsiegeln IV, 53-134, hier bes. 115 mit Anm. 115.

[21] Munro, ZÄS 95, 1968, 39.

[22] Etwa O. Keel, Der ägyptische Gott Ptah auf Siegelamuletten aus Palästina/Israel. Einige Gesetzmässigkeiten bei der Übernahme von Motiven der Grosskunst auf Miniaturbildträger, in: Ders. - H. Keel-Leu - S. Schroer (Hg.), Studien zu den Stempelsiegeln aus Palästina/Israel II, OBO 88, 1989, 281-323, bes. 298f.

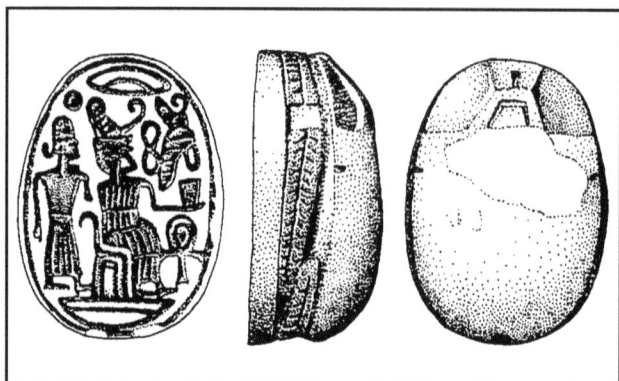

Abb. 5

lange Abschnitte unterteilt ist. Es handelt sich also um keinen "Wulstsaummantel" nach syro-palästinischem Muster, sondern eher um eine Variante des Falbelgewandes. Die Gestaltung des Gewandes entspricht einer Form, wie sie in der Miniaturkunst des nordmesopotamisch-syrischen Raums etwa auf altsyrischen Rollsiegeln zu Anfang des 2. Jahrtausends v. Chr. belegt ist[23]. Ein Thronender mit dem gleichen Gewand ist offenbar auf einem Hämatitsiegel der Sammlung Marcopoli zu sehen[24], ebenfalls auf einem Hämatitsegel der Sammlung Rosen[25]. Während der rechte Arm des Thronenden überhaupt nicht ausgeführt ist, allenfalls eng anliegt, tritt der linke überdeutlich in Erscheinung, er geht offenbar in eine Darstellung der Arm-Hieroglyphe über, die ein becherförmiges Gefäß trägt. Unterhalb der Arm-Hieroglyphe ist ein flächig ausgeführtes Lebens-Zeichen (ägypt. 'nḫ) mit unägyptischen Proportionen zu erkennen, oberhalb ein anscheinend nach rechts fliegender Horusfalke, der wie der Thronende mit einer Doppelkrone ausgestattet ist. Zwischen dem Kopf des Thronenden und dem Falken ist eine Hieroglyphe zu sehen, die wohl dem ägyptischen mj-Zeichen entsprechen soll. Zur linken Seite des Thronenden steht eine Gestalt mit offenbar nach rechts gewendetem Kopf und einer Frisur, die durch ihre hintere Locke besonders auffällt, wie sie wiederum auf altsyrischen Rollsiegeln bei kindlichen und jugendlichen Figuren belegt ist[26]. Sie trägt ein anscheinend zweiteiliges Gewand, das offensichtlich wiederum nach syrisch-mesopotamischem Muster gestaltet ist. Auch hier bietet das Hämatitsiegel aus der Sammlung Marcopoli eine Parallele. Der linke Arm der Begleitgestalt ist nicht ausgeführt, der rechte hängt einfach herunter. Eine Adorantenhaltung ist nicht sicher erkennbar. Rechts oberhalb dieser männlichen oder weiblichen Figur ist der Sonnenscheibe ein Platz eingeräumt, die wohl in Verbindung mit der mj-Hieroglyphe zu sehen ist.

Der unproportional niedrige Thronsitz wiederum steht den srḫ-Thronen (Palastfassaden-Thronen) nahe, kennt auch eine Rückenlehne mit Überhang. Er steht auf einem Untersatz, der seinerseits auf einem nb-Zeichen ruht, das das Oval der Szenerie zugleich nach unten abschließt. Der obere Raum des Ovals ist zunächst mit der etwas gelängten Hieroglyphe des Erscheinens (ägypt. ḫ'w) gefüllt.

Die beiden Gestalten können Kombinationen assoziieren lassen, wie sie wiederum auf altlevantinischen Rollsiegeln bezeugt sind, wobei wohl noch die Gestalt eines Verehrers oder Gabenbringers zu ergänzen wäre, auf die man bei der Skarabäenfläche aus Raumgründen verzichtet hätte.

Die Hieroglyphen lassen sich theoretisch in mehrfacher Weise kombinieren. Obwohl eine Kombination wie Ḫ'w 'nḫ R'w (Thronname des Sebekhotep I.) herausgelesen werden könnte, ist doch eine Relation zu einem bestimmten Herrschernamen der 13. oder 14. Dynastie nicht zwingend gegeben. Am nächsten liegt die Annahme, dass die Zeichen zu zwei Königsprädikationen verbunden werden können:

1. Ḫ'w mj R'w   "Der erscheint wie Re"

2. Ḥr 'nḫ   "Lebender Horus"

Diese Prädikationen müssen nicht mit einem bestimmten Königsnamen der 13. oder 14. Dynastie verbunden werden, wenn auch diese Möglichkeit nicht auszuschließen ist. Die Prädikation Ḥr 'nḫ ist auf altsyrischen Rollsiegeln zu Anfang des 2. Jahrtausends gut bezeugt[27]. Er kann dort "mit dem Auftreten des levantinischen Machthabers" verbunden werden, "der zum Ausdruck seiner Macht ein Epitheton des ägyptischen Königs übernimmt"[28]. Es ist auch nicht völlig ausgeschlossen, dass die augenfällig erweiterte Armgestaltung in Form der Arm-Hieroglyphe trotz des dargestellten Bechers als dj zu lesen sein könnte, so dass die Prädikation Ḥr dj 'nḫ "Horus, beschenkt mit Leben" zu lesen wäre.

Insgesamt bietet die Konstellation des genannten Hämatitsiegels der Sammlung Marcopoli eine annähernd brauchbare Parallele, wo vor dem Thronenden ein Gabenbringer steht. Die ägyptischen Elemente überwiegen jedoch in der Skarabäendekoration, was durch den Bildträger gestützt wird. Die Konstellation hat allem Anschein nach eine Rollsiegeldekoration als Vorbild, setzt sie aber in eine ovale Fläche um, um zugleich Einschränkungen in Kauf nehmen zu müssen. Diese Reduktion der auf den Rollsiegeln üblichen Szenerie ist jedoch nicht bloß defizitär, da dem Siegelschneider wohl an der Profilierung des Thronenden gelegen ist. Auf den Rollsiegeldarstellungen ist der Thronende an-scheinend niemals ein konkreter Pharao Ägyptens. Nach den Beobachtungen von B. Teissier hat der ägyptische König "multiple roles in Syro-Levantine iconography", wobei er "was integrated apolitically into an iconographical system that reflected purely west-Semitic notions of kingship in roles that parallel those of Syrian

---

[23] Beispiele bei Chr. Eder, Die ägyptischen Motive in der Glyptik des östlichen Mittelmeerraumes zu Anfang des 2. Jts. v. Chr., OLA 71, 1995, mit Dok. 5.8.15.16.30 u.a. B. Teissier, Egyptian Iconography on Syro-Palestinian Cylinder Seals of the Middle Bronze Age, OBO SA 11, 1995, 23 mit Nr. 6-7, 27 mit Nr. 252, 105 mit Nr. 207, 211.

[24] Vgl. B. Teissier, Ancient Near Eastern Cylinder Seals from the Marcopoli Collection, University of California Press 1984, Nr. 456. Dies., OBO SA 11, 1995, 113 mit Nr. 235.

[25] Dies., OBO SA 11, 1995, 262.

[26] Dies., OBO SA 11, 1995, 142f.

[27] Vgl. die Hinweise bei Eder, OLA 71, 1995, 55-57.

[28] Ders., OLA 71, 1995, 56.

rulers"[29]. Der Befund legt es nach allem nahe, auch bei der in unserem Fall dargestellten Gestalt eines Thronenden nicht an einen bestimmten ägyptischen König, sondern eher an einen syrisch-palästinischen "Pharao" zu denken, d.h. an einen lokalen Machthaber, der sich nach Art des ägyptischen Königs ausstattet, wie dies sehr viel später ja auch die Ptolemäerkönige auf ihre Weise getan haben, um an der Position und Funktion der Pharaonen zu partizipieren. Auch die syrisch-kanaanäischen Stadtfürsten mit ihrem Bedürfnis nach einer "Macht quasi-göttlicher Herrscher"[30] wollten gewiß von der Dignität eines ägyptischen Gottkönigs profitieren. In jedem Fall haben wir hier erstmalig ein zeitgenössisches Gegenstück zur den einschlägigen Rollsiegeldekorationen mit einer Skarabäenun-terseite als Bildträger vor uns, das wir spätestens dem Anfang des 17. Jahrhunderts v. Chr., vielleicht eher noch der 2. Hälfte des 18. Jahrhunderts zuweisen dürfen.

---

[29] Teissier, OBO SA 11, 1995, 176f.

[30] Schroer, OBO 67, 1985, 107.

DIE SKARABÄEN UND SKARABOIDE AUS WESTVORDERASIEN UND MESOPOTAMIEN

Astrid NUNN, Würzburg

Inhaltsverzeichnis

Vorwort

Da diese Studie etwas umfangreicher als die restlichen Aufsätze in diesem Band ist, schien es mir angebracht, ihr ein Vorwort voranzustellen[1]. Sie ist im Rahmen des

---

[1] Mein Dank geht an Regine Schulz und Matthias Seidel für ihre nie versagende Beraterfunktion in einem Gebiet, das einer/einem Vorderasiatischen Archäologin/en zunächst fremd ist.

Symposiums "Skarabäen außerhalb Ägyptens: Importe oder lokale Produktion?" entstanden. Regine Schulz und ich hatten uns vorgenommen, das gesamte außerägyptische Skarabäenspektrum zu betrachten. Othmar Keel, aber auch Daphna Ben-Tor sind für ihre Arbeiten über die palästinischen Skarabäen wohl bekannt. Was gibt es aber über vorderasiatische Skarabäen außerhalb Palästinas? Einige Einzelstudien, die hier zitiert werden, aber keinen Überblick. So schien es uns notwendig, diesen Überblick zu bringen. Dies erklärt den Umfang dieser Studie. Dies erklärt aber auch, weshalb diese Studie zwangsläufig oberflächlich bleibt und Probleme umreißt, ohne sie zu lösen. Sie ist von der beispielhaften Einleitung zum Corpus der Stempelsiegel von O. Keel meilenweit entfernt[2]. Dennoch halten wir diesen Versuch für sinnvoll, und ich hoffe damit, einen ersten Schritt in der Bearbeitung der außerägyptischen und außer-palästinischen Skarabäen gegangen zu sein. Denn Skarabäen gehören nicht nur zur ägyptischen, sondern auch zur Vorderasiatischen Kultur. Sie wurden im Orient vielerorts nachgeahmt und im 1. Jahrtausend v. Chr. überall geschätzt. Auch sie geben uns einen Einblick in die Gedankenwelt der altorientalischen Menschen.

Aufbau und Ziel

Ein Überblick muß zunächst mit reinen Fakten zu Zahlen, Material, zeitlicher und geographischer Verteilung beginnen. Sehr wichtig ist dabei die Feststellung, ob es sich um importiertes oder um lokales Material handelt. Wo wurde das lokale Material hergestellt? Kennen wir Produktionszentren? Bei den Orten, aus denen ausreichend Skarabäen und Skaraboide stammen, habe ich versucht ein "Fundortprofil" zu erstellen. Daraus ergeben sich allgemeine Beobachtungen über die Fluktuation dieser Gattung in den jeweiligen Ländern und Städten. Wichtig sind weiterhin die Bilder, die auf Skarabäen vorkommen. Wurde eine ikonographische Auswahl bei Importen und in der lokalen Produktion getroffen? Skarabäen wurden v.a. in Gräbern gefunden. Dabei habe ich auf die (mühsame) Analyse des Grabbefundes verzichtet, die umso weniger bringt, als die Gräber allzu oft über die Skarabäen datiert wurden. Was bedeutete im Orient diese dem Orient ursprünglich völlig fremde und aus Ägypten übernommene Siegelkategorie? Was verbanden die orientalischen Träger mit Hieroglyphen, die sie nicht lesen konnten? Der Betrachtung dieser kultur-historischen Fragen folgt der nach Städtenamen alphabetisch geordnete Katalog.

A - Die Skarabäen und Skaraboide

I: Allgemeines

a1: Bemerkungen zu den Quellen

Diese Studie ist unvollständig. Denn, um vollständig zu sein, hätte ich sämtliche Museen des hier betrachteten geographischen Raumes, sämtliche private Siegelsammlungen durchforsten oder sogar Neufunde berücksichtigen müssen. Im Rahmen dieser ersten Zusammenfassung war dies unmöglich[3]. So stammen die hier erwähnten Skarabäen und Skaraboide aus Publikationen. Nur für die Orte al-Mina (British Museum und Professor G. Hölbl, Wien) und Isin (Ausgrabung von Professor B. Hrouda, Universität München) hatte ich Zugang zu weiteren Quellen[4]. Die Publikationen teilen sich in zwei Sorten: Ausgrabungsberichte sowie Kataloge von Museen und Privatsammlungen. Die Siegel, die aus Grabungen stammen, sind im Abschnitt B alphabetisch nach dem Fundort aufgelistet. Die Siegel, die Privatsammlungen angehören, stammen meist aus dem Kunsthandel. Ist die Herkunftsangabe genau genug, wurden diese Stücke ebenfalls unter dem Ort geordnet. Ist sie zu unpräzise, wurden die Siegel in dem Abschnitt C gesammelt. Dieser Abschnitt dient nur der Information und Vollständigkeit. Ich habe diese Siegel nicht ausgewertet.

a2: Zur Form: Skarabäus contra Skaraboid

Beschäftigt man sich mit "Skarabäen", müßten streng genommen die Skaraboide unberücksichtigt bleiben. Die jüngere Form des Skaraboiden entstand in der Eisen-I-Zeit[5]. Diese Unterscheidung ist für den Vorderen Orient aus mehreren Gründen unmöglich. Zum einen besitzen diese zwei Formen dieselbe Bedeutung, zum anderen sind nach ägyptologischen Maßstäben "echte" Skarabäen eher selten und viele Stücke schon Skaraboide. Dazu kommt die Tatsache, dass die Rücken meist nicht abgebildet sind. So ist der Bearbeiter auf den Text angewiesen. Dort aber geht die Anschauung über das, was ein Skaraboid ist, stark auseinander. Manchmal ist ein Skaraboid ein von den ägyptischen Skarabäen-Standards nur leicht abweichendes Stück und wäre anderswo als Skarabäus bezeichnet worden. Andererseits wird mancherorts ein Siegel als Skaraboid bezeichnet, das bei einem anderen Autor schon als Perle oder als Stempelsiegel gelten würde[6]. Ohne Prüfmöglichkeit wegen fehlender Abbildung war ich in meiner Auswahl (notgedrungen) sehr breit. Sobald der Rücken nur einen Strich aufweist, ist das Siegel ein Skarabäus. Ein Skaraboid weist die Grundform eines Skarabäus, besitzt aber einen glatten

2 Keel, OBO SA 10, 1995.

3 Lediglich für die Grabung von Assur hatte ich die Gelegenheit die Zahl der publizierten und unpublizierten Skarabäen gegenüber zu stellen. 35 sind mit Abbildung publiziert, 22 werden erwähnt. Etwa 180 weitere Stücke lagern im Vorderasiatischen Museum zu Berlin. Diese Angaben verdanke ich der Recherche in der Assur-Datenbank des VAM durch Dr. F. Pedde. Dank schulde ich auch den Vorstandsmitgliedern der DOG und Prof. Dr. J. Renger. E. und J. Lagarce bereiten das Korpus der Skarabäen aus Ugarit vor (s. Bounni - Lagarce, BAH 151, 60 Anm. 68).

4 Den Kuratoren vom Department of Greek and Roman Antiquities im British Museum danke ich für die Erlaubnis von mir gemachte Fotos publizieren zu dürfen. Herr Prof. Günther Hölbl stellte mir großzügigerweise sämtliche Kontaktabzüge des von ihm fotografierten al-Mina-Materials zur Verfügung. Schließlich danke ich Prof. Barthel Hrouda für die Erlaubnis zwei unpublizierte Skarabäen aus Isin hier abbilden zu dürfen.

5 "Die Diskussion von ihrer Herleitung - vom natürlichen Kieselstein oder vom Skarabäus - ist müßig", Zazoff, HdArch 1983, 94. Keel, OBO SA 10, 63.

6 Rost, Die Stempelsiegel, 1997 "Skaraboidperle" für die Stücke aus Assur Nr. 420-423. v. Luschan, Sendschirli V, Tf. 38k ist ein "Käfersiegel", das selbe Stück ein "Skarabäoid" in Rost, op. cit. Nr. 173. Nirgends ist der Rücken abgebildet.

Rücken. Stücke, deren Rücken nicht abgebildet sind, und die im Text als Skaraboid bezeichnet werden, habe ich genommen. Sinnlos schien mir bald meine ursprüngliche Absicht, durch Abbildung gesicherte Skaraboide nicht zu nehmen und solche als Skaraboide beschriebene, aber nicht abgebildete Siegel – in diesem Fall könnte es sich nach einer breiten Definition doch um einen Skarabäus handeln – zu berücksichtigen. Ebenso schwierig war die Entscheidung, ob nachweisbar Skaraboide, deren Gravur aus orientalischen und nicht aus ägyptisierenden Mustern besteht, in die Studie hinein gehören oder nicht. Denn eigentlich sind diese Stücke keine Skarabäen und nicht einmal ägyptisierend. Hätte ich aber diese Skaraboide nicht berücksichtigt, wäre diese formal einheitliche Kategorie in zwei künstliche Gruppen geteilt worden: die orientalische und die ägyptisierende. Letzlich habe ich bei einem der schwierigsten Punkte dieser Studie, in Anbetracht kulturhistorischer Belange, wo es sinnlos ist, Materialgruppen zu zerstückeln, entschieden, Skarabäen und Skaraboide, sowie die Siegel mit einem menschengesichtigen Rücken[7], zu behandeln. Die Skaraboide allerdings, deren Motive unabhängig von Ägypten entwickelt wurden – dies gilt hier beispielsweise für gräzisierende Gemmen oder für neuassyrische, neu- und spätbabylonische Skaraboide, die in der mesopotamischen Kunst eine große Rolle spielen – habe ich nicht genommen.

Schließlich sei angemerkt, dass ich die Typologie des Siegelkörpers nicht berücksichtigt habe, da dieser zu selten abgebildet ist.

a3: Zur Gravur

Ausgewertet wurden nur die Skarabäen und Skaraboide, die eine Gravur besitzen und deren Gravur auch abgebildet ist. Die nicht abgebildeten und gravurlosen werden aber aufgelistet und für die Gesamtfragestellung berücksichtigt. Skarabäen können aus Ägypten importiert oder lokal sein. Lokale Skarabäen und Skaraboide tragen jeweils eine Gravur, die sowohl ägyptisierend als auch lokal vorderasiatisch sein kann. Das Ägyptisierende weist sämtliche Facetten, vom stark ägyptischbeeinflußten zum kaum Ägyptisierenden. Eine eigene Kategorie bilden die Siegel, deren Gravur nur oder vor allem aus Schrift besteht. Diese Schriftsiegel stammen leider fast ausschließlich aus dem Kunsthandel, so dass eine Debatte über ihre Echtheit begonnen hat. Sie wurden deswegen nicht berücksichtigt.

a4: Zum Material

Auch die Materialbestimmung krankt an dem in den Publikationen ungenau definierten Wortschatz. "Paste", "Fritte", "Fayence", "Glas" oder "Kunststein" können aus der Publikation heraus nicht präzisiert werden. Die nichts aussagende Bezeichnung "Paste" habe ich durch "Fritte" ersetzt und das Wort "Fayence" behalten. Bei der Bezeichnung "blaue Fritte" ist wahrscheinlich Ägyptisch Blau gemeint. Daneben gibt es noch Stein und Knochen, Elfenbein, Metall oder Bitumen.

a5: Zu den Ortsnamen

Die Wahl zwischen dem modernen oder dem antiken Ortsnamen sowie ihrer Schreibung unterliegt hier keinen strengen Kriterien. So habe ich den antiken Namen für Isin, Mari oder Ugarit gewählt, weil diese Städte häufiger unter diesem Namen als unter dem modernen erwähnt werden und weil sie zum Zeitpunkt, zu dem sich die Skarabäen in diesen Städten befanden, auch so hießen. Andererseits ist die moderne Nennung für Ḫorsabad (antik Dūr-Šarrukīn) oder Kāmid el-Lōz (Kumidi) gängig.

a6: Zu den Abbildungen

Da es sich hier um publiziertes Material handelt, bin ich auf die vorhandenen Abbildungen angewiesen. Sie sind sowohl in der Qualität, in der Zeichnung als auch im Layout äußerst heterogen. Ich habe versucht, gute Qualität mit aufschluß-reichem Bildgehalt zu kombinieren. An der formalen Heterogeneität konnte ich kaum etwas ändern.

a7: Zusammenfassung

Nachdem ich die Probleme für die Quellenlage dieser Objektgattung geschildert habe, wird mir der Leser hoffent-lich verzeihen, dass diese Studie unvollständig ist. Ich kann hier nur Tendenzen aufzeigen und hoffen, dass sie in einer späteren Bearbeitung und von anderen Wissenschaftlern bestätigt werden.

b: Geographischer Rahmen

Das betrachtete geographische Gebiet umfaßt das heutige Syrien, das südtürkisch-syrische Grenzgebiet, den heutigen Libanon, Jordanien und Irak. Ausgeschlossen sind das von O. Keel umfassend bearbeitete Palästina und Israel. Für die Darstellung und die Errechnung der Zahlen dienten die heutigen politischen Grenzen als Grundlage. Dieses Vorgehen ist unhistorisch, arbeitstechnisch jedoch notwendig gewesen.

Die Tatsache, dass in dieser Studie Anatolien (Skarabäen gibt es aus dem gesamten Land), Zypern, Kreta oder Iran (Skarabäen aus Susa und Persepolis) fehlen, ist ausschließlich arbeitsökonomisch begründet. Eine Studie über die in diesen Ländern vorhandenen Skarabäen und Skaraboide wäre jedoch ebenso wünschenswert.

c: Lokal oder importiert?

In diesem Workshop ging es um außerägyptische Skarabäen. Es handelte sich also auch darum herauszufinden, in welchem Verhältnis die aus Ägypten importierten und lokal hergestellten Siegel standen. Ich habe in der Liste angegeben, ob es sich um ägyptische Stücke handelt oder nicht. Dabei bedeutet "lokal" "nicht aus Ägypten". "Lokal" bedeutet also nicht "an Ort und Stelle" produziert, sondern irgendwo in Vorderasien. Soweit es möglich war, habe ich das Wort "lokal" eingegrenzt. Eine Zusammenfassung über die Herkunft der Skarabäen innerhalb Westvorderasiens versuche ich im Abschnitt III.

---

[7] Keel, OBO SA 10, 1995, 63, 74: O. Keel unterscheidet zwischen Menschengesicht-Skarabäus und Menschengesicht-Skaraboid. In diesem Katalog gibt es nur Skaraboide mit Menschengesicht.

Tabelle 1: Chronologie

Ägyptische Terminologie	MR	MR	MR Hyksos	NR	NR Ramessidisch	NR Ramessidisch	3. Zwischenzeit und Spätzeit Saitenzeit	Perserherrschaft
Dynastien	12. Dyn. 1938-1759	13. Dyn. 1759-1630	15. Dyn. 1630-1522 17. Dyn. 1625-1539	18. Dyn. 1539-1292	19. Dyn. 1292-1190	20. Dyn. 1190- ca. 1070?	21. Dyn. 1069-945 21.-26. Dyn. 1069-525	27.-31. Dyn. 525-336?
Palästinische Terminologie	*Weippert*: MB-II-A-Zeit: 1950-1800. *Bietak*: MB-I. Beginn MB-IIA = 1775	*Weippert*: MB-II-B-Zeit: 1800-1650. *Bietak*: Spät MB-II-A = 1710/1690. MB-II-A/B: 1680/1660. MB-II-B: 1640/1620	*Weippert*: MB-II-C-Zeit: 1650-1550. *Bietak*: MB-II-B/C: 1600-1590. MB II C: 1570- 1530	SB-I-Zeit: 1550-1400. SB-IIA-Zeit: 1400-1300	SB-IIB-Zeit: 1300-1200	E-I-Zeit: 1200-1000	E-I-Zeit: 1200-1000. E-II-A-Zeit: 1000-900. E-II-B-Zeit: 900-700. E-II-C-Zeit: 700-539	Achämenidenzeit: 539-333.

d: Zur Chronologie

Schließlich bildet die Chronologie ein Problem. Die absoluten Daten der palästinischen Chronologie sind äußerst umstritten (Tabelle 1)[8]. Diese Fragen werden hier nicht besprochen, da es in diesem Rahmen mehr um relative als um absolute Entwicklungen geht. Die Chronologie Jordaniens ist der palästinischen angehängt worden. Für Syrien gibt es nach wie vor keine Handbücher, und daher keine chronologische Standardreferenz. Das Buch von H. Klengel orientiert sich nach historischen Gegebenheiten und der einzige, einen Großteil Syriens umfassende Vorschlag von P. Matthiae hat sich nicht durchgesetzt[9]. Die libanesische Chronologie hängt wiederum von der syrischen oder der palästinischen ab. Die in Text und Katalog gebrauchte Terminologie paßt sich dem jeweiligen Material an und ist ägyptisch oder vorderasiatisch. Die Daten der ägyptischen Dynastien sind dem "Lexikon der Pharaonen" von T. Schneider (1994) entnommen.

II: Zahlenmäßige, geographische und zeitliche Verteilung der Skarabäen und ihres Materials

a: Zur Menge und geographischen Verteilung (Tabelle 2 und Karten 1-3)

Die absolute Zahl der in dieser Studie verwendeten Siegel beträgt ohne Schriftsiegel etwa 1500 Siegel, darunter Skarabäen und wenige Skaraboide. Da die absoluten Zahlen nur als Richtlinien interpretiert werden können, habe ich in den folgenden Tabellen auf sie verzichtet und nur mit Prozenten gearbeitet. Aus Libanon stammen etwa 52%, aus Syrien und dem südanatolischen Streifen 29%, aus Jordanien[10] 12% und aus Irak 7% der hier gesammelten Siegel.

Der Libanon (Karte 1) zeichnet sich durch die größte Zahl aus, die aber weitaus geringer ist als in Palästina[11]. Hinzu kommt, dass die allermeisten Funde (über 600) aus Byblos stammen. Die Gründe dafür sind die geographische Nähe zu Ägypten und Palästina, der Hafenstatus sowie die politische Situation von Byblos. Die Verteilung von fünf großen zu fünf kleinen Orten (s. Tabelle 2) läßt sich vielleicht durch die Wichtigkeit der Küste erklären. Dort konnten sich Städte ansiedeln, die internationale Wichtigkeit erlangten, während das Binnenland nicht so angeschlossen war. Eine wichtige Ausnahme ist Kāmid el-Lōz, das an einem Verkehrsknotenpunkt lag.

Tabelle 2: Geographische Verteilung (Als groß gelten die Orte mit mindestens 15 Skarabäen)

	Große Orte	Kleine Orte
Libanon	Beirut, Byblos, Kāmid el-Lōz, Sidon, Tyros	5 (alle an der Küste)
Syrien/Türkei	Al-Mina, Amrit/Tartus, Ugarit, Mari	31 (5 an der Küste)
Jordanien	Amman + Umgeb., Pella, Saʿidiya	19
Irak	Assur, Ur	8

Die Verteilung auf Syrien und die Türkei ist sehr unregelmäßig (Karte 1). Drei der syrischen Orte mit den meisten Skarabäen befinden sich ebenfalls an der Küste.

[8] Hier nach Weippert, HdArch II/I, 1988. Bietak (Hg.), Ägypten und Levante 3, 1992. Keel, OBO SA 10, 1995, 255-256.

[9] Klengel, Syria, 1992, 16. Matthiae, Ebla, 1995 (3. Aufl.): Protosyrisch IA-C bis 2400, IIA-B bis 2000; Paläosyrisch Früh bis 1800 und Spät bis 1600. MB-I-II-Zeit.

[10] O. Keel und sein Team bearbeiten im Rahmen des Corpus auch Jordanien. Vorläufig konnten sie 569 Stempelsiegel und Stempelsiegelabdrücke sammeln (diese Information verdanke ich O. Keel in einer Nachricht vom 31.5.2001).

[11] Keel, OBO SA 10, 1995, 28: Etwa 8150.

Tabelle 3: Geographisch-zeitliche Verteilung

	MR	MR	NR	NR	Spätes NR	3. Zwischenzeit und Spätzeit	Saitenzeit und Perserherrschaft
	12. Dyn.	13.-15. Dyn.	18. Dyn.	19.-20. Dyn.	20. Dyn.	21.-25. Dyn	26.-31. Dyn.
	MB-II-A-Zeit	MB-II-B-C-Zeit	SB-Zeit	Ende der SB-Zeit-E-I-Zeit	E-I-Zeit	E-II-Zeit	E-II-C/ Achämenidenzeit
L I B A N O N	Beirut? Byblos	Beirut, Byblos, Kāmid el-Lōz, Sidon, Tripolis, Tyros	Beirut, Byblos, Kāmid el-Lōz, Tyros	Beirut, Byblos, Kāmid el-Lōz, Sidon, Tyros	Byblos, Sarepta, Tyros	Beirut, Byblos, Halde, Kāmid el-Lōz, Rašidiya, Sarepta, Sidon, Tyros	Beirut, Byblos, Kāmid el-Lōz, Šayh Zaynad, Sidon und Umgebung: ʿAin al-Hilwa (?), Hilālia, Bustān aš-Šayh, Tyros
S Y R I E N/ S Ü D T Ü R K E I	Qatna?	Alalah, Amrit, Kazel, Qatna, Sūkās, Terqa, Ugarit	Amrit, Hama, Ibn Hani, Mari, Munbaqa, Terqa, Ugarit	Alalah, Arban, al-Haffa, Hama, Ibn Hani, Kazel, Lattakia, Mari, T. Sabi Abyad, Sūkās, Ugarit	Arban, Hama, Hamidiye, Mari, Qatna?, Tabbat al-Hammam	T. Abu Danne, ʿAin Dāra, Amrit, Arban, Bassit, Halaf, Hama, Karkemiš/ Ğerablūs, Knēdiğ, Lattakia, al-Mina, Qatna, Sūkās, Tartus, Ugarit, Zincirli	T. Ahmar, Amrit, Deinit, Deve Hüyük, Hān Šayhūn, Karkemiš/ Ğerablūs, Lattakia, Mastuma, Manbiğ, al-Mina, Neirab, Sūkās, Tartus, Ugarit
J O R D A N I E N		Amman, Baqʿah Tal, Pella, Saʿidiya, Wadi Fidan	Amman, Baqaʿh-Tal, Deir ʿAin Abata?, Pella, Petra, Sahem, Saʿidiya	Amman, Deir ʿAlla, Lehun, Pella, Sahem, Saʿidiya, Umeiri	Deir ʿAlla, Madaba, Sahab	T. Abu al-Kharaz, Amman, Buseirah, Deir ʿAlla, Harra, Hirbet al- Haġġar, Hulayfa, Jawa, Petra, Tawilan, Umeiri, Umm el-Biyara	Amman/ Umm Udayna, Tel al-Mazār
I R A K		Assur, Babylon?, Horsabad		Ur und Uruk (beide kassitisch)	Ninive	Assur, Babylon, Horsabad, Isin, Kiš, Nimrud, Ninive, Tello, Ur, Uruk	

Während al-Mina und Ugarit viele Dutzende Skarabäen lieferten, befanden sich in zahlreichen anderen Orten nur wenige Stücke. Das Binnenland war dennoch dicht besiedelt, wenn auch die meisten Siedlungen nicht sehr groß waren. Die östlichsten syrischen Orte mit Skarabäen liegen im Habur-Gebiet und am Euphrat (Mari, Terqa). Für Jordanien stechen drei Orte ab, Amman mit Umgebung, Pella und die Nekropole des Tell es-Saʿidiya (Karte 2). Diese Orte befinden sich entweder in Flußtälern oder nahe Amman. Jedoch war das Land zwischen Gilead und Edom ebenfalls dicht besiedelt. Einige Skarabäen gelangten schon in der Antike in östliche trockene Gefilde, wie es die Stücke aus Jawa und Harra beweisen. Im Irak brachten nur die größeren Siedlungen Skarabäen ans Licht (Karte 3). Vielleicht ist es dem Zufall (oder der Ausgrabungs- und Publikationslage) zuzuschreiben, dass gerade Assur und Ur die Orte sind, wo man die zahlreichsten Skarabäen fand. Denn in der neuassyrischen, neu- und spätbabylonischen Zeit, also dem

Zeitraum, aus dem die meisten Skarabäen stammen, waren auch andere Siedlungen – etwa Ninive oder Babylon – sehr wichtig.

Allgemein gilt, dass die Zahl der Skarabäen abnimmt je mehr man sich vom vorderasiatischen Zentrum Palästina/Israel entfernt.

b: Geographisch-zeitliche und zeitliche Verteilung

Die Tabelle 3 kombiniert die geographische und zeitliche Ausdehnung der Skarabäen im betrachteten Gebiet. In dieser und der nächsten Tabelle sind die 19. und 20. Dynastie zusammengefasst, einer Zeitspanne, die auf ägyptische Skarabäen passt. Andererseits entspricht die 20. Dynastie der Eisen-I-Zeit, die wiederum eine gute vorderasiatische Einteilung bietet. Die Trennung zwischen später Eisenzeit und Achämenidenzeit ist ebenfalls schwierig. Deswegen

Tabelle 4: Zeitliche Verteilung

	MR	MR	NR	NR	Spätes NR	3. Zwischenzeit und Spätzeit	Saitenzeit und Perserherrschaft
	12. Dyn.	13.-15. Dyn.	18. Dyn.	19.-20. Dyn.	20. Dyn.	21.-25. Dyn.	26.-31. Dyn.
	MB-II-A-Zeit	MB-II-B-C-Zeit	SB-Zeit	Ende der SB- und E-I-Zeit	E-I-Zeit	E-II-Zeit	E-II-C/Achäme-nidenzeit
Liba-non	18,6% (mit Jarre Montet)	37,2%	3,3%	17%	2,8%	12,8%	7,7%
Syrien Türkei	2 Skarabäen?	8,2%	12%	8,9%	2,6%	34,5%	33,8%
Jordanien	1 Skarabäus?	59,4%	6%	11,8%	2,7%	11,8%	10%
Irak		9,8%	6,8%		2%	81,4%	

ziehe ich es vor, die zwei Abschnitte zusammen zu betrachten. Skarabäen allerdings, die eindeutig in die Eisenzeit gesetzt werden können, wurden unter der Eisen-II-Zeit gezählt.

Die Tabelle 3 zeigt, dass das Verteilungsgebiet in der Eisenzeit am größten ist obwohl dies nicht überall einer größeren Stückzahl entspricht. In der 13-15. Dynastie war umgekehrt die geographische Konzentration größer. Dies weist auf einen veränderten Gebrauch von Skarabäen.

Zu Tabelle 4:

Skarabäen der 12. Dynastie sind außer der in Byblos gefundenen Jarre Montet sehr selten. Möglicherweise stammen weitere libanesische Stücke aus Beirut. Der in Qatna gefundene ungravierte Skarabäus könnte auf die 12. Dynastie zurückgehen. Dabei bleibt völlig ungewiß, von wo und wann – vermutlich zu einem viel späteren Zeitpunkt – er nach Qatna kam. Libanon und Jordanien zeichnen sich beide durch ihre große Zahl Skarabäen der 13. und der hyksoszeitlichen 15. Dynastie aus. Dies liegt an der geographischen Nähe zu Ägypten und Palästina und am levantinischen Ursprung der Hyksos. Die Levante stand damals zwar noch nicht unter ägyptischer Herrschaft, dennoch bekundeten die Hyksos ihr Interesse, Beziehungen mit den umliegenden Ländern zu knüpfen. Wenig Skarabäen aus diesem Zeitraum wurden hingegen in Syrien und Irak gefunden.

Für Syrien ändert sich dies aber in der Spätbronzezeit. Die Zahl der aus dieser Gegend stammenden Skarabäen wuchs. Dies liegt einmal an der Wichtigkeit einiger Handelszentren – etwa Ugarit und Tell Sūkās –, die an der Küste liegen. Es beruht aber auch auf den politischen Verhältnissen. Die Ägypter "nähern" sich und expandieren bis zum Ende der 18. Dynastie um 1300. Warum, im Gegensatz zu Syrien, die Skarabäenzahl in Libanon und Jordanien sinkt, kann ich nicht erklären. Möglicherweise wurden zeitweise Rollsiegel bevorzugt. Vielleicht liegt dies auch an der momentan gesunkenen Wichtigkeit von Byblos und für Jordanien an der Tatsache, dass die ägyptische Kontrolle über Jordanien sich wahrscheinlich auf die Siedlungen im Jordan-Tal beschränkte sowie auch an der allenthalben in der Spätbronzezeit verbreiteten Armut.

Überall in der Eisenzeit gibt es mehr Skarabäen als in der (viel kürzeren) Spätbronzezeit[12]. Der Beginn der Eisenzeit bildet aber nach wie vor eine Lücke in unserem Wissen. Dies spiegelt sich in der kleinen Skarabäenzahl wieder. Dabei ist es durchaus denkbar, dass einige älter oder auch jünger datierten Skarabäen eigentlich in diesen Zeitraum passen. Der zahlenmäßige Abstand zwischen der Eisen-II-Zeit und den vorhergehenden Epochen ist in Syrien und Irak am größten. Die große Zahl ab der Eisen-II-Zeit läßt sich für Syrien durch die wichtige lokale Produktion erklären. Durch die politische Vereinheitlichung im assyrischen Reich und wegen des Interesses der assyrischen Könige an syrisch-phönizischem Handwerk gelangten solche Amulette nach Mesopotamien. Eine zusätzliche Ursache dafür ist die Ägyptophilie, die den gesamten Vorderen Orient erfasste und völlig unabhängig von politischen Gegebenheiten war.

In der Eisen-II-Zeit tauchen die Schriftsiegel auf, deren Gravur vor allem aus einer kurzen Inschrift in einer der Lokalsprachen besteht. Diese Siegel sind fast ausschließlich Skaraboide und stammen in der überwiegenden Mehrheit aus dem Kunsthandel. Zählt man die phönizischen Schriftsiegel zu Libanon, dann datieren in Libanon etwa doppelt so viel Siegel in die Eisen-II-Zeit als in der Tabelle 4 angegeben. Mit den aramäischen Siegeln erhöht sich in diesem Zeitraum für Syrien die Siegelzahl nur geringfügig. Die größte Veränderung – eine Steigerung auf das fünffache – ergibt sich für Jordanien, da es dort in der Eisen-II-Zeit kaum Skarabäen, dafür aber (vielleicht) zahlreiche skaraboide Schriftsiegel gibt.

Die Formen des Skarabäus und des Skaraboiden blieben bis in die Achämenidenzeit sehr erfolgreich. Für Syrien, Libanon und Jordanien gilt, dass Skarabäen und Scaraboide ungefähr die Hälfte der gefundenen Stempelsiegel ausmachen, wenn auch ihre absolute Zahl gesunken ist. Diese Skarabäen habe ich in einer Monographie bearbeitet und beschränke mich hier auf wenige Bemerkungen[13].

Die Kurven sind also für jedes Gebiet etwas anders. In den jeweiligen Gebieten spielt u.U. nur eine Siedlung eine

---

[12] Die Mehrzahl der aus dem Kunsthandel stammenden Skarabäen sind in diesen Zeitabschnitt und in die Achäemenidenzeit zu setzen.

[13] Nunn, OBO SA 18, 2000, 82-103, 113-121, 169.

Tabelle 5a: Verteilung des Materials, sämtliche Skarabäen gezählt

	2. Jahrtausend			1. Jahrtausend		
	Stein	Fritte/Fayence	Anderes	Stein	Fritte/Fayence	Anderes
Libanon	44%	34%	3%	14%	4%	1%
Syrien/Türkei	13%	5%	3%	50%	26%	3%
Jordanien	72%	13%	1%	11%	2%	1%
Irak	2%	11%	?	28%	58%	1%

Tabelle 5b: Verteilung des Materials, nach Jahrtausenden gezählt

Libanon	54%	42%	4%	75%	23%	2%
Syrien/Türkei	59%	25%	16%	63%	33%	4%
Jordanien	84%	14%	2%	78%	13%	9%
Irak	17%	83%	?	33%	66%	1%

treibende Rolle. Unter diesem Aspekt werden sie im Abschnitt IV betrachtet.

c: Verteilung des Materials

Die Verteilung zwischen Skarabäen aus Stein und solchen aus Fritte oder Fayence ist von Land zu Land unterschiedlich. Dennoch gilt, dass Stein überall außer im Irak einem Glasprodukt vorgezogen wurde. Dies hängt in Irak von der billigen Produktion des ersten Jahrtausends ab, die zugleich die Mehrheit der dortigen Siegel stellt.

III: Importe contra lokale Produktion

a: Importiert und lokal (Tabelle 6)

In diesem Abschnitt geht es darum, festzustellen, welche Skarabäen aus Ägypten kamen und welche in Vorderasien hergestellt wurden. Dabei steht hier der Herstellungsort nicht zur Diskussion (s. nächsten Abschnitt). In der Tabelle 6 habe ich versucht, das Ergebnis chronologisch und zeitlich zusammenzufassen. Dabei habe ich Unsicherheiten mit ? angegeben.

Insgesamt verringern sich mit der Zeit überall die Importe aus Ägypten. Für die Eisenzeit und die Achämenidenzeit sind die Kriterien, anhand derer die ägyptische Produktion von der nicht-ägyptischen unterschieden werden kann, einfach. Die Produktion ist fast ausschließlich lokal und hat einen eigenen Stil gefunden (**Tf. 5,69-73, Tf. 6,87-89...**). Importe aus Ägypten kommen kaum vor, dafür erstmalig solche aus Ostgriechenland.

Diese Unterscheidung ist für die Spätbronzezeit schon nicht mehr immer so klar. Dabei spielen in dieser Unterscheidung unägyptische Elemente oder eine nicht-ägyptische Kombination ägyptischer Elemente die Hauptrolle. Als Beispiel seien die falsche Schreibweise von Amun Re auf einem Skarabäus aus Lehun (**Tf. 7,91**) oder die Pseudohieroglyphen aus al-Haffa (**Tf. 6,77**) genannt. Außer im Libanon überwiegen die lokalen Skarabäen bei weitem. Auch hier spielt also nicht die geographische Nähe, sondern der Sonderstatus der großen phönizischen Küstenstädte eine Rolle.

Äußerst schwierig wird das Auseinanderhalten für die Siegel der 13. Dynastie und der Hyksoszeit. Welche Merkmale können herangezogen werden, um eine lokale Produktion zu erkennen? Der Stil orientiert sich nach den (oft ungenauen)

Tabelle 6: Importe aus Ägypten und lokale westvorderasiatische Produktion

	Vor-Hyksos		13.-15. Dyn.		SB-Zeit		E-I-Zeit		E-II-Zeit		Ende E-II-Zeit-Achämenidisch
	Lokal	Import	Lokal	Import	Lokal	Import	Lokal	Import	Lokal	Import	
Libanon	8,5%	91,5%	50%, davon 9% =?	50%, davon 30% =?	50%	50%	80%	20%, davon 66% =?	99%	1%	98% lokal, 2% aus Griechenland
Syrien/Türkei			80%	20%, davon 50%=?	89%	11%, alle unsicher	90%	10%	99%	1% unsicher	98% lokal, 2% aus Griechenland
Jordanien			96%	4%	75%	25%	84%	16%	100%		100% lokal
Irak			20%	80%	85%	15%	100%		98,5%	1,5%	100% lokal

ägyptischen Maßstäben. Fehlen bestimmte Merkmale in Ägypten, so sind sie asiatisch. So konnten das Ω-Motiv, der Mann mit einem Wulstsaummantel (**Tf. 3,9**), der grüßende Mann (s. Ugarit, erster Eintrag), die nackte Göttin (**Tf. 8,112**), die Sonne in der Mondsichel, die Rosette oder das Material Jaspis von der Gesamtproduktion herausgenommen und wegen ihres auf Vorderasien beschränkten Auftretens als vorderasiatisch erkannt werden[14]. Diese Logik muß jedoch nicht immer richtig sein. Dennoch habe ich sie mangels anderer Möglichkeiten angewandt (**Tf. 4, 28**). Einen viel sichereren Hinweis bilden die ägyptisierenden Elemente. Das sind Hieroglyphen, mit denen nicht-ägyptische Namen geschrieben wurden (**Tf. 5,57-58**), Pseudohieroglyphen (s. Ugarit, Schaeffer, erster Eintrag) oder andere Schriftzeichen, Tiere oder Symbole, die eindeutig unägyptische Züge tragen (**Tf. 3,9, Tf. 4,24-29, Tf. 5, 46-49, 51, Tf. 8,113-119, 126**). Ein häufiges Kriterium ist das der Qualität (z.B. die importierten **Tf. 5,40** und **42** contra die lokalen **Tf. 9,136** 3. R. 2 Stücke von r). Hier taucht dennoch ein methodisches Problem auf. Denn wählen wir Qualität und einfache Motivik als Kriterien, heißt dies, dass qualitätslose Skarabäen (automatisch) in Vorderasien fabriziert wurden. Damit unterstellt man den asiatischen Siegelschneidern, dass sie mittelmäßig waren, eine Tatsache, die keineswegs der Qualität des sonstigen Kunsthandwerks entspricht. Auch in Ägypten wurden qualitätslose Skarabäen hergestellt. Die Frage der Handwerker läßt sich kaum eingrenzen[15]. Sicher ist, dass phönizische Handwerker sehr geschickt und fähig waren, Objekte in einem ihnen fremden Stil herzustellen[16]. Die meisten lokalen Skarabäen können von phönizischen Handwerkern geschnitzt worden sein. Lediglich die Exaktheit der Hieroglyphen verlangt eine große Bewandheit in ägyptischer Schrift (s.u.). Einen wertvollen Hinweis auf eine lokale Produktion liefern unfertige Skarabäen oder zur Skarabäenherstellung gedachte Modelle. Leider ist ihre Zahl gering und ihre Datierung meist nicht festlegbar (s.u.).

So gehen für die Skarabäen der 13.-15. Dynastie die Meinungen über ihren Herstellungsort auseinander. Sie sind nach D. Ben-Tor meistens lokal[17], jedoch für andere Bearbeiter oft, aber nicht immer lokal[18]. Der Libanon zeichnet sich – sollte meine Einordnung richtig sein – durch eine Mehrheit lokaler Siegel aus. Importierte Siegel sind dennoch durchaus vorhanden. In diesem Katalog gibt es etwa ebenso viele ägyptische wie lokale hyksoszeitliche Siegel in Beirut, mehr lokale als importierte Siegel in Byblos und überwiegend lokale Siegel in Kāmid el-Lōz und Sidon. In Syrien und Jordanien gefundene Siegel sind lokal. Nach Irak gelangten wiederum v.a. ägyptische hyksoszeitliche Skarabäen.

Schließlich völlig kontrovers ist die Situation in der 12. Dynastie. Dies veranlasst mich einen Exkurs zu diesem Teilaspekt zu machen.

b: Exkurs zu den Skarabäen der 12. Dynastie und der Jarre Montet

Die große Mehrzahl der Skarabäen, die in die 12. Dynastie datiert werden, stammt aus der sog. Jarre Montet (**Tf. 5,31-33**). Sie wurde unter dem Fußboden des "temple syrien" eingegraben gefunden. Datierung und Ursprung der Skarabäen aus der Jarre Montet sind nach wie vor kontrovers. Diese Fragen kann ich nicht beantworten und möchte hier nur den Rahmen abstecken. Zuletzt bearbeitet wurde die Jarre Montet von D. Ben-Tor[19]. Sie schreibt entschieden für eine Datierung noch in die 12. Dynastie und einen Import aus Ägypten. Diese Erkenntnis beruht auf Vergleichen mit ägyptischen Stücken. Sie beruht aber auch auf allgemeinen historischen Gegebenheiten, wonach Byblos in der 12. Dynastie rege Handelsbeziehungen mit Ägypten unterhielt. In der Tat liefern die Geschenke der Pharaonen Amenemhet III. und Amenemhet IV. an die giblitischen Könige Abišemu und seinen Sohn Yapišemuabi sowie die stark ägyptisierenden Objekte aus den Gräbern dieser beiden Könige beredte Zeugnisse dafür. Außerdem datieren die frühesten Skarabäen in Palästina wohl doch in die 12. Dynastie und nicht erst in die 13. Dynastie[20]. Dennoch mag der gegebene Rahmen zu starr erscheinen. Der historische Übergang von der 12. zur 13. Dynastie muß keineswegs einem stilistischen Bruch der Skarabäenproduktion entsprechen. Es ist sogar sehr wahrscheinlich, dass historische und stilistische Grenzen nicht übereinstimmen. So ist es (noch) unmöglich, zu bestimmen, wann genau die auf den Skarabäen vorkommenden Motiven beginnen. Sehr viele Motive bestanden von der 12. bis zur 15. Dynastie. Wir können nur von statistischer Verbreitung sprechen und feststellen, dass bestimmte Motive zu einem bestimmten Zeitpunkt häufiger vorkommen als zu einem anderen. Für die 12. Dynastie gilt, dass Motive mit kleinen Kreisen (**Tf. 5,31**/Jarre Montet) gängig sind, während dünne Flechtbänder (**Tf. 5,32 und 33/** Jarre Montet, **38**) für die 12./13. Dynastie und breite Flechtbänder (**Tf. 5,41, 42**) für die 15. Dynastie typisch sind. Der aus der Jarre Montet stammende Skarabäus mit den tête-bêche angeordneten Steinböcken (Montet, Byblos et l'Égypte, BAH 11, 119-120 Nr. 451) läßt sich eigentlich nicht in die 12. Dynastie hoch-datieren. Damit ist entweder die Datierung aller in der Jarre Montet gefundenen Skarabäen oder die Einheitlichkeit der Fundzusammenstellung (wie in Gräbern) in Frage gestellt. Skarabäen sind kleine Gegenstände, die leicht wandern, gehortet oder verstreut werden und verloren gehen. Diese Zusammensetzung unterlag dem Willen eines Menschen oder dem Zufall, der sich über längere Zeiträume erstrecken konnte. In manchen Gräbern war die Siegelherkunft sehr heterogen (**Tf. 4,23-28, 30** aus der

---

[14] Keel, OBO 88, 1989, 39-88 und 209-242. Schroer, OBO 67, 1985, 49-115 und OBO 88, 1989, 89-207. Keel, OBO SA 10, 1995, 31-32. Collon, Archaeology and History in Libanon (bis dahin National Museum News) 13, 2001, 16-24. Übersicht von Keel, Stamp Seals, in: Westenholz (Hg.), 1995, 99-121.

[15] Keel, OBO SA 10, 1995, 32.

[16] Für eine lokale Produktion in griechischem Stil im 6.-5. Jh., s. Nunn, OBO SA 18, 2000, 24, 28-29, 81, 184.

[17] Ben-Tor, The Absolute Date of the Montet Jar Scarabs, 3-4.

[18] Keel, OBO SA 10, 1995, 31.

[19] Ben-Tor, The Absolute Date of the Montet Jar Scarabs, 1997, mit weiterführender Literatur. Auch ihre unpublizierte Dissertation und Aufsatz in diesem Band. Auch Keel, OBO SA 10, 1995, 25, 260.

[20] Funde der 12. Dyn., s. D. Ben-Tor, in diesem Band S. 5. Keel, OBO SA 10, 1995, 32, vielleicht datieren einige Skarabäen aus Jericho doch in die 12. Dynastie.

Kammer 2 der Höhle 4 in Beirut. **Tf. 5,137** aus einem Grab in Sidon/Qraya). Sollten nicht alle Skarabäen der Jarre Montet gegen Ende der 12. Dynastie entstanden sein, sondern einige nur wenige Jahrzehnte später, handelt es sich schon um eine Produktion der 13. Dynastie. Gerade wegen der unsicheren und auch niemals rekonstruierbaren Geschichte der Fundzusammensetzung ist dieses Szenario völlig denkbar. Fragt man sich, ob es unter den Hunderten von Skarabäen aus Byblos denn keine anderen aus der 12. Dynastie gibt, so stellt man mit Erstaunen fest, dass neben einigen beschrifteten Skarabäen (s.u. und Anm. 23) überhaupt nur ganz wenige für die 12. Dynastie in Frage kommen (**Tf. 5,34, 35**), dass sie vielleicht sogar eher in die 13. Dynastie gehören (**Tf. 5,37, 38, 43**)[21]. Außerdem fallen für Byblos keine historischen Ereignisse auf, die eine Zäsur zwischen der 12. und der 13. Dynastie wiederspiegeln[22]. Was geschah aber in Byblos, dass fast sämtliche Skarabäen eines Zeithorizontes gehortet und versteckt werden mußten?

Der zweite Aspekt betrifft den Herstellungsort. D. Ben-Tor spricht sich für einen Import aus Ägypten aus. Auch dies ist möglich. Dennoch gibt es schon in der 12. Dynastie gleichzeitig beschriftete Objekte, die aus Ägypten stammen und stark ägyptisierende Objekte, die lokal hergestellt wurden. An der Tatsache, dass diese Objekte von lokalen Handwerkern hergestellt wurden, kann gerade wegen der unägyptischen Hieroglyphen – etwa auf dem Medaillon, der Krone und dem Zepter des Königs Yapišemuabi – nicht gezweifelt werden. Stark ägyptisierende Objekte wurden also im Byblos der 12. Dynastie hergestellt. Einige Skarabäen, die in die 12. Dynastie datiert werden können, tragen in Hieroglyphen geschriebene Namen von Pharaonen sowie giblitische und ägyptische Titel (**Tf. 5,56-57**)[23]. Eine gute Kenntnis der ägyptischen Hieroglyphen ist bei diesen Skarabäen eine notwendige Voraussetzung. Dabei sind mehrere Möglichkeiten denkbar: Entweder gab es ägyptische Steinschneider in Byblos, die die Skarabäen selbst schnitten oder den lokalen Steinschneidern halfen, oder solche Skarabäen waren in Ägypten ausgeführte Auftragsarbeiten phönizischer Privatmenschen. Hier sei noch angemerkt, dass die Skarabäen der Jarre Montet weder Namen noch Hieroglyphen tragen. Ab Amenemhet III. setzt in Ägypten selbst ein Wechsel in der Skarabäenproduktion ein, der letztendlich die lokale levantinische Produktion entweder gründen oder fördern wird. Denn die außerägyptische Massenproduktion beginnt mit der Wende von der 12. zur 13. Dynastie.

Zusammenfassend läßt sich feststellen, dass eine Einordnung in die 12. Dynastie und ein Import der Skarabäen aus der

Jarre Montet möglich, aber dennoch unsicher sind. Das historische Verdikt ist dabei nach wie vor stärker als das archäologische. Ob nun importiert oder nicht, weist die Skarabäengruppierung der Jarre Montet auf eine bewußt getroffene Auswahl, da nicht alle Typen der 12. Dynastie vorhanden sind und Beamtensiegel fehlen. Das Grab 66 von Sidon/Ruweise ist wegen eines Skarabäus mit dem Namen Sesostris I. in die 12. Dynastie eingeordnet worden. Eine Tradierung des ägyptischen Skarabäus oder eine Herstellung nach Sesostris I. und somit eine jüngere Datierung des Fundkomplexes erscheint jedoch angebracht[24].

c: Über den Ursprung der Skarabäen innerhalb Westvorderasiens (Tabelle 7)

c 1: Ursprung der hyksoszeitlichen Skarabäen

Wir haben jetzt den Ursprung der Skarabäen, je nachdem, ob sie ägyptisch waren oder nicht, betrachtet. Wo kamen jedoch die nicht-ägyptischen Skarabäen her? Als Produktionsorte kommen zumindest theoretisch sämtliche hier betrachteten Regionen in Frage. Die einzigen Studien, die sich mit einer vorderasiatischen Produktion befassen, stammen aus der Feder von O. Keel und seiner Kollegen. Schon zu Beginn der 13. Dynastie entstanden in Nord-syrien oder Südanatolien die Skarabäen der sog. Ω-Gruppe. Ein wenig später, ebenfalls in der 13. Dynastie, gab es an der libanesischen Küste eine Werkstatt, in der Jaspis-Skarabäen hergestellt wurden[25]. Keines dieser Siegel ist in seiner Ursprungsgegend gefunden worden. Die Schlüsse auf eine außerhalb Ägyptens und Palästinas lokalisierbare Werkstatt wurden aufgrund von Ähnlichkeiten zu Motiven, die sich auf syrischen Rollsiegeln und anderen Objekten befinden, gezogen.

Byblos ist der einzige libanesische Ort, in dem Rohskarabäen[26] und Modeln[27] gefunden wurden. Außer einem Stück können diese Objekte nicht datiert werden. Die Skarabäen jedoch, die im Model Nr. 7517 gegossen wurden, waren hyksoszeitlich. Aus Byblos stammen Siegel, auf denen schon in der 12. Dynastie die Namen von Einheimischen in Hieroglyphen geschrieben wurden (s. Anm. 23). All dies reicht aus, um eine lokale Skarabäenproduktion in Byblos selbst spätestens ab der 13. Dynastie anzunehmen[28]. Dabei schließt diese Produktion Importe aus Palästina natürlich nicht aus. Gab es Werkstätten in allen großen Siedlungen der libanesischen Küste oder nur in Byblos, das dann die anderen Küstenorte beliefert hätte? Denn die Siegel aus Beirut (**Tf. 4,24-29**), Sidon/Ruweise (**Tf. 9,136,** erste Reihe und Teile der zweiten) und Sidon/Kafr Ġarra erinnern nur noch entfernt an die palästinischen, während andere Siegel in

---

[21] Dunand, FdB I, Tf. 128,3398, 1732 (**Tf. 5,38,** beide 13. Dyn.). Tf. 129,1663 (**Tf. 5,35**), 2301 (**Tf. 5,34,** beide 12.-13. Dyn.), 2306, 2891 (**Tf. 5,43,** beide 13. Dyn.). Tf. 130,1376 (**Tf. 5,37,** 13. Dyn.), 1387 (12.? Dyn.), 1405, 1416, 1418 (alle 13. Dyn.). Dunand, FdB II, Tf. 200,7501 (13. Dyn.).

[22] Scandone, La cultura egiziana, in: Acquaro u.a. (Hg.), Biblo, 1994, 41-43.

[23] s. Katalog, *Byblos, Dunand, FdB I, Tf. 130; Dunand, BMB 17; Montet, Byblos et l'Égypte, BAH 11, Nr. 640-643 und Abb. 88. Zusammengefasst in Martin, Egyptian Administrative and private-name Seals, 1971, Nr. 47 (12. Dyn.?), 174a (späte 12. Dyn.), 262 (11. Dynastie), 551a (12. Dyn.?), 564 (12. Dyn.?), 1354 (späte 12. Dyn.).

[24] Keel, OBO SA 10, 1995, 260. D. Ben-Tor in diesem Band Anm. 31.

[25] Keel, OBO SA 10, 31-2, 34 und Anm. 14.

[26] Nicht abgebildet Dunand, FdB I, Nr. 1900 (Stein), 1904 (Stein). Ders., FdB II, Nr. 10355.

[27] Dunand, FdB I, 101-02 Nr. 1522, Abb. 82. Ders., FdB II, 108-09 Nr. 7517, Tf. 201.

[28] s. Collon, Archaeology and History in Libanon (bis dahin National Museum News) 13, 2001, 16.

Tabelle 7: Über den Ursprung der Skarabäen und Skaraboide

Land und Zeit	Aus Ägypten	Eigenproduktion	Aus Palästina	Aus Phönizien/ Libanon
Libanon: Vor-Hyksos-Zeit Hyksos-Zeit SB-Zeit E-I-Zeit E-II-Zeit	Fast alles? Beirut, Byblos Ja Wenig Kaum	Byblos, Beirut?, Sidon? An der Küste Ja Ja	Küste?, Kāmid el-Lōz Kāmid el-Lōz, Binnenland? Sidon?,Tyros?	
Syrien/Südtürkei: Hyksos-Zeit SB-Zeit E-I-Zeit E-II-Zeit	Ja Wenig Kaum	Ja? An der Küste Ja Ja	Alalaḫ, Amrit, Ugarit Küste u. Binnenland	Byblos?
Jordanien: Hyksos-Zeit SB-Zeit E-I-Zeit E-II-Zeit	Ja	Wohl ja Ja Ja	Ja Ja	
Irak: Hyksos-Zeit SB-Zeit E-II-Zeit	Assur Uruk	Wohl ja	Ḫorsabad Ninive	

Sidon/ Ruweise (**Tf. 9,136**, dritte Reihe) ihre Entsprechungen in Byblos finden. Die lokalen hyksoszeitlichen Siegel von Kāmid el-Lōz ähneln den palästinischen.

Die hyksoszeitlichen nicht-ägyptischen Skarabäen Syriens (Alalaḫ/**Tf. 3,3**, Amrit/**Tf. 3,16**, Ugarit) und Jordaniens (**Tf. 3,8-11, Tf. 8,110-119**) können mit palästinischen verglichen werden. Vorläufig gibt es keine Anzeichen auf eine Werkstatt an der syrischen Küste.

Die nach Assur gelangten Skarabäen (**Tf. 4,20**) kamen aus Ägypten, im Gegensatz zu den Funden in Ḫorsabad (**Tf. 6,84-85**), die palästinisch sein können. Hier erhebt sich die Frage nach dem Zeitpunkt, zu dem die Skarabäen nach Mesopotamien gerieten. Entstehung und Nutzung könnten bei den Funden in Assur zeitgleich sein. Die in Ḫorsabad gefundenen Skarabäen gelangten wahrscheinlich lange nach ihrer Herstellung und wohl sehr zufällig dorthin.

Zusammenfassend gilt für die Hyksoszeit, dass die giblitischen Skarabäen (mehrheitlich?) schon an Ort und Stelle produziert wurden, zum kleinen Teil aber vielleicht auch aus Palästina stammten. Die in den weiteren Orten der libanesischen Küste (Beirut, Sidon) gefundenen Stücken stammten vielleicht ebenfalls aus lokalen, von Byblos beeinflußten Werkstätten. Die Skarabäen, die ins libanesische Binnenland, nach Jordanien und an die syrische Küste gelangten, kamen hingegen aus der überschüssigen Produktion Palästinas. Wenn auch nicht nachweisbar, kann ein Export giblitischer Siegel (oder anderer phönizischer Städte?) an die syrische Küste nicht ausgeschlossen werden. Schließlich gibt es nur indirekt die Möglichkeit, eine syrische binnenländische Produktion festzustellen.

Aus Ägypten exportierte Skarabäen fanden sich v.a. in Byblos. Wenn also in Byblos mehr Skarabäen unmittelbar aus Ägypten stammten, hing dies vielleicht mehr von der besonderen Beziehung zwischen Byblos und Ägypten ab als von einer spezifischen Marktlage oder von einer Vorliebe für die einen oder die anderen Skarabäen. Die Beziehung zwischen Assur und Palästina zu Beginn des 2. Jahrtausends waren für einen Import aus Palästina noch nicht eng genug. Die Siegel kamen direkt aus Ägypten.

c2: Ursprung der Skarabäen in der Spätbronzezeit (Neues Reich)

Für Libanon gibt es in der Spätbronzezeit ein ausgewogenes Verhältnis zwischen importierten und lokalen Siegeln. Vielleicht lassen sich unterschiedliche Orientierungen feststellen. Byblos zeigt sehr eigenständige Züge, die mich dazu bewegen, eine lokale phönizische Produktion anzunehmen. Ähnlich eigenständige Siegel finden sich in Sarepta. Mehr nach Palästina orientiert sind die Siegel in Kāmid el-Lōz sowie einige Siegel in Sidon (**Tf. 9,137**) und Tyros (**Tf. 10,141-145**). Ist dies dafür ein Hinweis, dass Siedlungen wie Sidon und Tyros neben der eigenen Produktion auch noch Siegel aus Palästina bezogen? Wurden Städte im Binnenland v.a. mit Siegeln aus Palästina versorgt?

In Syrien, Jordanien und Irak sind die Skarabäen zum größten Teil lokal. Vergleicht man die in Syrien (Alalaḫ/**Tf. 3,4-7**, Arban, Hama, Kazel/**Tf. 7,90**, Tell Mumbaqa, Tell Sūkās, Ugarit/**Tf. 10,147-150**) gefundenen Skarabäen mit palästinischen, so bekommt man den Eindruck, dass nur wenige[29]

---

[29] s. Ugarit, Nunn, BAR IS 804, 1999, Nr. 250 (**Tf. 10,150**), 254 (**Tf. 10, 147**).

in Palästina entstanden sein können. Ein Ersatzvorschlag ist schwierig. Leichtigkeit und Eleganz charakterisieren einige Motive in Ugarit (**Tf. 10,148-149**)[30], zwei Eigenschaften also, die man auf anderen lokalen ugaritischen Kunstträgern ebenfalls findet. Neben den Skarabäen mit ägyptisierenden Mustern gibt es auch solche mit levantinischen Mustern. Diese Skarabäen sind wohl zeitgleich und sicherlich in Ugarit oder unweit davon hergestellt. Deswegen bin ich nicht abgeneigt, eine Werkstatt auch für ägyptisierende Skarabäen in dieser Stadt zu postulieren. Eine Rollsiegelwerkstatt gab es sicher[31]. Wahrscheinlich befanden sich in einigen anderen westlichen, in diesem Zeitraum wichtigen Städten (Tell Kazel?) weitere Produktionsstätten. Das binnenländische Syrien (Arban, Mari, Tell Sabi Abyad, Terqa?) könnte weiterhin unmittelbar von Palästina gespeist worden sein[32]. Palästinische Siegel fanden aber hin und wieder ihren Weg auch an die Küste (Tell Sūkās, Ugarit).

Für Jordanien gilt ein immer noch vorhandener starker Bezug nach Palästina. Dennoch erwecken die Skarabäen aus Pella (**Tf. 8,120-121**) und Deir ʿAlla den Eindruck, etwas weiter entfernt von palästinischen Skarabäen als in Sahem (**Tf. 8,127**) oder Amman (**Tf. 3,14-15**) zu sein. Bezogen diese Orte ihre Skarabäen aus unterschiedlichen palästinischen Quellen? Oder gab es in Pella doch eine Werkstatt? Eine eigene, kleine Gruppe bildet die sog. (spät)-"ramessidische Massenware". Siegel dieser Gruppe stammen aus Byblos (**Tf. 5,66**)[33], Sidon (**Tf. 9,137**)[34], Pella[35] und Tell es-Saʿidiya (**Tf. 9,128-133**)[36]. Über die Herkunft dieser Siegel weiß man nichts Bestimmtes. Sie stammen möglicherweise aus dem östlichen Delta. Andere Werkstätten im palästinischen Raum sind aber ebenso möglich[37].

Die in Irak gefundenen spätbronzezeitlichen Skarabäen können außer dem Stück aus Uruk nicht gedeutet werden. Der dortige ägyptische Skarabäus fand sich mit einheimischen Wertgegenständen. In Ninive (**Tf. 7,108-109**) zeigt der Befund einen Bezug zu Palästina.

c3: Ursprung in der Eisenzeit

Ab der Eisen-I-Zeit floriert die außerpalästinische Siegelproduktion. Überall in der Levante wurden Stempelsiegel, nunmehr weit entfernt von den ägyptischen Vorbildern und allerlei Formen aufweisend, u.a. die des Skaraboiden, gefunden. Skarabäen werden ebenfalls

produziert. Ein gutes Beispiel liefert der Ort al-Mina (**Tf. 7,97-106**), in dem die größte Zahl eisenzeitlicher Siegel bezeugt ist. Archäologische Spuren solcher Werkstätten sind weder in Syrien noch in Libanon und Jordanien bezeugt. Nur Siegelgruppen können anhand von Formen oder Motive zusammengestellt werden[38]. Dennoch ist anzunehmen, dass es Werkstätten in sämtlichen größeren Siedlungen gab. Dies schließt Tausch und Handel nicht aus. Vielleicht bezeugt dies die Ähnlichkeit einiger Skarabäen von al-Mina mit denen aus Aḥzib und Akko.

Wie war es aber im entfernteren Irak? Fand man dort nur westliche Produktion oder gab es auch Werkstätten, in denen eine doch fremde Gattung produziert wurde? Ur (**Tf. 10,151**) ist mit Assur (**Tf. 4,21**) der Ort, wo (zufälligerweise?) die größte Skarabäenzahl ans Licht kam. Unter den Funden befand sich ein Model, der aus einer neubabylonischen Schicht stammt und in diese Zeit auch datiert[39]. Darin wurden Billigprodukte hergestellt, die man sich als Import kaum vorstellen kann. Model und schlechte Qualität machen die Existenz einer Skarabäenwerkstatt denkbar. Die Skarabäen aus Assur (**Tf. 4,21**) ähneln stilistisch den wahrscheinlich etwas jüngeren aus Tell al-Mazār (**Tf. 7,93-96**). Die Siegel aus Tell al-Mazār erinnern wiederum an die Siegel aus Naukratis, bestehen jedoch aus Kreide, einem in Naukratis unüblichen Material. Sie wurden also nicht in Ägypten hergestellt. Besitzen die in Assur gefundenen Siegel aus "Glas" (= Fritte?) und die jordanischen Siegel von Tell al-Mazār eine gemeinsame Herkunft?

c4: Ursprung in der späten Eisenzeit und in der Achämenidenzeit

Wahrscheinlich gab es in diesem Zeitraum zahlreiche Werkstätten. Ein Kriterium für unsere heutige Beurteilung kann die Menge der gefundenen Stücke sein. Demnach hätten Steinschneider zumindest in Byblos, Sidon und al-Mina Skarabäen produziert[40].

IV: Fundortprofil und chronologische Verteilung

Es folgt das Fundortprofil zu den Orten, in denen mehr als 15 Skarabäen und Skaraboide gefunden wurden, sowie zu einigen anderen Orten mit außergewöhnlichen Fakten.

a: Libanon

Byblos (**Tf. 5,31-73**) ist die Stadt, in der unter den hier erwähnten Orten bei weitem die meisten Skarabäen ans Licht gekommen sind (über 600). Dies verwundert nicht, da Byblos eine wichtige Hafenstadt war, die schon seit dem 3. Jahrtausend enge Kontakte zu Ägypten pflegte. Zahlreiche ägyptisierende Gegenstände prägten für Könige und einfache

---

[30] Nunn, op. cit. Nr. 259 (**Tf. 10,148**), 261 (**Tf. 10,149**).

[31] Amiet, Corpus II, 1992, 33, 51 mit Rollsiegeln, die allerdings schlechter Qualität sind.

[32] Nunn, op.cit. 19 ist zu ergänzen: "In Inland Syria scarabs were generally imported, *possibly from Palestine*, until the end of the second millennium...". Selbe Ergänzung in Nunn, OBO SA 18, 2000, 83. Zu Anm. 34 s. Keel, OBO SA, 1995, 10.

[33] Dunand, FdB I, Tf. 129,1292 (**Tf. 5,66**) und FdB II, Tf. 200,8649, 7254.

[34] Guigues, BMB III, 1939, 54, Abb. 2,b-c.

[35] Potts u.a., ADAJ 32, 1988, 372, Nr. 1-2.

[36] Pritchard, 1980, Abb. 23,9. Tubb, Levant 20, 1988, 71. Keel, Stamp Seals, in: Westenholz (Hg.), 1995, 127-129.

[37] Keel, OBO 100, 1990, 348-367 und OBO SA 10, 36.

[38] Buchanan-Moorey, Ashmolean Museum III. Boardman, OJA 15/3, 1996, 327-340 (eisen-II-zeitliche Gruppe in Nordsyrien/Kilikien). Keel, OBO SA 10, 63-105. Nunn, BAR IS 804, 19-22.

[39] Woolley, UE IX, 1962, 112, U. 3340 und Tf. 30. Kalksteinmodel aus dem "EH house site".

[40] Nunn, OBO SA 18, 2000, 97, 102.

Menschen den Alltag[41]. Die ältesten Skarabäen gehen in Byblos vermutlich auf die 12. Dynastie zurück (**Tf 5,31-35**). Die größte Gruppe fand sich in der Jarre Montet. Einige weitere Skarabäen sind im Gegensatz zu der Jarre Montet beschriftet. In Ägypten selbst waren zu diesem Zeitpunkt Skarabäen noch ein Luxusprodukt, selbst wenn die Qualität nicht einheitlich gut war. Es konnte in Byblos nicht wesentlich anders gewesen sein. Die Lage ändert sich ab der 13. Dynastie und in der Hyksos-Zeit (**Tf. 5,36-58**). Die Skarabäenzahl steigt merklich, die Motive mehren sich, zahlreiche Stücke sind mittelmäßiger Qualität. Offensichtlich hat diese Objektgattung Zugang zu einer breiteren Bevölkerungsschicht gefunden. Unter den auswertbaren Skarabäen machen diejenigen der 12-15. Dynastie etwa die Hälfte aus. Die andere Hälfte verteilt sich auf die 19.-20. Dynastie und – etwas verstärkt – auf die Eisen-II- und Achämenidenzeit.

In Beirut wurden 30 Stücke ausgegraben, von denen 29 hyksoszeitlich, teils lokal und importiert sind. Die **Tf. 4,24, 26** und **27** fallen durch die Zusammensetzung ihrer Motive auf. Die lokale Thoeris auf **Tf. 4,28** ist bemerkenswert, weil sie in Ägypten selbst selten vorkommt. Fast sämtliche Skarabäen, die im Beiruter Kunsthandel auftauchten, sind jünger.

Die Umgebung von Sidon (**Tf. 9-10,136-140**) besteht aus ausgedehnten Gräberfeldern. Es ist also nicht erstaunlich, wenn aus Sidon und Umgebung etwa 70 überwiegend lokale, leider unzulänglich publizierte Stücke stammen, die zu 2/3 hyksoszeitlich sind. Das restliche Drittel stammt aus der 19.-20. Dynastie und aus der Eisen-II- und Achämenidenzeit. Angesichts der enormen Wichtigkeit Sidons (und seiner Gräberfelder) in der Achämenidenzeit[42] ist dieses Zahlenverhältnis wohl auf eine unzureichende Fund- und Publikationslage zurückzuführen.

Auch für Tyros ist sicherlich nur ein Bruchteil des ehemals vorhandenen Materials heute bekannt (**Tf. 10,141-146**). Etwas über 20 Stücke verteilen sich regelmäßig auf die späte Bronze-zeit, die Eisen-I- und Eisen-II-Zeit. Nur 1+1? sind hyksoszeitlich. Bis auf zwei unsichere Ausnahmen sind sie lokal. Den einzigen gut beobachteten Befund lieferten die Grabungen in Kāmid el-Lōz. Dort fanden sich 24 Siegel in Gräbern. Fünf Stücke sind hyksoszeitlich, vier spätbronzezeitlich, zwei späteisenzeitlich und zwei achämenidenzeitlich. Sie sind lokal außer (?) zwei hyksoszeitlichen Stücken. In den wieteren Orten Halde (**Tf. 6,79-80**), Rašidiya (**Tf. 8,124-125**) und Sarepta (**Tf. 9,134-135**) kamen nur eisen-II-zeitliche Skarabäen ans Licht.

b: Syrien/Südtürkei

Für Syrien ist Ugarit (**Tf. 10,147-150**) der Ort, wo die meisten Skarabäen – in diesem Katalog etwa 70 – ausgegraben wurden. Sie datieren mehrheitlich in die Spätbronzezeit, die Blütezeit dieser Hafenstadt. Etwa 20 sind hyksoszeitlich, wenige eisenzeitlich und jünger. Eine große Mehrheit wurde lokal produziert. Amrit (**Tf. 3,16-19**) ist eine ausgedehnte

Ruine des 2. und 1. Jahrtausends, in der es, wie in Sidon, unterschiedliche Gräberfelder gibt. Deshalb ist dieser Ort schon lange eine beliebte Quelle für Antikenräuber und legt die Annahme nahe, dass die Siegel aus dem "Kunsthandel Amrit" und zumindest ein Teil der in Tartus verkauften Siegel aus Amrit stammen. Ein Siebtel der Siegel ist hyksoszeitlich, einige spätbronzezeitlich und die große Mehrheit, wie die Ruine selbst, eisen-II-zeitlich und jünger. Alle sind lokal hergestellt. Einen Sonderfall bildet die Hafenstadt Al-Mina (**Tf. 7,97-106**), in der mindestens 96 eisen-II- und achämenidenzeitliche Siegel in Häusern, Magazinen und Gräbern ausgegraben wurden. Die 23 aus Mari publizierten Skarabäen können bis auf wenige nicht datiert werden, da sie nicht oder unzureichend abgebildet sind. 19 unter ihnen stammen jedoch aus den spätbronzezeitlichen Gräbern und datieren wohl in diesen Zeitraum. Diese Feststellung gilt ebenfalls für die vier weiteren Stücke aus jüngeren Gräbern. Vielleicht datiert ein Skarabäus aus Qatna in die 12. Dynastie. Dieser Fund besitzt jedoch keinerlei Aussagekraft. Der in den in Qatna neu aufgenommenen und sorfältigen Grabungen gefundene Skarabäus beweist, dass Skarabäen schon im 2. Jahrtausend in Syrien sicherlich nicht selten waren.

c: Jordanien

Amman (**Tf. 3,8-15**) und seine Umgebung sind schon seit Jahrtausenden besiedelt. Dies spiegelt sich in den über 60 Stücken, die in einem spätbronzezeitlichen Tempel und in Gräbern gefunden wurden. Fast alle sind lokal, hyksoszeitlich (**Tf. 3,8-11**), einige eisen-II-zeitlich, wenige spätbronzezeitlich (**Tf. 3,12-14**) und achämenidenzeitlich. Von den 63 Skarabäen aus Pella (**Tf. 8,110-121**) befanden sich allein 55 im Grab 62. Sie sind hyksoszeitlich und lokal (**Tf. 8,110-119**). Weitere fünf Skarabäen sind spätbronzezeitlich und ebenfalls lokal. Aus den Gräbern von Tell es-Sa'idiya (**Tf. 9,128-133**) stammen mindestens 15 Skarabäen, die großenteils in das Ende der Spätbronzezeit datieren.

d: Irak

Die Hyksoszeit entspricht der altbabylonisch/ altassyrischen und der kassitischen Zeit in Mesopotamien. Zwei Skarabäen aus Ḫorsabad (**Tf. 6,84-85**) und acht aus Assur (**Tf. 4,20**) fanden ihren Weg von Ägypten. In Assur wurden sie in altassyrischen Gräbern, die in der mittelassyrischen Zeit jedoch wiederbenutzt wurden, geborgen. Die restlichen Skarabäen von Assur (**Tf. 4,21**) sind eisen-II-zeitliche Gräberfunde. Die schlecht abgebildeten Siegel aus Babylon lassen sich schwer datieren. Zwei Gräber mit fünf lokalen Skarabäen sind kassitisch. Die zweithöchste Skarabäenzahl nach Assur stammt aus Ur (**Tf. 10,151**), wo 27 Stücke fast ausschließlich aus Gräbern stammen und eisen-II-zeitlich sind. Ein Grab geht auf die Kassitenzeit zurück.

V: Typologie der Bildflächen und Länderprofil (Tabelle 8)

a: Die 12. Dynastie

Die Skarabäen der Jarre Montet (**Tf. 5,31-33**) dienen hier als Richtlinie für die 12. Dynastie. Das Bildrepertoire beschränkt

---

[41] Schöne Abbildungen in Parrot - Chéhab - Moscati, Die Phönizier, 1977, 41-46. Über historische Zusammenhänge, Scandone, in: Krings (Hg.), HdO 1/20, 1995, 59-61.

[42] Nunn, OBO SA 18, 2000. Dies., UF 32, 2001, 443-450.

Tabelle 8: Über die Häufigkeit der Motive (Das x gibt das zahlenmäßige Verhältnis der Motive zueinander wieder).

	Libanon	Syr./Türkei	Jordanien	Irak	Libanon	Syr./Türkei	Jordanien	Irak
Motive	Importiert				Lokal			
Die 12. Dynastie								
Kreise	xxx							
Spiralen	xx							
Hieroglyphen	x							
Ägypt. Figuren	x							
Die 13.-15. Dynastie								
Hieroglyphen	xx	x	x	xxxx	xxxx	xxxx	xxxx	
Geometr. Figuren	xx	x	x		xxx	x	x	
Ägypt. Figuren	x				x	x	xxx	
Florale Elemente	x		x		x		x	
Die 18. Dynastie								
Hieroglyphen	x	x	x	x	x	x		
Glückszeichen	x	x	x		x	x	x	
Ägypt. Figuren	xx	x			xxx	xxx	xxx	
Die 19.-21. Dynastie								
Hieroglyphen	x	x	x		xx	xx	x	x
Ägypt. Figuren			x		x	xx	xx	
Die Eisen-II-Zeit								
Hieroglyphen				x	xxx	xxx	xx	xxx
Ägypt. Elem.					xx	xx	x	x
Lokale Figuren					xx	x	xx	xx

sich auf Kreise, Ranken und Spiralen. Die seltenen Hieroglyphen sind als Glückszeichen zu verstehen. In die 12.-13. Dynastie datieren Skarabäen mit Kreisen, Spiralen, floralen Mustern, stilisierten Menschen und Hieroglyphen (**Tf. 4,23, Tf. 5,34-35**). Wir stellten schon fest, dass in der importierten (?) Gruppe der Jarre Montet nicht alle ägyptische Typen vertreten sind und dass Beamtensiegel fehlen.

b: Die 13. und 15. Dynastie

Die Motive habe ich für die Siegel der 13.-15. Dynastie in vier Kategorien geteilt: Hieroglyphen/Glückszeichen, ägyptische und ägyptisierende Figuren, geometrische Motive und florale Elemente. Diese sind wiederum lokal oder importiert. Am beliebtesten waren die Glückszeichen (**Tf. 3,3, 10, Tf. 4,20, 26-27, Tf. 5,46-50, Tf. 6,84-85, Tf. 8,119, 126, Tf. 9,136-137**), die bei weitem die größte Gruppe ausmachen. Die Hieroglyphen der **Tf. 8,119** stellen eine unlesbare Zeichenreihung dar. Unter den geometrischen Motiven (**Tf. 5,51, Tf. 8,118**) kommen am häufigsten Spiralen (**Tf. 5,37, 39, 40, Tf. 9,136**) und dann Flechtmotive (**Tf. 3,11, Tf. 4,25, Tf. 5,38, 41-43, Tf. 9,136**) vor. Glückszeichen können mit geometrischen Motiven kombiniert sein (**Tf. 4,24, Tf. 5,57**). Florale Elemente sind verhältnismäßig selten (**Tf. 5,44, 45, Tf. 8,117**), Kreise sehr selten (**Tf. 5,36**). Ägyptisch oder ägyptisierend sind Götter (**Tf. 3,8, Tf. 4,28, Tf. 5,52**), Menschen (**Tf. 3,9, Tf. 4,29, Tf. 5,53, Tf. 9,137**) und Tiere

wie Uräen (**Tf. 3,16, Tf. 5,54**), Affen (**Tf. 5,54**), Löwen (**Tf. 3,52**), Krokodile (**Tf. 5,55**), Kapriden (**Tf. 8,115-16**), Falken (**Tf. 9,135**) oder Vögel (**Tf. 3,16**). Einige Skarabäen tragen den Namen eines ägyptischen Pharaos (**Tf. 5,56, Tf. 8,110**) sowie eines ägyptischen (**Tf. 8,111**) oder eines lokalen Würdenträgers (**Tf. 5,57, 58**). Diese thematischen Tendenzen lassen sich überall und an lokalen wie an importierten Skarabäen beobachten.

Die Themenvielfalt ist in Ägypten zweifelsohne größer als in den hier behandelten Gebieten. Bermerkenswerterweise fehlen v.a. figürliche Motive wie Götter, König, Menschen und Tiere. Schon in diesem Zeitraum wurden in Westvorderasien Skarabäen mit in Ägypten unüblichen Themen versehen. Eines der auffälligsten ist das der nackten Frau en face (**Tf. 8,112**). Genauso undeutbar sind Paare (**Tf. 8,113-114**), die Götter oder Menschen darstellen könnten. Es scheint also eine Themenwahl im Import wie auch in der lokalen Produktion gegeben zu haben.

Die Nachahmung von hyksoszeitlichen Skarabäen mit einfachen geometrischen Mustern soll hier noch angeschnitten werden. Typische Hyksos-Skarabäen wurden in Ägypten bis etwa 1500 hergestellt und danach nicht mehr nachgeahmt. In Westvorderasien gibt es hingegen auffällig viele Orte mit Skarabäen, die Nachahmungen sein müssen. Noch in der Spätbronzezeit entstanden die Skarabäen von Amman (**Tf.**

25

3,12-13), Ugarit (**Tf. 10,148-149**) und Sidon/Qraya. Die Nachahmungen aus al-Mina (**Tf. 7,105-106**), Assur, Babylon, Ḥān Šayḫūn (**Tf. 6,82**), Nimrud und Zincirli (**Tf. Nr. 152**) sind hingegen eisen-II- und achämenidenzeitlich. Bemerkenswert ist die territoriale Ausdehnung der pseudohyksoszeitlichen Skarabäen, die wohl in lokalen Werkstätten hergestellt wurden. Auch die Palette der nachgeahmten Motive ist breit: Tiere (Amman, Ḥān Šayḫūn), Pflanzen (Ugarit, Zincirli), Hieroglyphen (al-Mina, Babylon, mit Spiralen in Sidon/ Qraya) sowie geometrische Motive (Striche, Kreise in al-Mina, Kreise in Nimrud).

c: Die 18. Dynastie

Trotz der kleinen Skarabäenzahl aus der 18. Dynastie läßt sich dennoch ein Wandel erkennen. Das Verhältnis zwischen beschrifteten und bebilderten Skarabäen dreht sich um. Nur noch wenige Skarabäen tragen hieroglyphische Namen oder Glückszeichen (**Tf. 4,30**). Viel häufiger hingegen weisen sie auf ein ägyptisierendes Motiv mit Göttern oder Göttersymbolen (Osiris, Re, Hathor, Maat, ibisköpfig, Falke/**Tf. 8,127**, Uräus), König und Königssymbolen (**Tf. 5,63, Tf. 10,142, 143**), Menschen (Mann mit Bogen, Gefangener/**Tf. 3,14, Tf. 5,67**) oder Tieren (Löwe/**Tf. 8,120**, Kapride, Fisch). Da die meisten Skarabäen zu diesem Zeitpunkt lokal sind, wurden diese Figuren also nachgeahmt. Die Abweichungen zum Ägyptischen sind erkennbar, bleiben jedoch diskret[43]. Andere Motive wie Spiralen oder Blumen sind äußerst rar geworden.

d: Die 19.-21. Dynastie

Die Zahl der hieroglyphisch beschrifteten Skarabäen scheint in der 19.-21. Dynastie wieder etwas zu steigen (**Tf. 3,4-7, Tf. 6,86, Tf. 7,91, 92, 108-109, Tf. 8,122, Tf. 9,137, Tf. 10,145, 147**). Pseudohieroglyphen finden sich u.a. auf dem Herzskarabäus der **Tf. 6,77**. In einigen Orten (Byblos, Deir 'Alla, Sidon) sind Skarabäen mit Hieroglyphen und ägyptischen Figuren gleichmäßig verteilt. An manch anderen Orten (Pella, Sahab) gibt es mehr ägyptische Motive als Hieroglyphen, an manch weiteren (Arban, Beirut, Hama, Madaba, Ninive, Lehun) ist es umgekehrt. Ägyptisch sind Götter (Horus auf **Tf. 3,17**, Seth auf **Tf. 5,59**, auch **Tf. 5,60, Tf. 9,137, Tf. 10,150**), König (**Tf. 5,61**) und Männer (**Tf. 5,15, Tf. 5,66**), auch im Wagen (**Tf. 5,62**), der König in Siegespose (**Tf. 7,90, Tf. 10,144**), Sphingen (**Tf. 5,64, Tf. 6,74, 81**) und Tiere (Geier auf **Tf. 3,18**, Löwen auf **Tf. Nr. 5,65, 68**, Skarabäus auf **Tf. 8,121**, noch **Tf. 9,137**).

Zu den lokalen Themen gehören Tiere (Byblos, Ibn Hani, Kāmid el-Lōz) oder qualitätlose Strichmuster (Ugarit). Außergewöhnlich ist der Skarabäus aus Ibn Hani, auf dem ein Gott abgebildet ist, den wir von einigen Stelen aus Ugarit kennen und der mit großer Wahrscheinlichkeit Baal darstellt (s. Katalog, Bounni - Lagarce, BAH 151).

In diesen Zeitraum datiert die sog. (spät)"ramessidische Massenware" (s. o. und **Tf. 5,66, Tf. 9,128-133, 137**).

---

[43] Ähnliches Phänomen in Palästina, Keel, OBO SA 10, 1995, 35-36.

Für die zwei letzten Zeitabschnitte von der 19. bis zur 21. Dynastie gilt eine stärkere thematische Rückkehr zur Ägyptisierung als in der Hyksos-Zeit. Dennoch, wie schon in der Hyksos-Zeit, war das Repertoire in Ägypten wesentlich größer als in der Levante. Es fehlen vor allem die Götter- und Königsdarstellungen, die den Levantiner nicht ansprachen. In der 19. und 20. Dynastie ist die Machart der meisten Motive sehr frei gestaltet und ausgeführt, selbst wenn das ursprüngliche Vorbild völlig erkennbar bleibt. Dies gilt ganz besonders für die mit Hieroglyphen versehenen Siegel.

e: Die Eisen-II-Zeit

Zu Beginn der Eisen-I-Zeit (20. Dynastie) setzt in Westvorderasien eine umfangreiche lokale Stempelsiegel-Produktion ein (Anm. 38). Auch die neuen Skaraboide sowie Skarabäen gehören dazu. Stellt man Siegelform – hier die des Skarabäus – und Motive zusammen, so bemerkt man, dass die ägyptischsten Motive mit der Skarabäenform verbunden geblieben sind. Diese Motive haben sich zwar wieder von den ägyptischen Vorbildern entfernt, dennoch besitzen sie im Vergleich zu anderen Siegelmotiven eine nach wie vor starke ägyptische Prägung (**Tf. 3,19, Tf. 4,21, 22, Tf. 5,69, 70...**). Andere Motive wiederum können als indogen vorderasiatisch betrachtet werden (**Tf. 5,72, Tf. 6,78, 79, 89, Tf. 7,104, Tf. 8,123, Tf. 10,146**). Ein schönes Beispiel liefern die Skarabäen aus Assur (Rost Nr. 418), Nimrud (Parker, Iraq 17), Ur (**Tf. 10,151**, Nr. 700) und Tawilan. Die Skarabäenform wurde mit der völlig vorderasiatischen Götterstandarte verbunden. Gleichwohl ist eine scharfe Trennung zwischen der ägyptisierenden und der vorderasiatischen Gruppe häufig unmöglich, da einige Themen – dies gilt v.a. für Jagdszenen mit Mensch und Tier, für Tierkämpfe oder für schreitende Kapriden – in beiden Kulturen vorhanden sind und in diesem kleinen Format nicht immer unterschiedlich dargestellt werden. Hinzu kommt eine jahrtausendalte Ägyptisierung der levantinischen Kleinkunst, die zu einer Verinnerlichung ägyptischer Motive geführt hat. Deswegen kann man sie von einem gewissen Zeitpunkt an nicht mehr als ägyptisch bezeichnen.

Die Qualität dieser Siegel ist im Durchschnitt sehr mäßig. Vorhanden sind Götter und Göttersymbole (**Tf. 5,69, 70, Tf. 8,125**), Könige, Menschen (**Tf. 5,71, 72, Tf. 8,123, Tf. 10,146**), Sphingen (**Tf. 3,1, Tf. 9,134, Tf. 10,154**), Greife (**Tf. 3,2, Tf. 6,79**), Uräen (**Tf. 6,82, Tf. 10,153**), Löwen (**Tf. 7,104**), Kapriden (**Tf. 4, 21, Tf. 7,96**), Skorpione (**Tf. 6,78, 89, Tf. 10, 151**), Hasen (**Tf. 7,95**) und Vögel (**Tf. 7,93, 94**, Geier auf **Tf. 8,124**) sowie florale und einfache geometrische Motive (**Tf. 10,151**). Hieroglyphen wurden unterschiedlich treu nachgeahmt. Jedoch sind sie fast immer als levantinisch zu erkennen (**Tf. 4,22, Tf. 6,83, 87, Tf. 7,97, 98, 102, 103, Tf. 9,135, 136-37, Tf. 10,138-140, 151**). Wenige Skarabäen mit Pharaonennamen fanden ihren Weg in die Levante (mit dem Namen Taharqa aus Nimrud **Tf. 7,107**). Das vorderasiatische Repertoire ist eindeutig beschränkter als in Ägypten. Viele Götter und königliche Szenen kommen nicht vor. Pferde, Kühe, Affen, Schakale, Panther, Katzen, Nilpferde, Ibisse, Reiher, Gänse oder Enten fehlen Krokodile und Widder sind selten.

In allen hier betrachteten Regionen, von Jordanien abgesehen, überwiegen Skarabäen mit Hieroglyphen und Glückszeichen. Das Fehlen solcher Skarabäen in Jordanien läßt sich vielleicht durch die Verbreitung der einheimischen Schriftsiegel erklären. In Libanon und Syrien folgen zahlenmäßig ägyptisierende Motive, während in Jordanien und Irak die Zahl der levantinischen Motive größer ist als die der ägyptisierenden.

f: Die späteste Eisenzeit und die Achämenidenzeit

Drei Gruppen konnten erkannt werden: die "phönizische Gruppe" mit zahlreichen ägyptisierenden Jaspis-Skarabäen der Tharros-Gruppe, die "ägyptisierende Gruppe" und die kleine aus Ostgriechenland in die Levante exportierte "ostgriechische Gruppe" (s. Anm. 13). Weniger thematisch als stilistisch macht sich von nun an der griechische Einfluß bemerkbar. Glyptikprovinzen zeichnen sich ab. An der Küste kamen vor allem Gemmen der "phönizischen Gruppe", im Binnenland solche der "ägyptischen Gruppe" ans Licht. Ostgriechische Importe fehlen im Binnenland. Ein Wechsel von stark zu weniger ägyptisierenden Motiven macht sich zwischen 430 und 430 v. Chr. bemerkbar[44]. Unter den Motiven sind Isis und Horus, das Horus-Kind allein (**Tf. 6,75**), die Hapy-Götter (**Tf. 3,19**), Tiere (**Tf. 5,73**) oder Hieroglyphen als Glückszeichen (**Tf. 6,76**) besonders häufig.

VI: Skarabäen mit Namen ägyptischer Pharaone
(Tabelle 9)

Der älteste mit einem Pharaonennamen beschriftete Skarabäus stammt aus Sidon/ Ruweise und geht auf Sesostris I. zurück. Dieser Skarabäus wurde allerdings in einem etwas jüngeren Grab geborgen und könnte selbst etwas jünger sein. Ein Import aus Ägypten kann nicht ausgeschlossen werden. Der zweitälteste Skarabäus kam in Pella in einem Grab ans Licht und trägt den Namen Apophis. Dieser Skarabäus ist vermutlich in Palästina geschnitzt worden. Ein nicht genau datierbarer giblitischer Skarabäus trägt den Thronnamen Sesostris II. Dieser Skarabäus kann während der gesamten Hyksoszeit entstanden sein. Die drei Skarabäen Amenophis II. sind wohl zeitgleich und eher aus Ägypten importierte Stücke.

Erwartungsgemäß kommt der Name Thutmosis III. am häufigsten vor. Seine lange nachgeahmten Skarabäen fanden in den gesamten Vorderen Orient Zugang. Hier wurden 38, davon 13 aus Byblos, zusammengetragen. Man trifft sie sowohl in Orten, in denen zahlreiche Skarabäen gefunden wurden (Byblos, al-Mina, Ugarit) wie auch in solchen, aus denen nur wenige Stücke bekannt sind (Sarepta, Tell Arban, Tabbat al-Hammam...). Nur vier Skarabäen können in die 18. Dynastie gesetzt werden (Beirut, Kāmid el-Lōz, Tyros, Hama). Wahrscheinlich sind auch schon diese lokal in Palästina und Phönizien hergestellt worden. Die große Mehrheit gehört jedoch dem Zeitraum der 19-21. Dynastie an. Wenige Stücke sind in einem sehr späten Fundkontext gefunden worden (Al-Mina, Ḥan Šayḫun, Neirab, Jawa). Ihre

einfache Machart könnte dafür sprechen, dass sie etwa zeitgleich zu ihrem Fundkontext entstanden. Sollte dies zutreffen, wäre hier ein bekanntes, aber dennoch bemerkenswertes Phänomen zu beobachten. In Ägypten wurden die Mn-ḫpr-Rʿ-Skarabäen zwischen 1200-1000 nachgeahmt. In der Levante währte dieser Nachahmungsprozeß demnach länger als in Ägypten. 2/3 der Skarabäen sind lokal. Das aus Ägypten importierte Drittel datiert in die 19.-21. Dynastie und wurde großteils in Byblos gefunden. Es scheinen sich auch hier privilegierte Beziehungen zwischen Byblos und Ägypten widerzuspiegeln.

Der Name Thutmosis IV. ist nur einmal in Ugarit vertreten. 14 Skarabäen tragen den Namen Amenophis III. Es gibt wohl etwa genau so viele zeitgleiche wie jüngere und genau so viel importierte wie lokale Stücke. Das Siegel aus Tell Abu Danne entspricht chronologisch möglicherweise dem eisen-II-zeitlichen Fundkontext und wäre dann eine sehr späte Nachahmung. Ebenfalls auffällig ist die Zahl von fünf Siegeln aus Ugarit. Damit sind dort weit mehr Skarabäen mit diesem Namen als Mn-ḫpr-Rʿ -Skarabäen gefunden worden. Schließlich sei noch der sehr schöne Skarabäus von Taharqa erwähnt. Seinen Weg nach Nimrud werden wir nicht mehr rekonstruieren können. Jedenfalls wurde er im Fort Salmanassar, dem Zeughaus, wo wertvolle Gegenstände gehortet wurden, entdeckt.

VII: Kulturhistorische Fragen

Was bedeutete ein Skarabäus für einen Nicht-Ägypter, der die Hieroglyphen nicht lesen konnte und eine völlig unterschiedlich strukturierte Religion besaß? Die Skarabäen wurden offensichtlich als wirksame Amulette betrachtet. Möglicherweise spielte die levantinische Herkunft der Hyksos bei ihrer Etablierung eine Rolle. Zahlreiche Skarabäen mit Hieroglyphen zeigen, dass die lokalen Hersteller die Hieroglyphen nicht verstanden haben, sondern sie so gut sie konnten nachahmten. So entstanden Namen und Bezeichnungen, deren Hieroglyphen nicht in der richtigen Reihenfolge "seltsamlustig" geschriebene Versatzstücke ergaben. Dies störte die levantinischen Träger verständlicherweise wenig. Denn sie betrachteten die Hieroglyphen als Glückszeichen, die sie ausreichend schützten. Auch die anderen Bilder ägyptischer Götter, Göttersymbole und Personen verinnerlichten sie in die eigene Kultur und interpretierten sie nach einem bekannten Schema, etwa als schützende Person. Diese ägyptisierenden Bilder wurden in skarabäenförmige Siegel graviert, aber auch in ganz andere Siegelträger, die hier nicht berücksichtigt wurden[45]. Andersrum, weil eben die symbolische Bedeutung der Bilder lokal blieb, war es auch möglich, Skarabäen mit Bildern zu versehen, die es in Ägypten gar nicht gab. Die sitzende Frau mit einem Kind (**Tf. 8,114**) war eine lokale Frau oder eine Göttin mit einem oder ihrem Kind. Eines der für den Vorderen Orient typischsten Bilder ist die en face dargestellte nackte

---

[44] Nunn, OBO SA 18, 2000, 102, 114-115.

[45] Als Beispiele seien hier nur ein tierförmiges Siegel aus Babylon (Reuther, WVDOG 47, 1926, Tf. 47, 13e), ein Siegel mit Griff aus Sahab (Horn, ADAJ 16, 1971, 104, Nr. 1) und beidseitig gravierte flache Siegel aus Byblos (Salles, 1980, Tf. 23, 1-2), aus Rašidiya (Doumet, 1982, Tf. 18, Nr. 114) und Sarepta (Pritchard, 1975, Abb. 58, Nr. 10) genannt.

Tabelle 9: Skarabäen mit Pharaonennamen

Mittleres Reich und 2. Zwischenzeit
Sesostris I. (1919-1875/4)

Land	Fundort	Lokal/Import	Fundstelle	Entstehungszeit
Libanon **Tf. 9, 136**	Sidon/Ruweise: 1	Import?	Grab 66	Wie Sesostris oder etwas später

Sesostris II.: (1845/4-1837)

Land	Fundort	Lokal/Import	Fundstelle	Entstehungszeit
Libanon	Byblos: 1	Lokal		12.-15. Dynastie

Apophis: vorletzter Pharao der XV. Dynastie (1630-1522)

Land	Fundort	Lokal/Import	Fundstelle	Entstehungszeit
Jordanien **Tf. 8, 110**	Pella: 1	Lokal	Spätbronze, Grab 62	Wie Apophis

Neues Reich
Thutmosis III. (1467-1413/1479-1426): Mn-hpr-Rˁ-Kartusche

Land	Fundort	Lokal/Import	Fundstelle	Entstehungszeit
Libanon **Tf. 4,30**	Beirut: 1	Lokal	Höhlengrab 4	18. Dyn.
Tf. 5,61	Byblos: 13	3 lok./8+2?		19.-21. Dyn.
	Kāmid el-Lōz: 1	Lokal	SB-Tempel	18. Dyn.
Tf. 9,134-135	Sarepta: 2	Lokal	Raum Areal II	9.-8. Jh.
Tf. 9,137 und Tf. 10,138	Sidon: 3	Lokal	Gräber	19.-20. Dyn., 1. Jt.
	Tyros: 3	2 lokal/1 imp.	Sondage/Tophet	18. Dyn., Beginn 1. Jt.
Syrien/Türkei **Tf. 7,97**	Al-Mina: 2	Lokal	Ca. 900-300 v. Chr.	8.-6. Jh.?
	Tell Arban: 3	Lokal		12.-10. Jh.
	Hama: 1	Lokal	12.-11. Jh.	18. Dyn.
Tf. 6,81	Hamidiye: 1	Import	Neuassyrisch	11. Jh.
Tf. 6,83	Han Sayhun: 1	Lokal	Schicht D4 = achäm.	7.-5. Jh.?
	Neirab: 1	Lokal	Spätbab.-achäm. Grab	6.-5. Jh.
	Sūkās: 1	Lokal		Ramessidisch
	Tabbat al-Hammam:1	Lokal	"Iron-Age deposit"	E-I-Zeit
Tf. 10,147	Ugarit: 1	Lokal		14.-13. Jh.
Jordanien **Tf. 6,74**	Deir ˁAlla: 1	Import	Oberfläche	E-I-Zeit
	Jawa: 1	Lokal	E-II-Zeit	9. Jh.
	Umeiri:1	Import	Abdruck auf Keramik	Ramessidisch

Amenophis II. (1413-1388/1426-1400)

Land	Fundort	Lokal/Import	Fundstelle	Entstehungszeit
Libanon	Byblos: 2	Import/Lokal	Oberfläche	Wie Amenophis II.
Jordanien	Saˁidiya: 1	Import möglich	Grab 117, 14. Jh.	Wie Amenophis II.

Thutmosis IV. (1388-1379/1400-1390)

Land	Fundort	Lokal/Import	Fundstelle	Entstehungszeit
Syrien	Ugarit: 1	?	"Butte NW Tell"	Wie Thutmosis IV.

Amenophis III. (1379-1340/1390-1353)

Land	Fundort	Lokal/Import	Fundstelle	Entstehungszeit
Libanon	Byblos: 6	Import		Wie Amenophis III. und 19. Dyn.
Syrien	Tell Abu Danne: 1	Lokal	Schicht IId, 7.-6. Jh.	7.-6. Jh.
	Tell Arban: 1	Import?		12.-10. Jh.
	Ugarit: 5	1?/3 lokal/1 imp.	Grab 51, 52, "Ville Basse Ouest", 1 x "tranchée 808 sud"	1?/4 x 14.-13. Jh.
Irak	Assur: 1	Import?	Nachassyrisches Grab	NR

Ramses II. (1279-1213)

Land	Fundort	Lokal/Import	Fundstelle	Entstehungszeit
Syrien	Mari: ?		Grab T 236	Wie Ramses II.

Sethnacht (1190-1187)

Land	Fundort	Lokal/Import	Fundstelle	Entstehungszeit
Syrien	Mari: 1	Wohl Import	Grab T 119	Wie Sethnacht

Spätzeit
Taharqa (690-664)

Land	Fundort	Lokal/Import	Fundstelle	Entstehungszeit
Irak **Tf. 7,107**	Nimrud: 1	Import	Fort Salmanassar	Wie Taharqa

Frau/Göttin (**Tf. 8,112**). Auch die Kombination des für Mesopotamien so charakteristischen Motivs der Götterstandarte mit dem Skarabäus besagt viel über die Bedeutung des Käfers (s. S. 26). Bemerkenswerterweise taucht diese Kombination in den von der Mittelmeerküste entfernten Gebieten auf. Überdies sind auch in Assur zeitgleiche Skaraboide und in Ur die für die neubabylonische Zeit typischen Konoide mit dem Motiv der Götterstandarten bekannt. Der Siegelbesitzer hatte also beim selben Motiv die Wahl zwischen einem ägyptisierenden oder einem einheimischen Träger. Immerhin wirkten beide Varianten gleichermaßen. Im Westen (Ibn Hani) war es möglich, das Bild Baals, des wichtigsten Gottes, auf einem Skarabäus zu tragen.

Skarabäen waren so attraktiv, dass sie spätestens ab der 13. Dynastie kopiert wurden. Die Freiheit in der Motiv- und Materialwahl haben wir erwähnt. Bemerkenswerterweise galt dieser Freiraum auch für die Importe.

Vor der Hyksos-Zeit gibt es noch wenig figürliche Bilder mit Menschen und Tieren. Die Hauptthemen begrenzen sich auf Kreise, Rauten, Spiralen und florale Muster. Hieroglyphen überwiegen in der Hyksos-Zeit. Neben den importierten oder kopierten ägyptischen Götter-, Menschen- und Tierfiguren gibt es lokale Menschen- und Tierfiguren, die vom Ägyptischen teilweise stark abweichen. Die Thematik ägyptisiert sich ab der 18. Dynastie. Dies bedeutet, dass es, bei einer größtenteils lokal produzierten Glyptik, im Verhältnis mehr ägyptische als lokale Themen gibt und dass die ägyptischen Themen keine allzu große Abweichung erfahren. Ägyptisierung heißt auch, dass Figuren und nicht Hieroglyphen bevorzugt werden. Eine Erklärung dazu ist sicherlich die stärkere politische Präsenz Ägyptens in der Levante. Interessant ist aber, dass auch in den syrisch-libanesischen Gebieten, die nicht ägyptisch verwaltet wurden, die Rückkehr zum Ägyptischen spürbar ist. War die Ägyptenmode derart stark, dass sie auch ohne nähere Berührung wirken konnte? Oder wurden die Bilder in Palästina entworfen und in die restliche Levante verbreitet? dienten dann die aus Palästina exportierten Skarabäen den Siegelschneidern als Vorbild? Jedenfalls muß Palästina eine Schlüsselrolle in der Bildgenese gespielt haben. Eine zweite Schlüsselrolle kommt wahrscheinlich den Werkstätten in Byblos zu, wo viel ägyptisches Material vorhanden war. Ab der 19. Dynastie schwächt sich das ägyptische Element wieder ab. Gleichzeitig gibt es erneut mehr Skarabäen mit Hieroglyphen.

Die Menschen trugen Skarabäen um den Hals oder als Ring. Die zyprischen Statuen zeugen heute noch davon, welch schöne Ketten mit Skarabäen gemacht werden können. Viele Skarabäen besitzen nach wie vor die metallene Vorrichtung, um sie zu tragen (**Tf. 6,85**). Nach seinem Ableben wurden dem Toten die Skarabäen, die er vermutlich besessen hatte und vielleicht auch andere, mit ins Grab gegeben. Obwohl diese Tatsache schon lange bekannt ist, hat meine Studie bestätigt, dass die meisten in Vorderasien gefundenen Skarabäen aus Gräbern stammen. Sie können auch die Form von Höhlen (in Amman, im Baqʿah-Tal, in Beirut), "Cairns" (in Deir AinʿAbata und in der Ḥarra Gegend) oder eines

"Tophet" wie in Tyros annehmen. Sakralbauten, in denen Skarabäen ans Licht kamen, sind die Tempel in Amman, Babylon, Ḥorsabad, Kāmid el-Lōz, Tell Sūkās und Ur. Wie andere kleine wertvolle Gegenstände auch wurden Skarabäen gehortet. Dabei kann der Kontext sakral (in Byblos: Yehawmilk-Tempel, Bātiment I-II, Obeliskentempel, Temple Syrien mit Jarre Montet, Ugarit, Uruk) oder profan (Schatzhaus von Kāmid el-Lōz, Fort Salmanassar/Zeughaus in Nimrud) sein. Als reine Profanbauten erkennen wir den Palast des Yarim-Lim und Häuser in Alalaḫ, Residenzen und Paläste in Ḥorsabad und Kāmid el-Lōz, einen Verwaltungsbau in Nimrud, Bauten in Jawa und Tell Kazel sowie Häuser in al-Mina, Bassit, Ḥān Šayḥūn, Tell Mastuma und Sarepta.

Interessant ist festzustellen, welcher Zeitabstand zwischen der Entstehungzeit des Skarabäus und seiner Fundstelle bestand. In der Regel ist dieser Zeitabstand nicht so groß. Eine Ausnahme bildet Tell Kazel. 1500 Jahre könnten zwischen der Entstehung des hyksoszeitlichen Stücks und seiner hellenistisch-römischen Fundstelle bestehen. Etwa 1000 Jahre sind es in Assur, wo ein Skarabäus mit dem Namen Amenophis III. in einem nach-assyrischen (parthischen?) Grab gefunden wurde; in Tyros, wo zwei eisenzeitliche Skarabäen in römischen Gräbern lagen und vielleicht in der Ḥarra Gegend, wo ein Skarabäus aus dem 7.-5. Jh. in einem spätrömisch-byzantinischen cairn ans Licht kam. In Ḥorsabad trennen 800 Jahre die Entstehung zweier Skarabäen der 15. Dynastie von ihrem sargonzeitlichen Fundkontext. Die "Schicksale" dieser Siegel können nicht mehr rekonstruiert werden. Sicherlich spielt der Zufall die wichtigste Rolle. Dennoch haben diese Objekte so lange gedient, weil sie für den Träger eine wesentliche Bedeutung besaßen.

VIII - Zusammenfassung

Die ältesten Skarabäen tauchen in Ägypten während der 1. Zwischenzeit auf. "Klassische" Skarabäen gibt es ab der 11. Dynastie. Obwohl der Skarabäus ein typisch ägyptisches Produkt ist, wurden zahlreiche Skarabäen außerhalb Ägyptens gefunden und auch fabriziert. Ihre Zahl nimmt exponentiell zur Entfernung von Ägypten ab. So stammen die meisten aus Palästina. Zahlenmäßig ordnen sich dann Libanon, Syrien und Jordanien. In entfernten Gebieten wie Irak sind die meisten Skarabäen als Modeerscheinung im 1. Jahrtausend zu verstehen.

Die ältesten Skarabäen des hier betrachteten Gebiets gehen auf die 12. Dynastie zurück und bilden noch eine kleine Gruppe. Die große Mehrzahl wurde in Byblos gefunden. Wahrscheinlich kamen sie aus Ägypten, eine lokale Produktion ist jedoch angesichts der mit lokalen Namen hieroglyphisch beschrifteten Stücken nicht auszuschließen.

Die Lage ändert sich in der 13. Dynastie und in der Hyksos-Zeit. Die Skarabäenzahl steigt merklich, besonders in Libanon und Jordanien. In Ägypten selbst setzt eine größere Produktion am Ende der 12. Dynastie ein. Allgemein wird angenommen, dass die Hyksos die Skarabäenproduktion in Palästina förderten. So ließe sich die reiche Produktion dort erklären[46]. Die Qualität ist sehr unterschiedlich und erlaubt den Schluß zu ziehen, dass diese Objektgattung Zugang zu einer breiteren Bevölkerungsschicht gefunden hatte. Sicher ist, dass eine lokale Produktion von nun ab einsetzt. Dabei bezieht sich das "lokal" nicht nur auf Palästina, sondern auf Phönizien und vielleicht auf Syrien. Andere – wenige (?) – Skarabäen wurden von Palästina nach Phönizien gehandelt, noch weitere aus Ägypten importiert. Ich habe mich hier (zu Recht?) auf eine Mehrheit lokaler Stücke für Libanon festgelegt. Hält man sich das große Interesse der giblitischen Bevölkerung an ägyptischen Gegenständen vor Augen, war eine beträchtliche Produktion nötig, um den lokalen Markt zu sättigen. In Byblos hat es eine (große) Produktion gegeben, die sicher lukrativ war. Die in Jordanien und Syrien gefundenen Skarabäen kamen wohl v.a. aus Palästina. Nach Irak kamen nur ägyptische Importe. Die Motive mehren sich. Das häufigste Motiv besteht aus Hieroglyphen, die als Glückszeichen zu verstehen sind. Daneben wurden aber schon neue Bilder mit unägyptischen Figuren erfunden.

Von Syrien abgesehen geht die Zahl der Skarabäen während des Neuen Reiches zurück. Dabei handelt es sich um ägyptische und lokale Produkte. Es ist nach wie vor schwierig, Werkstätten auszumachen. Möglicherweise gab es genügend an der Küste, während das Binnenland teilweise wohl noch von Palästina gespeist wurde. Auch in dieser Zeit werden Bilder mit ägyptischen Figuren erfunden. Götter, Menschen und Tiere sind nun beliebter als Glückszeichen.

Während der Eisen-II-Zeit gibt es überall sehr viele Skarabäen und Skaraboide. Dies läßt sich durch die völlig eigenständige, an vielen Orten vorhandene Produktion erklären. Ihre Bilder werden immer lokaler, wenn auch die ägyptischen Vorbilder – Götter, Menschen und Tiere – nicht zu leugnen sind. Hieroglyphen als Glückszeichen finden erneut Zuspruch.

Zum Ende der Eisen II-Zeit und zu Beginn der Achämenidenzeit hin ändert sich das politische und wirtschaftliche Gefüge Westvorderasiens. Skarabäen mit ägyptisierenden Motiven sind weiterhin beliebt. Die Öffnung nach Westen bringt stilistische und teilweise ikonographische Einflüsse aus Ostgriechenland. Unter den ägyptischen Figuren erfreuen sich Isis und Horus einer besonderen Beliebtheit. Skarabäen werden seltener ab der zweiten Hälfte der Achämenidenzeit[47].

Zu allen genannten Zeitabschnitten war das Repertoire der ägyptischen Motive in Vorderasien beschränkter als in Ägypten. Dies setzte eine bewußte Wahl voraus, die sowohl die einheimische Produktion wie auch Importe aus Ägypten betraf. Grundsätzlich ging die lokale Produktion mit einer mehr oder minder starken Abwandlung ägyptischer Vorbilder oder der Erfindung eigener Motive einher. Die Verselbständigung wird im Laufe der Jahrhunderte immer größer und erreicht ihren Höhepunkt in der Eisenzeit. Für die Bedeutung der Skarabäen als Amulett und Schutzobjekt ändert diese motivische Abwandlung jedoch nichts. Mit Motiven, die die Vorderasiatischen Träger als die ihren betrachteten, haben

nicht nur die Völker in Palästina, sondern auch die Völker der umliegenden Regionen Jordaniens, Phöniziens und Syriens Skarabäen sehr geschätzt. Politische Gegebenheiten mögen eine Auswirkung auf die Motivik – etwa die Ägyptisierung der Motive zu Beginn der 18. Dynastie – oder die Verbreitung der Skarabäen bis zur Ramessidenzeit gefördert oder behindert haben. Dennoch ist ihre Beliebtheit und ihre Einverleibung in die lokale Kultur in keiner Weise ein Zeichen für ägyptische Herrschaft, sondern eine kulturhistorische autochtone Entwicklung.

B: Alphabetisch nach Fundortnamen geordneter Fundkatalog[48]

Tell Abu al-Kharaz (Jordanien)
Literatur: Fischer, ADAJ 35, 1991, 82-83.
Zahl: 1.
Material: Fayence.
Motiv: Tier.
Entstehungszeit: Ende 7.-6. Jh.
Fundstelle:
Datierung der Fundstelle:
Importiert/lokal: Lokal.

Tell Abu Danne (Syrien)
Literatur: Tefnin, SMS 3/3, 1980, 52-53.
Zahl: 1.
Material: Fritte.
Motiv: Name Amenophis III.
Entstehungszeit: 7.-6. Jh.
Fundstelle: Schicht IId (7.-6. Jh.).
Datierung der Fundstelle:
Importiert/lokal: Lokal.

'Ain Dāra (Syrien)
Literatur: 'Alī Abū'Assāf, DaM 9, 1996, 86 und Tf. 21 Nr. 78.
Zahl: 1.
Material: Blaue Fritte.
Motiv: Vierflügelige kniende Figur.
Entstehungszeit: 8.-6. Jh.
Fundstelle: Schicht VI.
Datierung der Fundstelle: 7.-6. Jh.
Importiert/lokal: Lokal phönizisch.

Tell Ahmar (Syrien)
Literatur: Thureau-Dangin - Dunand, BAH 23, 1936, 77-78 Abb. 17 (**Tf. 3,2**), 18-20 (**Tf. 3,1**), 21-22.
Zahl: 9.
Material: Stein (2) und Fritte (3).

---

[46] D. Ben-Tor u.a. in diesem Band. Keel, OBO SA 10, 1995, 31.

[47] Nunn, OBO SA 18, 2000, 115.

[48] Fast alle Fotos und Zeichnungen auf den Tafeln stammen aus Büchern. Für das jeweilige Siegel ist die Quelle die genau vor der Tafelnummer genannte bibliographische Angabe. Die Siegel sind in etwa im Maßstab von 1/1 abgebildet. Bei fehlenden Maßangaben bin ich davon ausgegangen, dass die Skarabäen in Naturgröße abgebildet sind. Die Zeichnungen der Tafeln 5,69, 6,75-77, 87-89, 10,147-150 hat C. Wolff angefertigt.
Abkürzungen: E: Eisenzeit. Jh.: Jahrhundert. Jt.: Jahrtausend. MB: Mittelbronzezeit. NR: Neues Reich. SB: Spätbronzezeit.

Motiv: Greif, Sphinx, Hieroglyphen.
Entstehungszeit: 6.-5. Jh.
Fundstellen: Gräber C, D und G.
Datierung der Fundstellen: Achämenidisch.
Importiert/lokal: Lokal.
Vergleiche: Keel, OBO SA 13, 1995, Aḥzib Nr. 63-64 (10-7. Jh.) und 70 (7.-6. Jh.).

Literatur: Giveon, OBO SA 3, 1985, 172-173, Nr. 4.
Zahl: 1.
Material: Stein.
Motiv: Sphinx, Hieroglyphen.
Entstehungszeit: 8.-7. Jh. (19. Dyn. für Giveon)
Fundstelle:
Datierung der Fundstelle:
Importiert/lokal: Lokal, phönizisch.

Alalaḫ (Türkei/Hatay)
Literatur: Woolley, Alalakh, 1955, 262-263, 265-266, Nr. 20 (**Tf. 3,3**), 29, 32, 33, 119, 129, 131-34 (**Tf. 3,4-7**), Tf. 61 und 66.
Zahl: 6 Skarabäen, 4 Skaraboide, 2 unpublizierte.
Material: Stein (6), Fritte (4).
Motiv: Hieroglyphen (Nr. 20, 131-34), geom. Muster (Nr. 32, 33) Figuren oder Tiere (Nr. 29, 119, 129).
Entstehungszeit: Hyksos-Zeit (15. Dyn.): Nr. 20, Nr. 32-33. NR (13.-12. Jh.): Nr. 131-134.
Fundstellen: Yarim-Lim Palast (Nr. 20), Haus in Schicht VI (Nr. 29, 32, 33), Schicht II (Nr. 119), Haus in Schicht I (Nr. 129), Oberfläche (Nr. 132-34), Grab in Schicht 0 für Nr. 131.
Datierung der Fundstellen: MB - SB-Zeit. Schicht VI = Hyksos-Zeit, VI = durch Supiluliuma zerstört, II = 14. Jh. und I = 14.-13. Jh.
Importiert/lokal: Import?: Nr. 131-134. Lokal: Nr. 20, 29, 32, 33, 119, 129.
Vergleich: Ägyp. Vorbilder für Nr. 20 vorhanden, auch in Ägypten schlechte Qualität. s. Keel, OBO SA 13, Tell el-'Ašul Nr. 1011, 1120 (15. Dyn.) für Nr. 20, Nr. 1024 (15.-18. Dyn.), 591 (13.-15. Dyn.) und 936 (15. Dyn.) für Nr. 33.

Literatur: Giveon, OBO SA 3, 1985, 172-173 Nr. 2-3.
Zahl: 2 (sind das die unpublizierten?).
Material: Stein.
Motiv: Anra-Gruppe und Kreise.
Entstehungszeit: Hyksos-Zeit.
Fundstelle:
Datierung der Fundstelle:
Importiert/lokal: Lokal.

Amman (Jordanien)
Literatur: Ward, ADAJ 8&9, 1964, 50-52, Tf. 21-22 (**Tf. 3,10, 12, 13, 14**).
Zahl: 13.
Material: Stein (9), Fritte (3).
Motiv: Hieroglyphen, ein Gefangener, geom. Muster.
Entstehungszeit: Hyksos-zeitlich: 5858, 5861, 5862 (**Tf. 3,10**), 5865. 14.-13. Jh. (= 2. Hälfte 18. Dyn.-19. Dyn.): 5856 (**Tf. 3,14**), 5857, 5863; auch 5859 (**Tf. 3,12**) und 5860 (**Tf. 3,13**), die nicht rein Hyksos sind, sondern etwas spätere Imitationen.

Fundstelle: Tempel.
Datierung der Fundstelle: Mitte 2. Jt.
Importiert/lokal: Lokal (palästinisch?).
Vergleich: Keel, OBO SA 13, Tell el-'Ašul Nr. 594 (15. Dyn.) für Nr. 5860, Nr. 194 (18.-19. Dyn.) für Nr. 5857.

Literatur: Ward, ADAJ 11, 1966, 6-14, Tf. 19 (**Tf. 3,8, 9, 11, 15**), 20. J. 9373 in Schroer, OBO 67, 79 Abb. 34b.
Zahl: 35.
Material: Alle aus Stein.
Motiv: Figuren, Tiere und Hieroglyphen (Nr. 9386 Mit Namen Amenemhet III, aber nicht zeitgenössisch).
Entstehungszeit: Hyksos-Zeit (15. Dyn.). 9382 ist spät-Hyksos. 9372 (**Tf. 3,15**) ist ramessidisch.
Fundstelle: Grab auf der Akropolis.
Datierung der Fundstelle: MB-II-Zeit.
Importiert/lokal: Import: 6226. Rest ist lokal (palästinisch?).

Literatur: Najjar, ADAJ 35, 1991, 105, 109-110.
Zahl: 6.
Material: Stein (2), Fayence (4).
Motiv: Hieroglyphen und geom. Muster.
Entstehungszeit: Hyksos-Zeit.
Fundstelle: Grab auf Zitadelle.
Datierung der Fundstelle: MB-Zeit.
Importiert/lokal: Nr. 1, 2, und 4 importiert, die anderen lokal.
Vergleiche: Keel, OBO SA 13, Tell el-'Ašul, Nr. 119 (1700-1575), 450 (15. Dyn.), 569 (1759-1522), 837 (1800-1630), 1109 (1700-1575). Palästinische Siegel.

Literatur: Hadidi, Levant 19, 1987, 113 Abb. 12,4, 6-7, 8, 11, S. 120.
Zahl: 6.
Material: Stein (2), Knochen (2).
Motiv: ?
Entstehungszeit: Wahrscheinlich E-Zeit-II.
Fundstelle: Grab in Umm Uḏayna (westliche Peripherie von Amman).
Datierung der Fundstelle: 8.-4. Jh.
Importiert/lokal: Wohl alle lokal.
Bemerkung: Ein Skaraboid trägt eine ammonitische Inschrift (= Avigad - Sass, Corpus, 1997, Nr. 1011, Ende 8. Jh.).

Literatur: Avigad - Sass, Corpus, 1997, Nr. 859, 944 und 973.
Zahl: 3 Skaraboide.
Material: Stein.
Motiv: Ammonitische Inschrift, u.a. des Amminadab.
Entstehungszeit: ca. 650 (Nr. 859) und 7. Jh.
Fundstelle: Grab des Adoni Nur.
Datierung der Fundstelle: 7.-6. Jh.
Importiert/lokal: Lokal.

Amrit (Syrien)
Literatur: Giveon, OBO SA 3, 1985, 138-143 Nr. 2-5, 7 (**Tf. 3,16**), 8, 10 (**Tf. 3,17**), 11-12 (**Tf. 3,18**), 15-16.
Zahl: 13.
Material: Alle aus Stein.
Motiv: Ägyptisierende Figuren und Hieroglyphen.
Entstehungszeit: Späte 13. Dyn. (?): Nr. 8. Späte Hyksos-Zeit: Nr. 2-5, 7. NR: Nr. 10-16.
Fundstelle: Kunsthandel Amrit.
Datierung der Fundstelle:

Importiert/lokal: Import ?: Nr. 3, 8, 15. Lokal (palästinisch?): Nr. 2, 4, 7, 10, 11, 12-16.

Literatur: Giveon, OBO SA 3, 1985, 142-155, Nr. 17-42, 43 (**Tf. 3,19**), 44-58.
Zahl: 42, davon ein Menschengesicht.
Material: Alle aus Stein.
Motiv: Ägyptisierende Figuren und Hieroglyphen.
Entstehungszeit: 7.-5. Jh.
Fundstelle: Kunsthandel Amrit.
Datierung der Fundstelle:
Importiert/lokal: Lokal phönizisch.

Literatur: de Ridder, de Clercq VII, Tf. XVI, Nr. 2465, 2468, 2501, 2506 (auch Nunn, OBO SA 18, 2000, Tf. 47,69), 2509 (Avigad - Sass, Corpus, 1997, Nr. 793), 2513 (auch Bordreuil, Catalogue, 1986, Nr. 9). Tf. XVII Nr. 2578, 2600. Tf. XVIII, Nr. 2733 (Nunn, op. cit. Tf. 43,6), 2739 (Nunn, op. cit. Tf. 43,19), 2740 (Nunn, op. cit. Tf. 43,15), 2750 (Nunn, op. cit. Tf. 44,31), 2752 (Nunn, op. cit. Tf. 43,29), 2767 (Nunn, op. cit. Tf. 45, 37), 2770 (Nunn, op. cit. Tf. 44,33), 2780 (Nunn, op. cit. Tf. 46,58), 2781 (Nunn, op. cit. Tf. 46,57). Tf. XIX, 2788, Nr. 2806 (Nunn, op. cit. Tf. 57,170), 2811 (Nunn, op. cit. Tf. 57,167), 2814 (Nunn, op. cit. Tf. 57,168).
de Ridder, de Clercq VII, ohne Abb.: Nr. 2591, 2680.
Buchanan - Moorey, Catalogue Ashmolean Museum III, 1988, Nr. 478 (Nunn, op. cit. Tf. 46,55).
Zahl: 23.
Material: Stein (20), Fritte (3).
Motiv: Isis, Horus, Hapi, Herakles, Hermes, Bes, Tiere, Greif, Hieroglyphen. Nr. 2509 mit phönizischer Inschrift.
Entstehungszeit: 7.-5. Jh.
Fundstelle: Kunsthandel Amrit.
Datierung der Fundstelle:
Importiert/lokal: Lokal phönizisch außer Nr. 2806, 2811 und 2814 aus Ostgriechenland.

Arban (Syrien)
Literatur: Giveon, OBO SA 3, 1985, 156-159.
Zahl: 11.
Material: Stein.
Motiv: Hieroglyphen (Kartusche Thutmosis III. auf Nr. 1-3 und Kartusche Amenophis III. auf Nr. 4), Figuren, Tiere.
Entstehungszeit: 13.-12. Jh.: Nr. 6-7. Ramessidisch (12.-10. Jh.): Nr. 1-5. Frühes 1. Jt.: Nr. 8. 8. Jh.: Nr. 9. 9.-6. Jh.: Nr. 10-11.
Fundstelle:
Datierung der Fundstelle:
Importiert/lokal: Import?: Nr. 4. Alle anderen sind lokal.

Assur (Irak)
Literatur: Haller, WVDOG 65, 1954, 14 Tf. 11b (**Tf. 4,21**).
Zahl: 20.
Material: Glas.
Motiv: Tiere. Kreise auf Hyksos-Kopie.
Entstehungszeit: 8.-6. Jh.
Fundstelle: Grab 45.
Datierung der Fundstelle: Neuassyrisch.
Importiert/lokal: Lokal.
Vergleiche: Keel, OBO SA 13, Tell el-'Ašul Nr. 977 und 1093 (13. Dyn.), 979 (13.-15. Dyn.), 1093.

Literatur: Ders., op. cit. 112-113, Tf. 23h (**Tf. 4,20**). Zwei davon in: Klengel-Brandt (Hg.), Mit 7 Siegeln versehen, Farbabb. 24.
Zahl: 4.
Material: Fritte (2).
Motiv: Hieroglyphen.
Entstehungszeit: 13. Dyn. (1759-1630, nicht 18. Dyn.)
Fundstelle: Gruft 35.
Datierung der Fundstelle: In altassyr. Zeit errichtet, in mittelassyr. Zeit wiederbenutzt.
Importiert/lokal: Importe.

Literatur: Ders., op. cit. 112-113, Tf. 23g.
Zahl: 4.
Material: Stein (1), Fritte (1).
Motiv: Hieroglyphen und florale Muster.
Entstehungszeit: Hyksos-Zeit.
Fundstelle: Gruft 35.
Datierung der Fundstelle: In altassyr. Zeit errichtet, in mittelassyr. Zeit wiederbenutzt.
Importiert/lokal: Importe.

Literatur: Ders., op. cit. 68 und Tf. 17c.
Zahl: 1.
Material: In Silberring gefasst.
Motiv: Fisch.
Entstehungszeit: 18. Dynastie?
Fundstellen: Sarkophag 781.
Datierung der Fundstellen: Neuassyrisch.
Importiert/lokal: Import?

Literatur: Ders., op. cit. 49 und Tf. 14.
Zahl: 2.
Material: Fritte (1).
Motiv: Kartusche Amenophis III. auf linkem Skarabäus.
Entstehungszeit: NR und neuassyrisch.
Fundstellen: Grab 625.
Datierung der Fundstellen: Nachassyrisch, wahrscheinich parthisch.
Importiert/lokal: Links Import?, rechts lokal.

Literatur: Ders., op. cit. ohne Abbildung: S. 14/18/24/35/ 36/40/46/47/55/59/68/68/87/89/94/108/109/151.
Zahl: 2/1/2 Skaraboide/1/1/2/4/1/mehrere Skaraboide/1/2/1/ 1/1/1/1/1/1.
Material: Fritte oder unbekannt, einmal Jaspis.
Motiv: Hieroglyphen, Löwe.
Entstehungszeit: Meistens neuassyrisch, einige mittelassyrisch.
Fundstellen: Gräber Nr. 46/137/198/446/451/499/598/612/ 683/724/783/785/958/970/1005/ Grüfte Nr. 28, 29 und 48.
Datierung der Fundstellen: Neuassyrisch.
Importiert/lokal: Wohl fast alle lokal.
Anm.: Der auf Seite 94 erwähnte Skarabäus ist aus Jaspis. Handelt es sich um ein Stück der "Tharros-Gruppe" (s. S. 27)?

Literatur: Rost, Stempelsiegel, 1997, Nr. 355-357 und 418.
Zahl: 4.
Material: Fritte.
Motiv: Mischwesen und Mondstandarte.
Entstehungszeit: 8.-7. Jh.
Fundstellen: Tell (3) und Grab 404 (Nr. 418).
Datierung der Fundstellen: Neuassyrisch.

Importiert/lokal: Lokal.

Babylon (Irak)
Literatur: Reuther, WVDOG 47, 1926, 168 und Tf. 47 mit
  Grab 15. S. 169 und Tf. 48 mit Grab 16. S. 199 mit Grab
  73. S. 226 mit Sarg 134. S. 227 und Tf. 74 mit Sarg 135. S.
  228 und Tf. 74 mit Sarg 139.
Zahl: 9.
Material: Stein (1), Fritte (6).
Motiv: Heraldische Tiere, Striche, Anch-Zeichen, Sphinx mit
  Doppelkrone.
Entstehungszeit: Tf. 47,15 und 48,16 nicht datierbar.
Fundstellen: Grab 15 (2), Grab 16 (3), Grab 73 (1), Sarg 134
  (1), Sarg 135 (2 als Ring), Sarg 139 (1 als Ring).
Datierung der Fundstellen: Grab 15 und 16 kassitisch.
Importiert/lokal: Lokal.
Bemerkung: Ders., op. cit. 166 und Tf. 47, Grab 13
  (kassitisch) zwei Amulette mit ägyptisierenden Hierogl.
  auf Basis.

Literatur: Koldewey, WVDOG 15, 1911, 46-7, Blatt 9.
Zahl: Mindestens 1.
Material: Fritte.
Motiv: Hieroglyphen.
Entstehungszeit: Wohl in der E-Zeit nachgeahmter Hyksos-
  Stil.
Fundstelle: Unter parthischem Bau.
Datierung der Fundstelle: Neuassyrisch.
Importiert/lokal: Lokal.

Literatur: Rost, Stempelsiegel, 1997, Nr. 161.
Zahl: 1.
Material: Stein.
Motiv: Sitzender Gott.
Entstehungszeit: 6. Jh.
Fundstelle: Kasr Oberfläche.
Datierung der Fundstelle:
Importiert/lokal: Phönizischer Skarabäus.

Literatur: Rost, Stempelsiegel, 1997, Nr. 186 = Avigad - Sass,
  Nr. 1048.
Zahl: 1 Skaraboid.
Material: Stein.
Motiv: Edomitische Inschrift.
Entstehungszeit: 7. Jh.
Fundstelle: Merkez M 27, Tempel.
Datierung der Fundstelle:
Importiert/lokal: Edomitischer Skaraboid.

Literatur: Avigad - Sass, Corpus, 1997, Nr. 744.
Zahl: 1 Skaraboid?
Material: ?
Motiv: 2 Löwen und phönizische Inschrift.
Entstehungszeit: 7.-6. Jh.
Fundstelle: Von J. Oppert in Babylon gekauft.
Datierung der Fundstelle:
Importiert/lokal: Lokal phönizisch.

Baqʻah-Tal (Jordanien)
Literatur: McGovern, The Late and Early Iron Ages of Central
  Transjordan, 1986, 284-89, Tf. 38.
Zahl: 7.
Material: Stein.

Motiv: Hieroglyphen.
Entstehungszeit: Hyksos-Zeit: Nr. Abb. 93, 1-5. 18. Dyn.:
  Nr. Abb. 93, 7. Nicht abgebildet MB-II-III.
Fundstelle: Höhlengrab 2: Abb. 93, 2-5. Höhlengrab A4 für
  Abb. 93,7.
Datierung der Fundstelle: MB II-III für Höhlengrab 2. SB-
  Zeit.
Importiert/lokal: Lokal außer (?) Nr. 5.
Vergleiche: Palästinische Siegel.

Bassit (Syrien)
Literatur: Courbin, AAS 27-28, 1977-78, 30 und Abb. 11.
Zahl: 1.
Material: Blaue Fayence.
Motiv: Skorpion.
Entstehungszeit: E-II-Zeit.
Fundstelle: Haus.
Datierung der Fundstelle: E-II-Zeit.
Importiert/lokal: Lokal syrisch.

Literatur: Lagarce, in: Courbin, Fouilles de Bassit, 1993, 119-
  123, 178, Tf. 12,12 (**Tf. 4,22**).
Zahl: 1.
Material: Ton.
Motiv: Hieroglyphen.
Entstehungszeit: 7.-6. Jh.
Fundstelle: Grab 13.
Datierung der Fundstelle: E-II-Zeit.
Importiert/lokal: Lokal phönizisch.
Bemerkung: S. 74 werden ein halbes Duzend Skarabäen aus
  dem Tell erwähnt.

Beirut (Libanon)
Literatur: Ward, Berytus 41, 1993-1994, 212-216, 221 Tf. 1,
  Nr. 1-12 (**Tf. 4,24**), 13 (**Tf. 4,25**), 14-15 (**Tf. 4,26**), 16-21
  (**Tf. 4,27**), 22 (**Tf. 4,23**), 23 (**Tf. 4,23**), 24-28 (**Tf. 4,30**),
  29-30, 222 Tf.2,1-2.
Zahl: 30.
Material: Stein.
Motiv: Hieroglyphen (Kartusche Thutmosis III. auf Nr. 28)
  und geometrische Muster. 8 ohne Bild.
Entstehungszeit: Hyksos-Zeit außer Ende 12.-13. Dynastie
  für Nr. 22-23 (**Tf. 4,23**) und 18. Dynastie für Nr. 28 (**Tf.
  4,30**).
Fundstelle: Höhlengrab 4 mit Kammer 1 (Nr. 1-9) und 2 (Nr.
  10-30).
Datierung der Fundstelle: MB-SB-Zeit-Nutzung.
Importiert/lokal: Import: 2-3, 10-11, 16, 18-20, 22-23, 27.
  Lokal (phönizisch?): Nr. 12-15, 21, 24, 28. Lokal (?): Nr.
  1, 17.
Kunsthandel Beirut:

Literatur: de Ridder, de Clerq VII, Tf. XVI, Nr. 2505 (auch
  Nunn, OBO SA 18, Tf. 43,10). Tf. XVIII, Nr. 2738 (Nunn,
  op. cit. Tf. 43,10), 2764 (Nunn, op. cit. Tf. 46,48). Nunn,
  op. cit. Tf. 43,8, 43,17, 45,43, 46,50, 46,59, 47,67, 48,77
  und 48,86. De Ridder, de Clerq VII, nicht abgebildet: Nr.
  2749.
Zahl: 11 und 1 Skaraboid.
Material: Stein (11), Fritte (1).
Motiv: Isis, Horus, Nephtys, Herakles, Bes, König, Löwe,
  Hieroglyphen.

Entstehungszeit: 6.-5. Jh.
Fundstelle: Kunsthandel.
Datierung der Fundstelle:
Importiert/lokal: Lokal phönizisch.

Literatur: Contenau, La glyptique Syro-Hittite, 1922, Tf. 16
Nr. 112 = Delaporte, Louvre II, Tf. 104, A.1125 (**Tf. 4,29**).
Zahl: 1 Skaraboid mit Menschengesicht auf Rückseite.
Material: "Terre émaillée", wahrscheinlich emaillierter Steatit
gemeint.
Motiv: Figur und Hieroglyphen.
Entstehungszeit: Hyksos-Zeit.
Fundstelle:
Datierung der Fundstelle:
Importiert/lokal: Lokal.

Literatur: Delaporte, Louvre II, 1923, Tf. 103, A.1107-1108
und Tf. 104, A.1116, 1119 und 1123.
Zahl: 5.
Material: Stein (3) und "terre émaillée" =? emaillierter Steatit
(2).
Motiv: Figur und Hieroglyphen.
Entstehungszeit: Hyksos-Zeit: A.1123. NR: A.1119, 1107-
1108. Eisenzeit: A.1116.
Fundstelle:
Datierung der Fundstelle:
Importiert/lokal: Lokal.

Literatur: Buchanan - Moorey, Stamp Seals III, Nr. 143-144,
149, 281.
Zahl: 4, davon 1 Menschengesicht.
Material: Stein.
Motiv: König, Pferd, Sphingen.
Entstehungszeit: 8.-7. Jh.
Fundstelle: Kunsthandel.
Datierung der Fundstelle:
Importiert/lokal: Lokal phönizisch.

Buseirah (Jordanien)
Literatur: Buchanan - Moorey, Stamp Seals III, Nr. 37.
Zahl: 1.
Material: Stein.
Motiv: Vogel.
Entstehungszeit: 7.-5. Jh.
Fundstelle:
Datierung der Fundstelle:
Importiert/lokal: Lokal.

Literatur: Avigad - Sass, Corpus, 1997, Nr. 1050.
Zahl: 1 Abdruck.
Material:
Motiv: Edomitische Inschrift.
Entstehungszeit: 8.-7. Jh.
Fundstelle:
Datierung der Fundstelle:
Importiert/lokal: Lokal.

Byblos (Libanon)
Literatur: Montet, Byblos et l'Egypte, BAH 11, 1928, 119-
120 (Nr. 420-25, 427-31, 450-535 = 97 Skarabäen, davon
? Skaraboide), Tf. 63-65. Tufnell - Ward, Syria 43, 1966,
165-241 und Tf. 13 (**Tf. 5,31**)-14 (**Tf. 5,32-33**, mit 68
Skarabäen und 1 Skaraboiden, unten als TW abgekürzt).

Zahl: 97 nach Montet (davon 4 + 5? ohne Gravur) und 90
nach Tufnell - Ward (S. 177, davon 14 ohne Gravur).
Material: Stein (v.a. Steatit) und Knochen für Nr. 424-25.
Motiv: Geometrische und florale Muster.
Entstehungszeit: 12. (?) oder 12.-13. Dynastie. Für Nr. 451
13.-15. Dynastie.
Fundstellen: Jarre Montet.
Datierung der Fundstelle:
Importiert/lokal: Import. Wenn es lokale Stücke gibt, dann
vielleicht Montet, Tf. 65, Nr. 477 (TW 16), 475 (TW 13),
463 (TW 76), 478 (TW 68), 470 (TW 25), 466 (TW 22),
479, 464 (TW 61), 473 (TW 26), 481 (TW 23), 451 (TW
5), 450 (TW 2), 455 (TW 77), 454 (TW 78). Noch für TW
21 und 35.

Literatur: Montet, Byblos et l'Egypte, BAH 11, 1928, 100
(Nr. 285-303), 101 Abb. 45. Tf. 55-56.
Zahl: 20 (davon 3 im Text ohne Abb., weil ohne Gravur
erwähnt).
Material: Stein (5), Knochen (Nr. 291-303), Fritte (1), Bronze
(Nr. 287).
Motiv: Hieroglyphen und geometrische Muster, wenige
Figuren.
Entstehungszeit: Hyksos-Zeit, ausgehende 15. Dyn.
Fundstellen: "Dépot de fondations" u.a. des Yehawmilk-
Tempels. Nr. 291-303 in Byblos angekauft.
Datierung der Fundstellen:
Importiert/lokal: Import: Nr. 285-6. Lokal: Nr. 287, 288, 291-
303.
Nicht abgebildete Skarabäen in Montet, Byblos et l'Egypte,
1928, Nr. 289-290 (ohne Gravur), 428-431 und 636.

Literatur: Dunand, FdB I, Tf. 127 (12 Skarabäen, davon 1
ohne Gravur; 1 Menschengesicht; 1 Skaraboid), Tf. 128
(42 Skarabäen, davon 4 ohne Gravur; 1 Skaraboid), Tf.
129 (42 Skarabäen, davon ein beschädigter), Tf. 130 (53
Skarabäen), Tf. 135 (13 Skarabäen). 45 Skarabäen ohne
Abb. und ein Model im Text erwähnt.
Zahl: Insgesamt 162 + 45 Skarabäen, 2 Skaraboide, 1
Menschengesicht.
Material: Fritte (135), Stein (26), Knochen (1), Blei (1).

Literatur: Dunand, FdB I, Tf. 127. Nr. 2835 = **Tf. 5,53**.
Zahl: 14.
Motiv: Geometrische Muster und Figuren.
Entstehungszeit: Hyksos-Zeit (Nr. 1425, 1426, 3100, 2456,
1782, 2835, 1065, 2975), E-II-Zeit (Nr. 1668, 1656,
Menschengesicht 3064), 6. Jh. (Nr. 1673). Nr. 1291 =
Avigad - Sass, Corpus, 1997, Nr. 990 mit ammonitischer
Inschrift. Nr. 1967 ohne Gravur.
Fundstellen: Bâtiment I-II (auch römische Schicht) mit "dépot
d'offrandes", "dépot d'objets". Oberfläche.
Datierung der Fundstellen:
Importiert/lokal: Lokal außer Nr. 2835.

Literatur: Dunand, FdB I, Tf. 128. Nr. 1732 = **Tf. 5,38**, 3218
= **Tf. 5,63**, 3223 = **Tf. 5,52**, 2443 = **Tf. 5,54**, 5326 = **Tf.
5,47**, 6591 = **Tf. 5,39**).
Zahl: 43 (Nr. 2831, 2382, 1855, 2936 ohne Gravur).
Motiv: Geom. Muster und Figuren.
Entstehungszeit: Hyksos-Zeit außer Nr. 1732, 3398 (13.
Dyn.?), 3218 (frühe 18. Dyn.), 1170 (SB-Zeit), 1817 (E-
II-Zeit), 2935 (19. Dyn.), 2423 (6.-5. Jh.).

Fundstellen: Viele aus Bātiment I-II (auch römische Schicht), "dépots d'objets", Bātiment I, Oberfläche, rempart.
Datierung der Fundstellen:
Importiert/lokal: Import: Nr. 6591, 2444, 1229, 3218, 1732, 1734, 3319, 1642, 1988, 2958, 1944, 4070.
Import?: Nr. 3737, 3117, 3398, 3076, 6042, 2443, 1132, 1989, 1874, 3399, 3049, 3681.
Lokal: Nr. 3223, 3304, 1817, 5326, 1726, 1994, 1170, 3752, 1731, 3183, 2423, 1825.
Lokal?: Nr. 1648, 1647, 2935.

Literatur: Dunand, FdB I, Tf. 129[49]. Nr. 1227 = **Tf. 5,55**, 1290 = **Tf. 5,60**, 1292 = **Tf. 5,66**, 1663 = **Tf. 5,35**, 1964 = **Tf. 5,61**, 2301 = **Tf. 5,34**, 2344 = **Tf. 5,49**, 2458 = **Tf. 5,40**, 2891 = **Tf. 5,43**, 6590 = **Tf. 5,50**.
Zahl: 42 (Nr. 1780 beschädigt).
Motiv: Geometrische Muster, Hieroglyphen (Kartusche Thutmosis III. auf 1964 und 2335), Figuren.
Entstehungszeit: Hyksos-Zeit außer Nr. 1663, 2301 (beide 12.-13. Dyn.), 2306, 2891 (13. Dyn.), 1292 (20.-21. Dyn.) und 1290 (19.-20. Dyn.), 1964 und 2335 (19.-21. Dyn.), 1571 (19.-21. Dyn.).
Fundstelle: Für Nr. 2301-2306 "dépot C in salle E Bātiment II", Bātiment I-II (auch römische Schicht), "dépot d'objets", rempart, Oberfläche.
Datierung der Fundstellen:
Importiert/lokal: Import: Nr. 2950, 1030, 1964, 2344, 2891, 1031, 2345, 2958, 1437, 1287, 2939, 1827, 2458, 1227, 3101.
Import?: Nr. 6589, 1296, 6590, 6588, 1563, 2302, 2303, 2304, 2305, 2306, 1032, 2852, 1571, 1288, 6587, 1438, 1433, 2954.
Lokal: Nr. 2301, 1766, 2335, 3594.
Lokal?: Nr. 1663, 1033, 1292, 1290.

Literatur: Dunand, FdB I, Tf. 130. Nr. 1376 = **Tf. 5,37**, 1383 = **Tf. 5,46**, 1398 = **Tf. 5,51**, 1401 = **Tf. 5,44**.
Zahl: 53.
Motiv: Geom. Muster, Hieroglyphen (Nr. 1385 mit Thronnamen Sesostris II.), Figuren.
Entstehungszeit: Hyksos-Zeit (15. Dyn., 1399 auslaufend) außer Nr. 1387 (12. Dyn.?), 1376, 1405, 1416, 1418 (13. Dyn.), 1393 (18.-19. Dyn.).
Fundstelle: Alle zusammen in einem Hort in Bātiment I-II.
Datierung der Fundstelle: Römisch.
Importiert/lokal: Lokal außer
Import: Nr. 1387, 1393, 1404, 1405, 1409, 1410, 1418, 1419, 1420, 1421.
Import?: Nr. 1371, 1406, 1407, 1408, 1414, 1415, 1416, 1417, 1422, 1423, 1424.
Lokal?: Nr. 1386, 1399, 1400, 1401.
Anmerkung: 1382, 1383 und 1384 sind Zweifach-Skarabäen.

Literatur: Dunand, FdB I, Tf. 135. Nr. 2502 = **Tf. 5,64**, 3043 = **Tf. 5,71**.
Zahl: 13.
Motiv: Geom. Muster, Hieroglyphen (Nr. 2500 mit Kartusche Thutmosis III.), Figuren und Tiere.
Entstehungszeit: Hyksos-Zeit außer Nr. 1704 (6.-5. Jh.), 1726 und 2502 (ramessidisch), 3043 (1. Jt.), 2500 (frühramessidisch).

Fundstellen: Bātiment I-II römische Schicht, Bātiment I.
Datierung der Fundstelle:
Importiert/lokal: Lokal außer: Import für Nr. 2500. Lokal? für Nr. 2709, 2502, 1729.
Nicht oder im Text sehr schlecht abgebildete Skarabäen in Dunand, FdB I: Nr. 1029, 1228, 1230, 1286, 1289, 1293, 1295, 1363, 1573, 1646, 1890, 1909, 1945, 1954, 1975, 1987, 1995, 2299, 2300, 2 Skarabäen unter 2320, 2322, 2338, 2442, 2445, 3127, 3145, 3186, 3507, 3754, 5327, 6459, 6503 (alle ohne Gravur), 1288, 1800, 1910, 1968, 1986, 2417, 2508, 2970, 6504. 3400 ist schlecht erhalten. Nr. 1900 und 1904 sind Rohskarabäen. 1522 ist ein Model.

Literatur: Dunand, FdB II, Tf. 134 (1 Skarabäus), Tf. 197 (3 Skarabäen), Tf. 198 (32 Skarabäen, 1 Skaraboid, 1 Abdruck), Tf. 199 (52 Skarabäen, 4 Skaraboide), Tf. 200 (58 Skarabäen, 2 Skaraboide), Tf. 201 (44 Skarabäen, 4 Skaraboide, 1 Menschengesicht). 44 im Text ohne Abb. erwähnt.
Zahl: Insgesamt 190 + 44 Skarabäen, 11 Skaraboide, 1 Menschengesicht, 1 Abdruck.
Material: Insgesamt Stein (126), Fritte (ca. 95), Glas (1).

Literatur: Dunand, FdB II, Tf. 134 Nr. 16746.
Zahl: 1.
Motiv: Hieroglyphen.
Entstehungszeit: Hyksos-Zeit.
Fundstelle: Hort im Obeliskentempel.
Datierung der Fundstelle: MB-Zeit.
Importiert/lokal: Lokal.

Literatur: Dunand, FdB II, Tf. 197 Nr. 13411, 9393, 9264.
Zahl: 3.
Motiv: Kartuschen Amenophis III. und Tejes.
Entstehungszeit: Amenophis III.
Fundstelle:
Datierung der Fundstelle:
Importiert/lokal: Importiert.

Literatur: Dunand, FdB II, Tf. 198. Nr. 7423 = **Tf. 5,72**, 7932 = **Tf. 5,69**, 8107 = **Tf. 5,73**.
Zahl: 34, davon 11 ohne Gravur (Nr. 7390, 7358, 13030, 11360 und letzte Reihe), 1 Skaraboid (Nr. 8116), 1 Abdruck (Nr. 11676). Bei Nr. 6838 ist Gravur nicht abgebildet.
Motiv: Hieroglyphen, Tiere.
Entstehungszeit: Hyksos-Zeit: Nr. 8116?, 7252, 11676, 7156.
Ramessidisch: Nr. 9758 (19.-21. Dyn.), 9978, 7699.
Eisenzeit: Nr. 7282?, 7932, 7423 (E-II-Zt), 9025, 9272, 9293, 9395, 9913, 7413, 8519, 9428?
6.-5. Jh.: Nr. 7060, 8107, 10493, 6950.
Fundstelle: Oberfläche, levée.
Datierung der Fundstelle:
Importiert/lokal: Lokal außer Nr. 7699, das ein Importstück ist.

Literatur: Dunand, FdB II, Tf. 199[50]. Nr. 7771 = **Tf. 5,70**, 8142 = **Tf. 5,59**, 8560 = **Tf. 5,45**, 8857 = **Tf. 5,62**.
Zahl: 56, davon 4 Skaraboide (Nr. 11783, 13573, 7531, 12724).
Motiv: Geometrische Muster, Hieroglyphen (Kartusche Thutmosis III. auf Nr. 12573, 13899, 8732, 11791), Figuren.

---

[49] Nr. 1563 und 2335 auf der Tafel 129 stehen jeweils für Nr. 1565 und 2325 im Text.

[50] Die Nr. 7223 und 8142 auf der Tafel 199 stehen jeweils für 7273 und 8147 im Text.

Entstehungszeit: Hyksos-Zeit: Nr. 7170, 11693, 7665, 8179, 6844, 7532, 7556, 6925, 9394, 11686, 10787, 11783, 7761, 7503, 7655, 8544, 12416, 7524, 6928, 13573, 6927, 11346, 7531, 8560, 7223, 13905, 7058, 7312, 6929, 6922, 6921, 7525, 9552, 11273.
  18. Dyn.: 8167.
Ramessidisch (19. Dyn.): Nr. 8857, 12573, 9265, 7667, 13802, 8142, 6903, 13970, 12108, 9091, 12724, 7285, 13899, 11791, 7128.
19.-20. Dyn.: 9038.
Beginn 1. Jt.: 7771, 13801, 8732.
E-Zeit: Nr. 12391?, 9180.
Fundstelle: Oberfläche, levée.
Datierung der Fundstelle:
Importiert/lokal: Lokal außer: Import?: Nr. 8142, 13905, 9038, 8732, 12391, 9180, 11791. Lokal?: Nr. 7223, 7128.

Literatur: Dunand, FdB II, Tf. 200. Nr. 7412 = **Tf. 5,42**, 7501 = **Tf. 5,36**, 7651 = **Tf. 5,67**, 8181 = **Tf. 5,41**, 8474 = **Tf. 5,65**, 10310 = **Tf. 5,48**, 11343 = **Tf. 5,68**.
Zahl: 60, davon 2 Skaraboide (Nr. 9396, 11635).
Motiv: Geometrische Muster, Hieroglyphen (Name Thutmosis III. auf Nr. 7640, 7812, 7645, 7127. Name Amenophis II. auf Nr. 8251 und 8127. Name Amenophis III. auf 11053), Figuren, Tiere.
Entstehungszeit: 13. Dyn.: Nr. 7501. Hyksos-Zeit: Nr. 7270, 7637, 7502, 7182, 7092, 7022, 8996, 8668, 9396, 6839, 6923, 7386, 7218, 7412, 7157, 6930, 7633, 10310, 8669, 8166, 7728, 7650, 9320, 9418, 12398, 7968, 9030, 8181, 7198, 7501, 8481, 6926, 7385, 8180, 6924.
  18. Dyn.: Nr. 8251, 7651, 8127.
  18.-19. Dyn.: 7645, 7127, 8648.
Ramessidisch (19. Dyn.): Nr. 11343, 8649, 7656, 7640, 6908, 8681, 7400, 9325, 7523, 7254, 8629, 11635, 8675, 8676, 8474, 11053, 8630.
  19.-21. Dyn.: 7812.
E-Zeit: Nr. 8475.
Fundstelle: Oberfläche, levée.
Datierung der Fundstelle:
Importiert/lokal: Importiert außer: Import?: Nr. 12398, 7501. Lokal: 7270, 7022, 9396, 6839, 6923, 7386, 7218, 7157, 6930, 7633, 8166, 7728, 7650, 9320, 9418, 7968, 9030, 7523, 7254, 8629, 11635, 8675, 8676, 8181, 7198, 8481, 6926, 8127, 7385, 8475, 8180, 8630, 6924. Lokal?: 8996.

Literatur: Dunand, FdB II, Tf. 201.
Zahl: 49, davon 4 Skaraboide (Nr. 11771, 10354, 11564, 19223), 1 Menschengesicht (Nr. 6846).
Motiv: Geometrische Muster, Hieroglyphen (Kartusche Amenophis III. auf Nr. 9896, Thutmosis III. auf Nr. 17126 und 17311).
Entstehungszeit: Hyksos-Zeit außer
18. Dyn.: 9896.
19.-20. Dyn.: Nr. 17311.
20. Dyn.: Nr. 13208.
20.-21. Dyn.: Nr. 17126, 10354.
Ramessidisch: Nr. 19144, 18749, 18930.
E-Zeit: Nr. 6907, 16688, 6846, 17832, 19223, 17614, 19294, 17055.
6.-5. Jh.: Nr. 7482, 16930, 16983, 19200, 19235.
Fundstelle: Nr. 17099 aus Cellamauer des Obelisken-tempels.

Datierung der Fundstelle:
Importiert/lokal: Import: Nr. 14625, 9896, 11773, 11774, 11772, 11776, 11467, 11468, 11476, 17126, 14777, 17099, 11777, 11771, 19144, 17311, 18101, 17526, 19145.
Import?: Nr. 11775, 7293, 13208, 18749.
Lokal: Nr. 6906, 6904, 15885, 10354, 6907, 16688, 7482, 11564, 14641, 6905, 14330, 7975, 6846, 7517, 18580, 16930, 16983, 19200, 19215, 17832, 19223, 17614, 19294, 19235, 17055, 18930.
Nicht oder im Text sehr schlecht abgebildete Skarabäen in Dunand, FdB II: Nr. 7742, 8992, 6840, 6841, 6842, 6845, 7201, 7243, 7253, 7365, 7652, 8209, 4071, 11213, 13253, 17092, 17343, (alle ohne Gravur), 6909, 6910, 7054, 7207, 7508, 7689, 8081, 8670, 9025, 9180, 9414, 11053 mit Namen Amenophis III., 11127, 12560, 12268, 12587, 13888, 13947, 14689, 16938, 17108, 17310, 18383, 19278, 19279, 18581. Nr. 10355 ist ein Rohskarabäus.

Literatur: Salles, La nécropole "K" de Byblos, 1980, 63 und 125 Tf. 23,3-4.
Zahl: 2 Skarabäen.
Material: Fritte.
Motiv: Glückszeichen und geometrische Muster.
Entstehungszeit: Hyksos-Zeit.
Fundstelle: Grab K2.
Datierung der Fundstelle: 2.-1. Jt.
Importiert/lokal: Lokal.

Literatur: Dunand, BMB 17, 1964, 31-32, Tf. 3,2 links (**Tf. 5,56**) = Martin, 1971 Nr. 564 und Tf. 3,2 rechts (**Tf. 5,57**) = Martin, 1971 Nr. 551a.
Zahl: 2.
Material: Stein als Ring gefaßt.
Motiv: Hieroglyphen (u.a. eines Privatmannes namens Amenemhet **Tf. 5,56**).
Entstehungszeit: **Tf. 5,56**: 12. Dyn. (oder jünger?). **Tf. 5,57**: späte 12. Dyn.?
Fundstelle: Grab.
Datierung der Fundstelle: 18. Jh.
Importiert/lokal: Links lokal, rechts importiert.

Literatur: Montet, Byblos et l'Egypte, BAH 11, 1928, 171 Nr. 640-643 und Tf. 96, S. 197 mit Abb. 88a-b (= de Ridder, de Clercq VII Nr. 2671 und Martin, 1971, Nr. 174a) und 88c (= de Ridder, de Clercq VII Nr. 2544 und Martin, 1971, Nr. 1354).
Zahl: 6.
Material: Stein als Ring gefaßt.
Motiv: Hieroglyphen mit Namen eines giblitischen Königs auf Nr. 640. Name eines Ägypters, der nicht in Verbindung mit dem Grab steht auf de Clercq VII Nr. 2671.
Entstehungszeit: Späte 12. Dyn.
Fundstelle: Königliches Grab I (Nr. 640), II (Nr. 641), III (Nr. 643) und sehr wahrscheinlich IV für Abb. 88a-c.
Datierung der Fundstelle: MB-Zeit.
Importiert/lokal: ?

Literatur: Martin, Egyptian Administrative and private-name Seals, 1971, Nr. 47 (wohl Byblos), 105, 261 (Byblos ?), 262 (Byblos ?), 810 (auch Martin, Berytus 18, 1969, 81-83, **Tf. 5,58**), 813 (auch Dunand, FdB I, Tf. 200,7637), 1259 (auch Dunand, FdB II, Tf. 134,16746, Fundstelle in Obelisken-Tempel), 1319 (auch Dunand, FdB I, Tf. 129,3594), 1689 (Kunsthandel).

Zahl: 6.
Material: Stein.
Motiv: Hieroglyphen mit giblitischen und ägyptischen Namen.
Entstehungszeit: 11. Dyn.: Nr. 262. 12. Dyn.: Nr. 47, 105, 261, 1689. 13. Dyn.: Nr. 813. Hyksos-Zeit: Nr. 1259, 1319. 15.-16. Dyn.: Nr. 810.
Fundstelle: Kunsthandel und wahrscheinlich aus königlichem Grab.
Datierung der Fundstelle: MB-Zeit für Grab.
Importiert/lokal:

Literatur: Giveon, OBO SA 3, 1985, 134-137, Nr. 1-4, 6-7.
Zahl: 6.
Material: Stein
Motiv: Florale Muster, Hieroglyphen, Figuren.
Entstehungszeit: Hyksoszeit (Nr. 3); Frühe 18. Dyn. (Nr. 1-2); 7.-6. Jh. (Nr. 4 als archaisierendes Stück, 6-7).
Fundstelle:
Datierung der Fundstelle:
Importiert/lokal: Import für Nr. 4; Import? für Nr. 1-3; Lokal für Nr. 6-7.

Literatur: de Ridder, de Clercq VII: Tf. XVI, Nr. 2463, 2493. Tf. XVII, Nr. 2569 (auch Nunn, OBO SA 18 Tf. 49,87), 2571 (Nunn, op. cit. Tf. 49,88), 2605-06 (Nunn, op. cit. Tf. 49,83-84). Tf. XVIII, Nr. 2729, 2757, 2772 (Nunn, op. cit. Tf. 45,40). Tf. XIX, Nr. 2784 (Nunn, op. cit. Tf. 45,44), Gubel, RSF 16, 1988, Tf. 29c (Nunn, op. cit. Tf. 45,45), Brown, AJA 40, 345 (Nunn, op. cit. Tf. 47,66), Boardman, AGG, Nr. 472 (Nunn, op. cit. 121 Nr. 197).
de Clercq VII, nicht abgebildet: Nr. 2477, 2775.
Zahl: 15.
Material: Stein (12), Fritte (3).
Motiv: Bes, Tiere, Soldat, Hieroglyphen.
Entstehungszeit: 8.-5. Jh.
Fundstelle:
Datierung der Fundstelle:
Importiert/lokal: Lokal.

Literatur: Delaporte, Louvre I, 1920, Tf. 57, R.3 (= Renan, Mission de Phénicie, 1864, 161) und Louvre II, 1923, Tf. 103, A.1084, 1095, 1097 und 1110.
Zahl: 5.
Material: Stein (2) und "terre émaillée" =? emaillierter Steatit (3).
Motiv: Figur und Hieroglyphen.
Entstehungszeit: Hyksos-Zeit: R.3 und A.1095, 1110. 20.-21. Dyn.: A.1097. Eisen-II-Zeit: A.1084.
Fundstelle:
Datierung der Fundstelle:
Importiert/lokal: Lokal.

Literatur: Nunn, OBO SA 18, 2000, 117 Nr. 39.
Zahl: 1.
Material: Stein.
Motiv: Bes und Tiere.
Entstehungszeit: 6.-5. Jh.
Fundstelle:
Datierung der Fundstelle:
Importiert/lokal: Lokal.

Ǧerablūs (Syrien) s. Karkemiš

Chagar Bazar (Syrien)
Literatur: Mallowan, Iraq 4, 1937, 97, 138 Nr. 18 und 20, 153 und Tf. 17c Nr. 1. Nur 1 Stück abgebildet.
Zahl: 2 Skaraboide.
Material: Fayence.
Motiv: Wohl keine Uräen.
Entstehungszeit: ?
Fundstelle: "Intermediate" oder späte Schicht 1, "site B.D.".
Datierung der Fundstelle: MB-Zeit (17. Jh.).
Importiert/lokal: Lokal.
Bemerkung: Der (schlechten) Abbildung nach ist das Motiv, in dem Mallowan 2 Uräen erkannte, nicht ägyptisierend, ebenso wenig wie der Siegelkörper. Die als Vergleich zitierte Siegel sind zu anders, um Schlüsse ziehen zu können.

Tell Deinit (Syrien)
Literatur: Shaath, AAS 36-37, 1986-87, 34-35, 42-43 Nr. 9-11, 12?
Zahl: 3 +? 1.
Material: Fayence oder Fritte (3), Ton (1).
Motiv: Sphinx, Hand, Krone, Tier.
Entstehungszeit: 7-5. Jh.
Fundstelle:
Datierung der Fundstelle:
Importiert/lokal: Lokal.

Deir 'Ain Abata (Jordanien)
Literatur: Politis, ADAJ 39, 1995, 486.
Zahl: 1.
Material: Stein.
Motiv: Striche.
Entstehungszeit: NR.
Fundstelle: Cairn.
Datierung der Fundstelle: MB-II-Zeit.
Importiert/lokal: Lokal.

Deir 'Alla (Jordanien)
Literatur: Ibrahim - van den Kooij, ADAJ 30, 1986, 142, 451.
Zahl: 1 (Nr. 2894).
Material: ?
Motiv: Vogel, Skarabäus, Uräen.
Entstehungszeit: Ramessidisch.
Fundstelle:
Datierung der Fundstelle:
Importiert/lokal: Lokal?

Literatur: v. d. Kooij - Ibrahim (Hg.), Picking up the Threads, 1989, 92 Nr. 15 (**Tf. 6,74**) und 106 Nr. 140.
Zahl: 2.
Material: Stein.
Motiv: Sphinx und Kartusche Thutmosis III. auf Nr. 15. Ammonitische Inschrift auf Nr. 140 (Avigad - Sass, Corpus, 1997, Nr. 988).
Entstehungszeit: E-I-Zeit für Nr. 15. 8.-7. Jh. für Nr. 140.
Fundstelle:
Datierung der Fundstelle:
Importiert/lokal: Import für Nr. 15. Lokal für Nr. 140.
Bemerkung: Nr. 64 und 66 sind Abdrücke, die vielleicht von Skarabäen stammen.

Literatur: Franken, Excavations, 1992, 41-42 Nr. 1, 58-59
  Nr. 12, 64-65 Nr. 7.
Zahl: 3.
Material: Knochen (Nr. 12), Stein (Nr. 7).
Motiv: Uräen, Sphinx, Hieroglyphen (Name der Prinzessin
  Hathorhetep auf Nr. 7), geom. Muster.
Entstehungszeit: Ramessidisch (Nr. 1); Gesamtes NR (Nr. 7,
  12).
Fundstelle:
Datierung der Fundstelle:
Importiert/lokal: Import.

Deve Hüyük (Türkei)
Literatur: Moorey, BAR IS 87, 1980, 112-117 und Tf. II Nr.
  466, 467, 468, 473, 484-489 = Buchanan - Moorey, 1988,
  Nr. 87 (danach **Tf. 6,75**), 490-492 = Buchanan - Moorey,
  1988, Nr. 90 (danach **Tf. 6,76**), 493-96.
Zahl: 9 Skarabäen und 8 Skaraboide.
Material: Stein (6), Fayence (11).
Motiv: Figuren, Tiere, Hieroglyphen.
Entstehungszeit: 7.-5. Jh.
Fundstellen: Gräber.
Datierung der Fundstelle: id.
Importiert/lokal: Lokal.

Al-Haffa (Syrien/Ğāb)
Literatur: Nunn, BAR IS 804, 1999, Nr. 275 (**Tf. Nr. 77**).
Zahl: 1.
Material: Stein.
Motiv: Pseudohieroglyphen.
Entstehungszeit: NR (2. Hälfte des 2. Jts.).
Fundstelle:
Datierung der Fundstelle:
Importiert/lokal: Lokal.

Tell Halaf (Syrien)
Literatur: Hrouda, Tell Halaf IV, 1962, 37, Tf. 28-29 Nr. 74
  (auch Giveon, OBO SA 3, 1985, 165, Nr. 2), 75-7, 78 (auch
  Giveon, op. cit. 165 Nr. 1), 79 (auch Giveon, op. cit. 165
  Nr. 3), 80 (**Tf. 6,78**).
Zahl: 7.
Material: Nr. 74 Fritte in Hrouda, Stein in Giveon. Nr. 78
  Knochen in Hrouda, Stein in Giveon. Nr. 79 "Blauton",
  Stein (1).
Motiv: Hieroglyphen, Skorpion,
Entstehungszeit: 8.-6. Jh.
Fundstelle:
Datierung der Fundstelle:
Importiert/lokal: Lokal.

Ḥalde (Libanon)
Literatur: Saidah, BMB 19, 1966, 59 Nr. 3, 70 Nr. 35, 72 Nr.
  36 (**Tf. 6,79**), 78 Nr. 53 (**Tf. 6,80**) und Tf. 6.
Zahl: 3 Skarabäen, 1 Skaraboid.
Material: Fritte (3), Knochen (1).
Motiv: Hieroglyphen, Sphinx, sitzende Figuren.
Entstehungszeit: 10.-8. Jh. für Nr. 3 und 35. 8.-7. Jh.: Nr. 36,
  53.
Fundstelle: Grab 2 mit Nr. 3. Grab 121 mit Nr. 35 und 36.
  Grab 167 mit Nr. 53.
Datierung der Fundstellen: E-II-Zeit.

Importiert/lokal: Lokal.
Literatur: W. Culican, Levant 6, 1974, 195-198.
Zahl: 1 Skaraboid.
Material: Stein.
Motiv: Skarabäen, Greife, Uräen.
Entstehungszeit: 9. Jh.
Fundstelle: Grab.
Datierung der Fundstellen: E-II-Zeit.
Importiert/lokal: Lokal.

Hama (Syrien)
Literatur: Riis, Les cimetières à crémation, 1948, 157-158,
  Abb. 197 und 198 A, B, C (auch Nunn, BAR IS 804, 1999,
  Nr. 263), D, E und Abb. 22 für G XII 15.
Zahl: 10. Nicht abgebildet: G V 10, G VIII ad 586-653, G
  VIII 191, G XII 15. Abb. 197 ist ein Skaraboid.
Material: Fayence (7), Stein (3).
Motiv: Hieroglyphen (Kartusche Thutmosis III. auf Abb. 198
  C), Figuren, Tiere.
Entstehungszeit: 18. Dyn. für Abb. 198 C. Ramessidisch für
  Abb. 197 und 198 A und D. 10.-9. Jh. für Abb. 198 B.
  Abb. 198 E wie Periode II.
Fundstellen: Gräber. Periode I für Abb. 197, 198 A, C und
  D. Periode II für Abb. 198 E und Periode III für Abb. 198
  B. Periode I für G V 10, II für G VIII 191 und G XII 15.
  Periode II oder III für G VIII ad 586-653.
Datierung der Fundstelle: "Période I (12.-11. Jh.), II (11.-
  950), III (950 - 800), IV (8. Jh.)".
Importiert/lokal: Lokal außer Lokal? für Abb. 198 A und B.

Literatur: Buhl, Les objets de la période dite syro-hittite, 1990,
  88 Nr. 145.
Zahl: 1.
Material: Fayence.
Motiv: Hieroglyphen.
Entstehungszeit: 8. Jh.
Fundstelle: "Place Cenrale".
Datierung der Fundstelle:
Importiert/lokal: Lokal.

Literatur: Avigad - Sass, Corpus, 1997, Nr. 760 und 768.
Zahl: 2 Abdrücke.
Material:
Motiv: Säugende Kuh und aramäische Inschrift.
Entstehungszeit: 8. Jh.
Fundstelle: Zerstörungshorizont von 720.
Datierung der Fundstelle: 8. Jh.
Importiert/lokal: Lokal.

Hamidiye (Syrien)
Literatur: Bonatz u.a., Rivers and Steppes, 1998, 123 Nr. 116.
  Rouault - Masetti-Rouault, L'Eufrate e il tempo, 1993, 352
  Nr. 328 (**Tf. 6,81**).
Zahl: 1.
Material: Fritte.
Motiv: Sphinx und Kartusche Thutmosis III.
Entstehungszeit: 11. Jh.
Fundstelle:
Datierung der Fundstelle:
Importiert/lokal: Import.
Vergleiche: Keel, OBO SA 13, Akko Nr. 58 (13.-11. Jh.).

Ḥān Šayḫūn (Syrien)
Literatur: du Mesnil du Buisson, Syria 13, 1932, 183-84 Nr. 4-5 (**Tf. 6,83**), 6, 9 (**Tf. 6,82**).
Zahl: 4.
Material: Fayence (3), Stein (1).
Motiv: Tiere. Nr. 5 mit Kartusche Thutmosis III. Nr. 9 Kopie eines Hyksos-Skarabäus.
Entstehungszeit: 7.-5. Jh.
Fundstelle: Haus in Schicht D4.
Datierung der Fundstelle: 5. Jh.-ca. 330 v. Chr.
Importiert/lokal: Lokal.

Ḥarra Gegend (Jordanien)
Literatur: Clark, ADAJ 25, 1981, 243-46.
Zahl: 1.
Material: Fayence.
Motiv: Maat.
Entstehungszeit: 7.-5. Jh.
Fundstelle: Cairn.
Datierung der Fundstelle: Spätrömisch-byzantinisch.
Importiert/lokal: Lokal.

Ḥirbet al-Ḥaǧǧar (Jordanien)
Literatur: Thompson, ADAJ 17, 1972, 60, 143 und Tf. 8, Abb. 1.
Zahl: 1 und 1 Skaraboid.
Material: Stein.
Motiv: Zwei Löwen über einer Gazelle. Jäger jagt Gazelle.
Entstehungszeit: 7.-5. Jh.
Fundstelle: Turm.
Datierung der Fundstelle: E-I- und II-Zeit, byzantinisch.
Importiert/lokal: Phönizisch.

Ḥorsabad (Irak)
Literatur: Loud - Altman, OIP 40, 1938, 98 Nr. 97 (auch Albenda, The Palace of Sargon, 1986, 154 Tf. 153), 98, 104 und 109.
Zahl: 4.
Material: Fritte (4).
Motiv: Tiere, Figur, Hieroglyphen.
Entstehungszeit: 8.-6. Jh.
Fundstelle: Rampe des Nabū-Tempels, Palast-Terrasse, Residenz K und L.
Datierung der Fundstelle: Sargon II. (721-705).
Importiert/lokal: Lokal.

Literatur: Delaporte, Louvre I, 1920, Tf. 57, K 12 = Bordreuil, Catalogue 1986, Nr. 89 = Avigad - Sass, Corpus, 1997, Nr. 843.
Zahl: 1 Skaraboid.
Material: Stein.
Motiv: Löwe. Aramäische Inschrift "Ruptī".
Entstehungszeit: Um 750.
Fundstelle: Unter einem Lamassu.
Datierung der Fundstelle: Sargon II. (721-705).
Importiert/lokal: Lokal aramäisch.

Literatur: Delaporte, Louvre I, 1920, Tf. 57, K 13 = Contenau, La glyptique Syro-Hittite, 1922, 138 und Tf. 16 Nr. 122 = Bordreuil, Catalogue 1986, Nr. 8 = Avigad - Sass, Corpus, 1997, Nr. 743.
Zahl: 1 Skaraboid.

Material: Stein.
Motiv: Flügelsonne, Falke und Uräus. Phönizische Inschrift "ʿAbdbaʿal".
Entstehungszeit: Ende 8.-Beginn 7. Jh.
Fundstelle: Schwelle eines Durchgangs in der Umfassungsmauer.
Datierung der Fundstelle: Sargon II. (721-705).
Importiert/lokal: Lokal phönizisch.

Literatur: Delaporte, Louvre I, 1920, Tf. 57, K 14 (**Tf. 6, 86**), 15 (**Tf. 6,84**) und 16 (= Place, Ninive et l'Assyrie, 1867, Tf. 76,4 und 5, **Tf. 6,85**) und 17.
Zahl: 4.
Material: "Terre émaillée blanc/hâtre" =? Glasierter Steatit.
Motiv: Anch-Zeichen und Tier. K 15-16 sind Anra-Skarabäen.
Entstehungszeit: K 15, 16: 15. Dyn. K 14 und 17: 11.-10. Jh.
Fundstelle:
Datierung der Fundstelle: Wohl Sargon II. (721-705).
Importiert/lokal: Lokal palästinisch für K 15-16 und lokal phönizisch für K 14 und 17.
Vergleiche: K 14 ist ein Dreifach-Skarabäus mit einheitlicher Basis, s. Keel, OBO SA 10, 1995, 62. Keel, OBO SA 13, 1997, Tell el-'Ašul, Nr. 540 für K 15 und Nr. 390, 1096 für K 16.

Literatur: Avigad - Sass, Corpus, 1997, Nr. 755.
Zahl: 1 Abdruck.
Material:
Motiv: Aramäische Inschrift "Gehört Panÿassur, Eunuch des Sargon".
Entstehungszeit: Sargons Regierung.
Fundstelle:
Datierung der Fundstelle: Sargon II. (721-705).
Importiert/lokal: Lokal.

Tell al-Ḥulayfa (Jordanien)
Literatur: Avigad - Sass, Corpus, 1997, Nr. 1051 und 1054.
Zahl: 4 Abdrücke (Nr. 1051) und 1 Skaraboid?
Material:
Motiv: Edomitische Inschriften.
Entstehungszeit: Ende 7.-Beginn 6. Jh.
Fundstelle:
Datierung der Fundstelle:
Importiert/lokal: Lokal.

Ibn Hani (Syrien)
Literatur: Bounni u.a., Syria 55, 1978, 297 Abb. 51.
Zahl: 1.
Material: ?
Motiv: Stilisierte Pflanze.
Entstehungszeit: SB-Zeit.
Fundstelle:
Datierung der Fundstelle:
Importiert/lokal: Lokal.

Literatur: Bounni u.a., BAH 151, 1998, 60-63, 151, 154-55.
Zahl: 3.
Material: Stein (2), Fayence (1).
Motiv: Baal, Sphinx, Kapride mit Vögel und Skorpion.
Entstehungszeit: 13. Jh. für Baal und Sphinx. 13.-12. Jh. für Kapride.

Fundstelle: Schatz im Nordpalast (Baal), Schwelle im Nordpalast (Sphinx), Nähe Nordpalast.
Datierung der Fundstelle: Spätbronzezeit.
Importiert/lokal: Lokal außer Sphinx.

Literatur: Nunn, BAR IS 804, 1999, Nr. 262.
Zahl: 1.
Material: Stein.
Motiv: Hieroglypen.
Entstehungszeit: SB-Zeit (14-13. Jh.).
Fundstelle:
Datierung der Fundstelle:
Importiert/lokal: Lokal.

Isin (Irak)
Literatur: Hrouda, Isin - Išān Baḥrīyāt I, 1977, 51 IB 122 (nicht abgebildet, **Tf. 6,88**) und 123, Tf. 25 (**Tf. 6,87**). IB 83 unpubl. (**Tf. 6,89**).
Zahl: 3, davon 1 Menschengesicht (IB 123) und IB 122 ohne Gravur.
Material: Stein (1), Fritte (2).
Motiv: Hieroglypen (IB 123) und Skorpion (IB 83).
Entstehungszeit: 8. Jh.
Fundstelle: Auf der Brust der Leiche in Grab S 5 für IB 122 und 123. Oberfläche für IB 83.
Datierung der Fundstelle: 1. Jt.
Importiert/lokal: Lokal.

Jawa (Jordanien)
Literatur: Daviau, ADAJ 37, 1993, 327.
Zahl: 1.
Material: ?
Motiv: Hieroglyphen und Kartusche Thutmosis III.
Entstehungszeit: 9. Jh.
Fundstelle: Bau.
Datierung der Fundstelle: E-II-Zeit.
Importiert/lokal: Lokal.

Kāmid el-Lōz (Libanon)
Literatur: Kühne - Salje, Kāmid el-Loz 15. Die Glyptik, SBA 56, 1996, 129-151, Nr. 73-96.
Zahl: 24, davon 4 (Nr. 90, 91, 95, 96) ohne Gravur und 2 (Nr. 93-94) sehr beschädigt.
Material: Stein (14), Fayence (7), Elfenbein (2), Bronze (1).
Motiv: Hieroglyphen, Figuren, Tiere. Nr. 73, 74, 75 mit Kartusche Thutmosis III.
Entstehungszeit: Hyksos-Zeit: Nr. 76, 77, 84-85, 88. 18. Dyn.: Nr. 74, 75, 81 (oder etwas jünger), 86. Ramessidisch: Nr. 73, 79. Späte Eisenzeit: Nr. 78, 80, 87, 89. Achämenidenzeit: Nr. 82-83.
Fundstelle: SB-Zeit: Schatzhaus (Nr. 74, 79, 95, 96), Tempel (Nr. 73, 75, 93) und Palast (Nr. 81, 94). Achämenidenzeitl. Gäber (Nr. 82, 83, 87, 89-92).
Datierung der Fundstellen: SB-Zeit und Achämenidenzeit.
Importiert/lokal: Lokal (palästinisch?) außer Import: Nr. 85 und lokal?: Nr. 74.
Vergleiche: Keel, OBO SA 13, 1997, Tell el-'Ašul Nr. 649, 779, 959, 1004, 1138.

Karkemiš (Türkei) und **Ğerablūs** (Syrien)
Literatur: Woolley, LAAA 26, 1939, 32, Tf. 20a = Boardman, OJA 15/3, 1996, Nr. 13.

Zahl: 1.
Material: Stein.
Motiv: Tiere und Greif.
Entstehungszeit: 8.-7. Jh.
Fundstelle:
Datierung der Fundstelle:
Importiert/lokal: Phönizisch/lokal.

Literatur: Giveon, OBO SA 3, 1985, 160-163 Nr. 1, 5, 6.
Zahl: 3.
Material: Stein.
Motiv: Figuren und Tiere.
Entstehungszeit: Ramessidisch für Nr. 1. 8.-7. Jh. für Nr. 5-6.
Fundstelle: Kunsthandel Karkemiš und Umgebung.
Datierung der Fundstelle:
Importiert/lokal: Lokal.

Literatur: Giveon, OBO SA 13, 1985, 160-161 Nr. 2.
Zahl: 1.
Material: Stein.
Motiv: Bes.
Entstehungszeit: 6. Jh.
Fundstelle: Ğerablūs.
Datierung der Fundstelle:
Importiert/lokal: Lokal.

Tell Kazel (Syrien)
Literatur: Dunand u.a., AAS 14, 1964, 12 und Tf. 20,5.
Zahl: 2.
Material: Fritte.
Motiv: Hieroglyphen.
Entstehungszeit: 19. Dyn.
Fundstelle: Bau.
Datierung der Fundstelle: SB-Zeit.
Importiert/lokal: Lokal.

Literatur: Gubel, Berytus 38, 1990, 30-31.
Zahl: 1.
Material: Stein.
Motiv: Geometrisch.
Entstehungszeit: Hyksos-Zeit.
Fundstelle: Bau, Schicht 1.
Datierung der Fundstelle: Hellenistisch-römisch.
Importiert/lokal: Importiert.

Literatur: Badre u.a., Syria 71, 1994, 308 (**Tf. 7,90**).
Zahl: 1.
Material: Ton.
Motiv: Pharao als Sieger.
Entstehungszeit: Ramessidisch.
Fundstelle: Bau, Raum F der Schicht 5.
Datierung der Fundstelle: 6.-5. Jh.
Importiert/lokal: Lokal.

Kiš (Irak)
Literatur: Buchanan - Moorey, Ashmolean III, 1988, Nr. 49.
Zahl: 1.
Material: Stein.
Motiv: Sitzende Figur.
Entstehungszeit: 7. Jh.
Fundstellen:
Datierung der Fundstellen:
Importiert/lokal: Lokal.

Tell Knēdiğ (Syrien)
Literatur: Klengel-Brandt u.a., MDOG 128, 1996, 43-44, 47-48.
Zahl: 4.
Material: Kieselkeramik (3), Stein (1).
Motiv: Hieroglyphen, Stern, Skorpion und Striche.
Entstehungszeit: 9.-8. Jh. für Abb. 9. 8.-7. Jh. für Abb. 10.
Fundstellen: Grab 36 und 41.
Datierung der Fundstellen: 8.-7. Jh.
Importiert/lokal: Lokal.

Lattakia (Syrien) und syrische Küste
Literatur: de Ridder, de Clercq VII, Nr. 2529 (Tf. XVII). Nunn, OBO SA 18, 2000, Tf. 44,30 und 46,49.
Zahl: 3.
Material: Stein (3).
Motiv: Hieroglyphen (Kartusche Thutmosis III. auf Nr. 2529), Männer.
Entstehungszeit: Ramessidisch für Nr. 2529. Sonst 7.-6. Jh.
Fundstellen: Kunsthandel.
Datierung der Fundstellen:
Importiert/lokal: Lokal.

Lehun (Jordanien)
Literatur: Homès-Fredericq, SHAJ V, 1995, 474 (**Tf. 7, 91**).
Zahl: 1.
Material: Fayence.
Motiv: Löwe und Hieroglyphen.
Entstehungszeit: Ende SB - Beginn E-Zeit.
Fundstelle:
Datierung der Fundstelle:
Importiert/lokal: Lokal.

Madaba (Jordanien)
Literatur: Harding, The Antiquities of Jordan, 1959, 29 Tf. 4 oben rechts (davon ein Siegel auf **Tf. 7,92**).
Zahl: 4, davon ein Stück nur mit Vorderseite abgebildet.
Material: ?
Motiv: Gott, Hieroglyphen.
Entstehungszeit: Frühe E-Zeit für 2 Stücke der rechten Reihe (**Tf. 7,92**). Mitte 1. Jt. für Stück in der Mitte der oberen Reihe. Das nur von oben zu sehende Siegel datiert wohl ebenfalls in die E-Zeit.
Fundstelle: Grab.
Datierung der Fundstelle:
Importiert/lokal: Lokal oben Mitte, Import für rechte Reihe.

Manbiğ (Syrien)
Literatur: Giveon, OBO SA 3, 1985, 160-161 Nr. 4.
Zahl: 1.
Material: Stein.
Motiv: Hieroglyphen.
Entstehungszeit: 6.-5. Jh.
Fundstellen: Kunsthandel.
Datierung der Fundstelle:
Importiert/lokal: Lokal.

Mari (Syrien)
Literatur: Nunn, BAR IS 204, 1999, Nr. 264-267.
Zahl: 4.
Material: Elfenbein.

Motiv: Hieroglyphen.
Entstehungszeit: 15. Dyn. für Nr. 264. SB-Zeit für Nr. 266. 15.-13. Jh. für Nr. 265 und 13.-12. Jh. für Nr. 267.
Fundstelle: Grab. Auch mit der Publikation von Jean-Marie (s.u.) kann man das Ursprungsgrab/die Ursprungsgräber nicht festlegen. Vielleicht T 287.
Datierung der Fundstelle: 15.-13. Jh.
Importiert/lokal: Lokal außer Nr. 265.
Bemerkung: Skarabäen werden in Parrot, Syria 18, 84 Anm. 1, Syria 19, 21 und Syria 52, 35 erwähnt. Nicht ganz richtige Beschreibung der Nr. 264 in Nunn, op. cit. Der Name Sesostris kann nicht gelesen werden.
Diese 4 Skarabäen sind wahrscheinlich in der folgenden Publikation mitgezählt:

Literatur: Jean-Marie, BAH 153, 1999.
Zahl: 19.
Material: Fayence außer 3 "pâte de verre" (Grab T 287).
Motiv:
Entstehungszeit: Skarabäus mit Name des Sethnacht (1190-87) aus dem Grab T 119. Publ. in Beyer, MARI 1, 1982, 179 Abb. 23. Name Ramses II. (1279-1213) in T 236, s. Parrot, Syria 18, 1937, 84.
Fundstelle: 3 aus dem Erdgrab T 133 im "cimetière 1" (S. 43 und Tf. 130. Im Louvre aufbewahrt). 7 aus dem Doppelgefäßgrab T 119 im "cimetière 1" (S. 45 und Tf. 29. Im Louvre aufbewahrt). 4 darunter jeweils 1 aus den Erdgräbern T 224 und T 630 (S. 47, Tf. 83, Aufbewahrungsort?, wohl eher im Louvre). 1 aus dem Gefäßgrab T 182 im "cimetière 2" (keine Abb., in Aleppo aufbewahrt). 4 aus dem Doppelgefäßgrab T 287 im "cimetière 2" (S. 50 und Tf. 42 nur mit Rückenansichten, in Aleppo aufbewahrt).
Datierung der Fundstelle: SB/mittelassyrisch 1350-1150.
Importiert/lokal:
Bemerkung: Auf der Tafel 48, Doppelgefäßgrab T 304 erscheint ein Siegel, das als "cachet" bezeichnet (S. 133). Ich hätte es in dieser Arbeit jedoch als Skarabäus bezeichnet.

Literatur: Jean-Marie, BAH 153, 1999, 61 und Tf. 77.
Zahl: 2.
Material: Fayence.
Motiv:
Entstehungszeit:
Fundstelle: Gefäßgrab T 563.
Datierung der Fundstelle: 1. Jt.
Importiert/lokal:

Literatur: Jean-Marie, BAH 153, 1999, 64, 66 und Tf. 67.
Zahl: 2.
Material: Fayence.
Motiv:
Entstehungszeit:
Fundstelle: Gefäßgrab T 452 und Sarkophag T 429.
Datierung der Fundstelle: 300 v. Chr. – 300 n. Chr.
Importiert/lokal:

Tell Mastuma (Syrien)
Literatur: Wakita u.a., BAOM 16, 1995, 22-23 Abb. 9,1-2.
Zahl: 2 Skaraboide.
Material: Stein.
Motiv: Tier, Striche.
Entstehungszeit: Späte Eisenzeit.
Fundstelle: Jeweils in einem Haus der Schicht 0.

Datierung der Fundstellen: Achämenidenzeit.
Importiert/lokal: Lokal.

Tell al-Mazār (Jordanien)
Literatur: Yassine, Tell el Mazar I, Cemetery A, 1984, Abb. 58, Nr. 185 (**Tf. 7,93**), 186-187 (**Tf. 7,94**), 188-191 (**Tf. 7,95**), 192 (**Tf. 7,94**).
Zahl: 8.
Material: Kreide (4), Stein (3), Fayence (1).
Motiv: Hieroglyphen und Tiere.
Entstehungszeit: 7.-6. Jh.
Fundstellen: Gräber 1, 17, 67, 68, 73.
Datierung der Fundstelle: Späte Eisen- und Achämenidenzeit.
Importiert/lokal: Lokal.

Al-Mina (Hatay)
Literatur: Woolley, JHS 58, 1938, 162 und Tf. 15. Feghali Gorton, 1996, 82 Nr. 13, 23. S. 90 Nr. 22 (alle ohne Abb.).
Zahl: in Woolley werden 96 Skarabäen erwähnt, die meisten davon sind jedoch nicht beschrieben und nicht abgebildet.
Material: Stein (42), Fritte (51), Glas (3).
Motiv: Figuren und Tiere (MN 35, 138, 141, 351, 381), Hieroglyphen (MN 44, 154, 418 mit Namen Thutmosis III.).
Entstehungszeit: 9 Jh. (?) für MN 418. Die restlichen 8.-6. Jh.
Fundstelle: 5 aus Schicht 9-8. 16 aus Schicht 8 (MN 154). 8 aus Schicht 7. 10 aus Schicht 6 (MN 381). 15 aus Schicht 5 (MN 44). 17 aus Schicht 4 (MN 35, 351). 25 aus Schicht 3. Schicht 5-4 für MNN 68. Keine Schicht für MN 141 und 418.
Datierung der Fundstellen: ca. 900-300 v. Chr.
Importiert/lokal: Import?: MN 154. Die anderen sind lokal.

Unter den 96 bei Woolley erwähnten (?): Quelle: Photos G. Hölbl im Archäologischen Museum von Antakya und im British Museum. (MN 30/**Tf. 7,106**, 31, 44, 136, 141, 157/**Tf. 7,102**, 181, 407, 417, 439, 449/**Tf. 7,104**), MNN 68, 69, 70, 91, 104, 113, 114, 117/**Tf. 7,98**, 133/**Tf. 7,99**, 137, 142).
Material: Stein (MN 30, 157, MNN 69, 104, 113, 114, 133), Fritte/Fayence (MN 44, 407, 442, MNN 70, 117) Glas (MN 31, 417).
Motiv: Hieroglyphen (MN 44, 157, 181, 407, 439, MNN 69, 91, 104, 113, 114, 117, 133), Sphinx (MN 31, 136, 417), Tiere (MN 442, 449, MNN 68), Figuren (MNN 70), geom. Muster (MN 30). Gravur zerstört MNN 142.
Entstehungszeit: 8.-6. Jh. MN 30 ist die späte Nachahmung eines Hyksos-Skarabäus.
Fundstelle: MN 44, 136 und 417 aus Schicht 5. MNN 68-70, 91, 104 aus Schicht 5-4. MNN 117 und 133 aus Schicht 4. MNN 113-14 aus Schicht 4-3. MN 30-31, 157, 407 aus Schicht 3. Die anderen ohne Schicht.
Datierung der Fundstelle:
Importiert/lokal: Import?: MNN 133. Die anderen sind lokal.
Bemerkung: MN 44 Hölbl und MN 44 Woolley sind unterschiedlich. Zwei Skarabäen tragen jeweils die Bezeichnung MNN 133 und 164.

Unter den 96 bei Woolley erwähnten (?): Quelle: Photos A. Nunn im British Museum (MN ?/**Tf. 7,103** und 143/**Tf. 7,97**. MNN 133/**Tf. 7,101**, MNN 164ᵃ/**Tf. 7,100** und 164ᵇ/**Tf. 7,105**).

Material: Fritte.
Motiv: Hieroglyphen oder ihre Nachahmung (MN 143 mit Namen Thutmosis III.).
Entstehungszeit: Frühes 1. Jt. für MN 143? MNN 133 und 164ᵇ könnten nach-hyksoszeitlich oder E-II-zeitliche Nachahmungen sein.
Fundstelle:
Datierung der Fundstelle:
Importiert/lokal: Lokal außer Import? für MNN 164ᵃ.

Unter den 96 bei Woolley erwähnten (?): Literatur: Buchanan - Moorey, Stamp Seals III, 1988, Nr. 17, 20 (MN 57), 21 (MN 782), 23, 24 (MN 37 oder 379), 25-27, 28 (MNN 442), 30, 31 (MN 133), 32 (MN 438), 33 (MN 36), 34 und 35.
Material: Stein (Nr. 17, Nr. 31/MN 133, Nr. 32), Fritte/Fayence (Nr. 20/MN 57, 21/MN782, Nr. 24/ MN 37 oder 379, Nr. 28, 30, 33/MN 36), Nr. 34, 35).
Motiv: Geometrische Muster (Nr. 32, 35), Hieroglyphen (Nr. 24, 30, 34), Beter (Nr. 33), Krieger (Nr. 17), Bes (Nr. 31), Tiere (Nr. 20, 21, 28).
Entstehungszeit: 25.-26. Dyn./7. Jh.: Nr. 20, 21?, 24, 28, 32-35. 6. Jh.: Nr. 17 und Nr. 31 wie Schicht 4 (520-430).
Fundstelle: Nr. 31 aus Schicht 4.
Datierung der Fundstelle:
Importiert/lokal: Lokal außer Nr. 24 und 34, möglich ägyptisch.
Bemerkung: Nr. 32 und 35 wohl späte Nachahmungen Hyksos-zeitlicher Skarabäen. Nr. 30 ist eigentlich eine Perle mit ägypt. Motiv.
Vergleiche: Keel, OBO SA 13, 1997, Aḥzib Nr. 20-22, 28, 38, 52, 53, 130 (8.-6. Jh.) für MN 44, 154, 418 und MNN 117. Aḥzib Nr. 50 (7.-6. Jh.), 100 (10.-7. Jh.) für MNN 114 und Akko Nr. 104 (8.-7. Jh.) für MN 143.

Tell Mumbaqa (Syrien)
Literatur: Nunn, BAR IS 804, 1999, Nr. 249.
Zahl: 1.
Material: Fayence.
Motiv: Hieroglyphen.
Entstehungszeit: SB-Zeit.
Fundstelle: Grab.
Datierung der Fundstelle:
Importiert/lokal: Lokal.

Neirab (Syrien)
Literatur: Nunn, BAR IS 804, 1999, Nr. 268-270.
Zahl: 3.
Material: Fayence (2), Elfenbein (1).
Motiv: Hieroglyphen, Nr. 269 mit Kartusche Thutmosis III.
Entstehungszeit: 6.-5. Jh.
Fundstelle: Grab 5 und "tranchée F".
Datierung der Fundstelle: Spätbabylonisch-Achämenidisch.
Importiert/lokal: Lokal.

Nimrud (Irak)
Literatur: Mallowan, NR II, 1966, 59 Abb. 583 (**Tf. 7,107**).
Zahl: 1.
Material: Elfenbein.
Motiv: Name des Taharqa.
Entstehungszeit: 690-664.
Fundstelle: Fort Salmanassar mit Elfenbeinen.
Datierung der Fundstelle:
Importiert/lokal: Import.

Literatur: Mallowan, NR I, 1966, 258 Nr. 234, S. 259 Nr. 239, S. 303 Nr. 288 (auch Parker, Iraq 24, 1962, 34, ND. 6079).
Zahl: 1 Skarabäus (Nr. 288), 2 Skaraboide.
Material: Stein (2), Fayence (1).
Motiv: Figuren, Tiere, Geometrisch.
Entstehungszeit: 8.-7. Jh. Nr. 234 späte Hyksos-Nachahmung.
Fundstelle: Im Schutt des building DD (Nr. 234), Oberflächenfund im Osten des Ezida (Nr. 239), Grab PG21 (Nr. 288).
Datierung der Fundstelle: Neuassyrisch.
Importiert/lokal: Lokal. Syrische Glyptik.

Literatur: Parker, Iraq 17, 1955, 107 Tf. XVIII,1.
Zahl: 1.
Material: Fayence.
Motiv: Mondstandarte.
Entstehungszeit: 7. Jh.
Fundstelle: Verwaltungsbau.
Datierung der Fundstelle: 7. Jh.
Importiert/lokal: Lokal.
Bemerkung: Parker, op. cit. 119, vier Abdrücke eines ägyptischen Skarabäus und Abdruck eines quadratischen Siegels. Parker, Iraq 24, 1962, Abdruck eines ägyptisierenden Siegels (Horus über Lotosblüte).

Ninive (Irak)
Literatur: Giveon, OBO SA 3, 1985, 166-167 Nr. 1 (**Tf. 7,108**), 2 (**Tf. 7,109**), 3.
Zahl: 3.
Material: Stein.
Motiv: Hieroglyphen, Sphinx.
Entstehungszeit: Spätes NR für Nr. 1-2 und 9.-7. Jh. für Nr. 3.
Fundstelle:
Datierung der Fundstelle:
Importiert/lokal: Lokal.

Literatur: Avigad - Sass, Corpus, 1997, Nr. 796 und 837.
Zahl: 2 Abdrücke.
Material:
Motiv: Aramäische Inschriften, Sphinx, geflügelter Skarabäus.
Entstehungszeit: Um 700.
Fundstelle:
Datierung der Fundstelle:
Importiert/lokal: Lokal.

Pella (Jordanien)
Literatur: Richards, OBO 117, 1992, Nr. 1 (**Tf. 8,110**), 2 (**Tf. 8,111**), 3-4 (**Tf. 8,112**), 5-6 (**Tf. 8,113**), 7-11 (**Tf. 8,114**), 12 (**Tf. 8,115**), 13 (**Tf. 8,116**), 14-28 (**Tf. 8,117**), 29-31 (**Tf. 8,118**), 32-43 (**Tf. 8,119**), 44-55.
Zahl: 55.
Material: Stein (47), Fayence (5 + 1?), Knochen/Elfenbein (1), Holz (1).
Motiv: Hieroglyphen (mit Namen des Pharaos Apophis auf Nr. 1 und des nur von Skarabäen her bekannten Mannes Nabuweserre auf Nr. 2. Die von F. Richards vorgeschlagene Lesung Kamose auf Nr. 3 ist nicht möglich), Figuren, Tiere.
Entstehungszeit: Hyksos-Zeit, 15. Dyn.
Fundstelle: Grab 62.
Datierung der Fundstelle: MB-SB-Zeit.
Importiert/lokal: Lokal palästinisch.

Literatur: Hennessy, ADAJ 25, 1981, 279, 282 Nr. 84.
Zahl: 1.
Material: ?
Motiv: Figur.
Entstehungszeit: Hyksos-Zeit.
Fundstelle: Grab 20.
Datierung der Fundstelle: MB-frühe SB-Zeit.
Importiert/lokal: Lokal.

Literatur: Potts u.a., ADAJ 32, 1988, 148-49 Tf. 24 (**Tf. 8, 120-121**).
Zahl: 4.
Material: Fayence (3), Stein (1).
Motiv: Tiere.
Entstehungszeit: 18. Dyn. für Nr. 4. Ramessidisch für Nr. 1-3.
Fundstelle: Grab 89.
Datierung der Fundstelle: E-I-Zeit.
Importiert/lokal: Lokal.

Literatur: Bourke u.a., ADAJ 38, 1994, 111 Nr. 2-3, 113-14, 120-21.
Zahl: 2.
Material: Stein.
Motiv: Figur, Tier.
Entstehungszeit: Nr. 2: 15. Dyn. (ca. 1500). Nr. 3: Ende 18.-Beginn 19. Dyn. (ca. 1300).
Fundstelle:
Datierung der Fundstelle: SB-II-Kontext für Nr. 2.
Importiert/lokal: Lokal.

Literatur: Smith - Potts, in: McNicoll u.a. (Hg.), Pella in Jordan 2, 1992, 58 und Tf. 40.
Zahl: 1. Kaum erhalten.
Material: Stein.
Motiv:
Entstehungszeit:
Fundstelle: Schacht.
Datierung der Fundstelle:
Importiert/lokal:

Petra (Jordanien)
Literatur: Ward, ADAJ 18, 1973, 45-46.
Zahl: 1.
Material: Stein.
Motiv: Gedenkskarabäus. Hieroglyphen mit Namen Amenophis III.
Entstehungszeit: 14. Jh.
Fundstelle: Kunsthandel.
Datierung der Fundstelle:
Importiert/lokal: Der Verdacht, dass dieser Skrarabäus eine Fälschung sein könnte, ist nicht auszuräumen. Weder passen der Kalkstein noch der magere Duktus.

Literatur: Avigad - Sass, Corpus, 1997, Nr. 1052.
Zahl: 1 Skaraboid.
Material: Stein.
Motiv: Edomitische Inschrift.
Entstehungszeit: 6. Jh.
Fundstelle:
Datierung der Fundstelle:
Importiert/lokal: Lokal.

Qatna (Syrien)
Literatur: du Mesnil du Buisson, Syria 9, 1928, 85-87, Tf. 36, 1 (**Tf. 8,123**), 2.
Zahl: 4, davon 2 ohne Abb.
Material: Stein (2), Fritte (2).
Motiv: Hieroglyphen
Entstehungszeit: Tf. 36, 1: SB- oder frühe E-Zeit. Tf. 36, 2: 8.-7. Jh.
Fundstelle: 2 aus dem Kunsthandel von Homs.
Datierung der Fundstelle:
Importiert/lokal: Lokal.

Sind die 2 nicht abgebildeten Delaporte, Louvre II, 1923, Tf. 103, Nr. 20 (A.1083) (**Tf. 8,122**) und Nr. 32 (A.1094)?
Zahl: 2.
Material: Stein (1) und "terre émaillée" (1).
Motiv: Figur und Hieroglyphen.
Entstehungszeit: 20.-21. Dyn.: A.1094. Eisen-II-Zeit: A.1083.
Fundstelle: Kunsthandel Homs.
Datierung der Fundstelle:
Importiert/lokal: Lokal.

Literatur: du Mesnil du Buisson, Les ruines d'el-Mishrifé, 1927, 49.
Zahl: 1.
Material: Stein.
Motiv: Ohne Gravur.
Entstehungszeit: Hyksos-Zeit oder sogar 12. Dynastie.
Fundstelle:
Datierung der Fundstelle:
Importiert/lokal: Lokal.

Literatur: al-Maqdissi, MDOG 133, 2001, 146 und 152.
Zahl: 1.
Material:
Motiv: Flügelsonne, Uräen, Hieroglyphen.
Entstehungszeit: Hyksos-Zeit (15. Dyn.).
Fundstelle: Grabungsstelle D.
Datierung der Fundstelle: Mittelbronze-II-Zeit.
Importiert/lokal: Lokal palästinisch.

Rašidiya (Libanon)
Literatur: Doumet, Annales d'Histoire et d'Archéologie 1, 1982, 128-29, 162 Nr. 16, 183 Tf. 19 (Nr. 111 = **Tf. 8,124**, Nr. 115 = **Tf. 8,125**).
Zahl: 7.
Material: Fritte (2), Stein (1), Silber (1).
Motiv: Hieroglyphen, Tiere.
Entstehungszeit: Frühe und mittlere 3. Zwischenzeit (1000-800).
Fundstelle: Grab IV.
Datierung der Fundstelle: 1000-600/500 mit Schwerpunkt 8. Jh.
Importiert/lokal: Lokal außer (?) Nr. 118.

Tell Sabi Abyad (Syrien)
Literatur: Akkermans, Subartu IV,2, 1998, 250-51.
Zahl: 1.
Material: Stein.
Motiv: Stier und Hieroglyphen.
Entstehungszeit: SB/19.-20. Dyn.
Fundstellen: Grab.

Datierung der Fundstelle: 12. Jh.
Importiert/lokal: Lokal. Palästinisch.

Sahab (Jordanien)
Literatur: Ibrahim, ZDPV 99, 1983, 45 Abb. 2, 50-51 Abb. 6-7 und Tf. 1 u. 5.
Zahl: 3.
Material: Fayence (2), Stein (1).
Motiv: Figuren.
Entstehungszeit: 20. Dyn. = E-I-Zeit.
Fundstellen: Oberfläche (Abb. 2), Grab der E-I-Zeit (Abb. 6-7).
Datierung der Fundstelle: Grab aus der frühen E-Zeit.
Importiert/lokal: Lokal. Palästinisch.

Sahem (Jordanien)
Literatur: Fischer - Keel, ZDPV 111, 1995, 135-150. S. 148, Abb. 4a = **Tf. 8,126** und S. 150, Abb. 5a = **Tf. 8,127**).
Zahl: 4 und 1 goldene Ringfassung mit Skarabäenspuren.
Material: Ägyptisch Blau (1), glasiert (3), Stein (1).
Motiv: Figuren, Hieroglyphen.
Entstehungszeit: Beginn 13. Dyn. (1750-1700) für Abb. 4a. Frühe 18. Dyn. (SB-I-Zeit) für Abb. 5a. 19. Dyn. (13. Jh.) für Abb. 3a und 6.
Fundstelle: Grab.
Datierung der Fundstelle: SB-II-Zeit.
Importiert/lokal: Lokal.

Tell es-Sa̅ idiya (Jordanien)
Literatur: Pritchard, The Cemetery, 1980, 16, 19, 21-22, 56-57 Abb. 20, S. 58-59 Abb. 21, S. 60-61 Abb. 23, S. 94 Abb. 57,9, S. 95, Abb. 58,7.
Zahl: 9, davon 4 sehr kleine ohne Gravur (Abb. 21, 20-23).
Material: Stein.
Motiv: Hieroglyphen (Grab 117/Abb. 21,18 mit Kartusche Amenophis II.), Tier.
Entstehungszeit: Hyksos-Zeit: Abb. 20,3 (Grab 111). 18. Dyn.: Abb. 21,18 (Grab 117). Ramessidisch (13.-12. Jh.): Abb. 20,1-2 (Grab 102 und 111) und Abb. 23,9 (Grab 118).
Fundstellen: Grab 102, 111 (2), 117 (5), 118.
Datierung der Fundstellen: 13.-12. Jh.
Importiert/lokal: Import?: Abb. 20,1 und 3. Abb. 21,18.
Lokal: Abb. 20,2 und 23,9.

Literatur: Tubb, Levant 20, 1988, 65, 71 Abb. 51 (**Tf. 9,128-133**).
Zahl: 6.
Material: ?
Motiv: Figuren, Tiere, geometrisch.
Entstehungszeit: 13.-12. Jh.
Fundstelle: Grab 65 (Kind).
Datierung der Fundstelle: 13.-12. Jh.
Importiert/lokal: Lokal.

Literatur: Tubb - Dorrell - Cobbing, PEQ 128, 1996, 22.
Zahl: 1.
Material: Fayence.
Motiv:
Entstehungszeit: 13.-12. Jh.
Fundstelle: Grab im Areal BB.
Datierung der Fundstelle: 13.-12. Jh.
Importiert/lokal:

Sarepta (Libanon)
Literatur: Baramki, Berytus 12, 1956-58, 141-42.
Zahl: 1.
Material: Stein.
Motiv: Bes und zwei Figuren.
Entstehungszeit: Frühe E-Zeit.
Fundstelle: Grab.
Datierung der Fundstelle: SB-II-Zeit.
Importiert/lokal: Lokal.

Literatur: Pritchard, Sarepta, 1975, Abb. 58 Nr. 7-8. Nr. 7 =
   auch Pritchard, Sarepta IV, 272 Abb. 17,3 (**Tf. 9, 134**).
Zahl: 2.
Material: Stein.
Motiv: Hieroglyphen (Kartusche Thutmosis III. auf Nr. 7),
   Sphinx.
Entstehungszeit: 9.-8. Jh.
Fundstelle: Raum in Areal II.
Datierung der Fundstelle: Nr. 8 aus level 27-3/Stratum G
   (1350-1275), Nr. 7 aus level 8 (800-300).
Importiert/lokal: Lokal.

Literatur: Pritchard, Sarepta IV, 1988, 73 Nr. 1 und 272, Abb.
   17,1 (**Tf. 9,135**).
Zahl: 1.
Material: ?
Motiv: Figuren, wohl Kartusche Thutmosis III. gemeint.
Entstehungszeit: E-II-Zeit (8.-7. Jh.).
Fundstelle: Areal II-B-6.
Datierung der Fundstelle: Level 23/Stratum D (10.-8. Jh.).
Importiert/lokal: Lokal.
Vergleiche: Keel, OBO SA 13, 1997, Aμzib, Nr. 20-21 (25.-
   26. Dyn., 728-525) und 69 (22. Dyn., 944-713) für die
   Art. s. auch al-Mina. Phönizisch.

Šayḫ Zaynad (Libanon)
Literatur: Brossé - Cap. de la Brassetière - E. Pottier, Syria 7,
   1926, 199.
Zahl: 1 als Ring gefaßt.
Material: ?
Motiv: Kobra.
Entstehungszeit: 7.-5. Jh.
Fundstelle: Grab F.
Datierung der Fundstelle: 7.-5. Jh.
Importiert/lokal: Lokal.

Sidon und Umgebung: Ruweise (Libanon, nahe Kafr Ǧarra,
   3 km im NO von Sidon)
Literatur: Guiges, BMB I, 1937, 69 Abb. 31.
Zahl: 1.
Material: ?
Motiv: Geometrisch.
Entstehungszeit: Hyksos-Zeit (?).
Fundstelle: Grab 15.
Datierung der Fundstelle: MB-Zeit.
Importiert/lokal: Lokal.

Literatur: Guiges, BMB II, 1938, 27 mit Abb. 42, 28-29 mit
   Abb. 44, 40 mit Abb. 65, 49 mit Abb. 72 (**Tf. 9,136**), S.
   52, 57-58 mit Abb. 84-85, S. 63-64.
Zahl: 42, davon 1 Skarabäus ohne Gravur und nicht
   abgebildet (Grab 73).
Material: Stein (25), Fritte (14).

Motiv: Geometr. Muster, Hieroglyphen (Grab 66. Auf **Tf.
   9,136**, oben 3. von links Thronname Sesostris I.).
Entstehungszeit: Grab 66 (Abb. 72) = 13.-frühe 15. Dyn.
   Die anderen Gräber 13.-15. Dyn.
Fundstellen: Grab Nr. 33 (3 Sk. Abb. 42), 43 (2 Sk. Abb.
   44), 62 (4 Sk. Abb. 65), 66 (24 Sk. Abb. 72/**Tf. 9,136**), 73
   (7 Sk. Abb. 84 und 1 nicht abgebildeter Skarabäus). Keine
   Textangaben für Abb. 85 auf S. 58.
Datierung der Fundstellen: MB-II-Zeit.
Importiert/lokal: Lokal (Grab 33, 43, 62, teilweise Grab 66,
   73) außer S. 49 Abb. 72/**Tf. 9,136** in der obersten Reihe
   von links Nr. 8-9, in der zweiten Reihe von links Nr. 6 und
   in der dritten Reihe von links Nr. 5; Außer S. 58 Abb. 85.
   Für D. Ben-Tor sind im Grab 66 alle Skarabäen Importe
   außer Abb. 72/**Tf. 9,136** in der obersten Reihe von links
   Nr. 2, 5 und 7 sowie in der dritten Reihe von links Nr. 4.
   Die Skarabäen des Grabs 73 sind ebenfalls Importe (s. auch
   Aufsatz in diesem Band Anm. 31).
Bemerkung: Die Skarabäen des Grabs 66 sind in Tufnell,
   Berytus 24, 1975-76, 5-25 bearbeitet worden.

Sidon und Umgebung: Qrayé (Libanon, 8 km im SOO von
   Sidon)
Literatur: Guiges, BMB III, 1939, 54 Abb. 2 (**Tf. 9,137**).
Zahl: 15, davon ein Skarabäus ohne Gravur und nicht
   abgebildet.
Material: Stein (14, davon einer als Ring gefaßt), Elfenbein
   (1).
Motiv: Figuren, Tiere, Hieroglyphen (zweimal mit Kartusche
   Thutmosis III.).
Entstehungszeit: 19.-20. Dyn. außer k und l. Abb. 2g ist eine
   Hyksos-Nachahmung.
Fundstelle: Ein Grab.
Datierung der Fundstelle: Durch die Skarabäen (in der
   Publikation auf die Hyksos-Zeit) datiert.
Importiert/lokal: Lokal.

Sidon und Umgebung: Kafr Ǧarra (Libanon, 3 km im NO
   von Sidon)
Literatur: Contenau, Syria 5, 1924, 124-25 und Tf. 34.
Zahl: 4, davon ein Skarabäus, der ohne Gravur und nicht
   abgebildet ist.
Material: Stein.
Motiv: Mann im Wulstsaummantel vor gekröntem Uräus,
   Mann, Hieroglyphen.
Entstehungszeit: Hyksos-Zeit.
Fundstelle: Ein Grab.
Datierung der Fundstelle: SB-Zeit.
Importiert/lokal: Lokal.
Anmerkung: Für Tf. 34a, vgl. Schroer, OBO 67, 1985, 80
   Abb. 39.

Sidon und Umgebung: ʿAin al-Ḥilwa (Libanon, 3,5 km im
   SO von Sidon)
Literatur: Torrey, AASOR 1, 1920, 25 und 27 Abb. 23, untere
   Reihe.
Zahl: 2.
Material: Fayence.
Motiv: ?
Entstehungszeit: Wohl 1. Jt.
Fundstelle: Grab I west und K west.

Datierung der Fundstelle:
Importiert/lokal: Lokal.

Sidon und Umgebung: Hilālia (Libanon, 2 km im W von Sidon)
Literatur: Nunn, OBO SA 18, 2000, Tf. 44,25.
Zahl: 1.
Material: Stein.
Motiv: Frau und Göttin.
Entstehungszeit: 5.-4. Jh.
Fundstelle: Grab.
Datierung der Fundstelle:
Importiert/lokal: Lokal phönizisch.

Sidon und Umgebung (Libanon)
Literatur: Renan, Mission de Phénicie, 1864, 490, Nr. 1 (**Tf. 10,140**), Nr. 5 (Zeichnung auf **Tf. 10,138**) = Delaporte, Louvre I, 1920, Tf. 57, Nr. 22/R.6 (Foto auf **Tf. 10,138**), Nr. 6 (Zeichnung auf **Tf. 10,139**) = Delaporte, op. cit. Nr. 26/R.5 (Foto auf **Tf. 10,139**).
Zahl: 3.
Material: Glasierter Ton (2).
Motiv: Hieroglyphen (Kartusche Thutmosis III auf Nr. 5).
Entstehungszeit: Wahrscheinlich frühes 1. Jt.
Fundstellen: Wohl Gräber.
Datierung der Fundstelle:
Importiert/lokal: Lokal.

Sidon und Umgebung: Bustān aš-Šayḫ (Libanon, 3 km im NO von Sidon)
Literatur: Nunn, OBO SA 18, 2000, 90 und 117, Nr. 42.
Zahl: 1.
Material: ?
Motiv: Bes.
Entstehungszeit: 6.-5. Jh.
Fundstelle:
Datierung der Fundstelle:
Importiert/lokal: Lokal phönizisch.

Sidon (Libanon)
Literatur: de Ridder, de Clercq VII, Nr. 2499 (Tf. XVI).
Zahl: 1.
Material: Stein.
Motiv: Löwe.
Entstehungszeit: 7.-6. Jh.
Fundstellen: Kunsthandel.
Datierung der Fundstelle:
Importiert/lokal: Lokal phönizisch.

Tell Sūkās (Syrien)
Literatur: Buhl, Sūkās VII, 1983, 86-88 und Tf. 26 Nr. 529-42.
Zahl: 13 und ein Abdruck.
Material: Stein (9), Fayence/Fritte (2), Glas (1).
Motiv: Figuren, Tiere, Hieroglyphen (Nr. 532 mit Kartusche Thutmosis III.), Flechtband.
Entstehungszeit: Hyksos-Zeit für Nr. 529-31. Ramessidisch für Nr. 532-33. 9.-7. Jh. für Nr. 539-41. 7.-4. Jh. für Nr. 534-38, 542.
Fundstelle: Nr. 529, 537 nahe Altar. Nr. 540, 542 Raum im "Complex IX". Nr. 541 in einem Bau.

Datierung der Fundstelle:
Importiert/lokal: Lokal.

Tabbat al-Hammam (Syrien)
Literatur: Braidwood, Syria 21, 1940, 193.
Zahl: 1.
Material: ?
Motiv: Hieroglyphen mit Kartusche Thutmosis III.
Entstehungszeit: E-I-Zeit.
Fundstelle: "Iron Age deposits".
Datierung der Fundstelle:
Importiert/lokal: Lokal.

Tartus (Syrien)
Literatur: Giveon, OBO SA 3, 1985, 174-175, Nr. 103256.
Zahl: 1.
Material: Stein.
Motiv: Figuren.
Entstehungszeit: 6. Jh.
Fundstelle: Kunsthandel.
Datierung der Fundstelle:
Importiert/lokal: Lokal.

Literatur: de Ridder, de Clercq VII, Tf. XVI Nr. 2459, 2460, 2467, 2474, 2504 (auch Bordreuil, Catalogue, 1986, Nr. 25), 2507 (auch Nunn, OBO SA 18, 2000, Tf. 48,73). Tf. XVII Nr. 2548 (13-15. Dyn.), 2570, 2590 (Nunn, op. cit. Tf. 47,70), 2592, 2593, 2594. Tf. XVIII, Nr. 2655, 2715, 2727 (Nunn, op. cit. Tf. 44,21), 2636 (Nunn, op. cit. Tf. 43,9), 2641 (Nunn, op. cit. Tf. 43,16), 2727, 2736, 2741, 2768 (Nunn, op. cit. Tf. 45,36). Tf. XIX, Nr. 2809 (Nunn, op. cit. Tf. 57,171), 2817 (Nunn, op. cit. Tf. 57,177). Tf. XX, Nr. 2872 (Nunn, op. cit. Tf. 57,183), 2873 (Nunn, op. cit. Tf. 57,182).
Nicht abgebildet Nr. 2480, 2527 (Nunn, op. cit. Nr. 53), 2538, 2638, 2654, 2672, 2682, 2708 (Nunn, op. cit. Nr. 66). Auch Nunn, op. cit. Tf. 48,80 und Tf. 57,169.
Zahl: 32.
Material: Stein (24), Fritte (8).
Motiv: Horus, Isis, Nephtys, Bes, Hermes, Athena, Herakles, Menschen, Tiere, Meeresgreis, Greife, Hieroglyphen.
Entstehungszeit: Fast alle 8.-5. Jh.
Fundstelle: Kunsthandel.
Datierung der Fundstelle:
Importiert/lokal: Lokal phönizisch außer Nunn, op. cit. Tf. 57,169, 171, 175, 177, 182-183 aus Ostgriechenland.

Literatur: Buchanan - Moorey, Ashmolean III, 1988, Nr. 151, 278 und 287.
Zahl: 2 und 1 Skaraboid (Nr. 278).
Material: Stein.
Motiv: Gallopierendes Pferd, Uräen und Greif.
Entstehungszeit: 8. Jh.
Fundstelle: Kunsthandel.
Datierung der Fundstelle:
Importiert/lokal: Lokal.

Tawilan (Jordanien)
Literatur: Bennett, Levant 3, 1921, VI-VII.
Zahl: 1.
Material: ?
Motiv: Mondstandarte.

Entstehungszeit: 8.-7. Jh.
Fundstelle: Raum in Areal III.
Datierung der Fundstelle:
Importiert/lokal: Lokal.

Tello (Irak)
Literatur: Bordreuil, Catalogue, 1986, Nr. 61 = Avigad - Sass,
    Corpus, 1997, Nr. 1020.
Zahl: 1 Skaraboid.
Material: Stein.
Motiv: Vierflügeliger Mensch. Moabitische Inschrift "Baal-
    natan".
Entstehungszeit: Um 750.
Fundstelle:
Datierung der Fundstelle:
Importiert/lokal: Lokal moabitisch.

Terqa (Syrien)
Literatur: Rouault, Subartu IV,1, 1998, 316 und Akkadica
    122, 2001, 11.
Zahl: Mehrere.
Material: Fritte.
Motiv:
Entstehungszeit: 16. Jh./18. Dyn.
Fundstelle: Über Grab in Raum eines großen Gebäudes
    (chantier E).
Datierung der Fundstelle: Um 1550.
Importiert/lokal: Lokal palästinisch?
Anm.: Rouault, op. cit. 316 Anm. 15: Fund hyksoszeitlicher
    (also älterer) Skarabäen im Ninkarrak Tempel.

Tripolis (Libanon)
Literatur: Giveon, OBO SA 3, 1985, 172-173 Nr. 1.
Zahl: 1.
Material: Stein.
Motiv: Hieroglyphe und Spirale.
Entstehungszeit: 13. Dyn.
Fundstelle:
Datierung der Fundstelle:
Importiert/lokal: Import.

Tyros (Libanon)
Literatur: Ward, in: Bikai, The Pottery of Tyre, 1978, 85-86,
    Tf. 14 Nr. 18, Tf. 21 Nr. 3 (**Tf. 10,142**), 4 (**Tf. 10, 146**), Tf.
    45A-B Nr. 47 (**Tf. 10,143**), 48 (**Tf. 10,145**), 49 (**Tf. 10,141**),
    50 (**Tf. 10,144**), Tf. 85 Nr. 2-6, 8 und 15.
Zahl: 7.
Material: Stein (6), Kompositmaterial (1).
Motiv: Hieroglyphen (Tf. 21,3 und 45,47 mit Namen
    Thutmosis III.), Figuren, Tiere, Striche.
Entstehungszeit: Spät-Hyksos oder Beginn NR für Tf. 45,49.
    18. Dyn. für Tf. 21,3 und? für Tf. 45,47. 19. Dyn. (13. Jh.)
    für Tf. 45,48 und 50. E-II-Zeit für Tf. 21,4 und
    wahrscheinlich Tf. 14,18.
Fundstelle: Sondage.
Datierung der Fundstelle:
Importiert/lokal: Lokal außer Import? für Tf. 21,3 und Tf.
    45,50.

Literatur: Chéhab, BMB 34, 1984, 161 Nr. 1-2, BMB 35,
    1985, 714 Nr. 3, BMB 36, 1986, 192 und Tf. 16, Nr. 1-3.

Zahl: 2, davon Nr. 3 ohne Gravur.
Material: Stein und Knochen.
Motiv: Hieroglyphen.
Entstehungszeit: Ramessidisch/E-Zeit.
Fundstelle: Gräber.
Datierung der Fundstelle: Römisch.
Importiert/lokal: Lokal.

Literatur: Ward, Berytus 39, 1991, 89-97, Nr. 1-11.
Zahl: 11, davon Gravur von Nr. 7 zerstört.
Material: Stein (8), Gips (2), Fritte (1).
Motiv: Figuren, geom. Muster, Hieroglyphen (Nr. 9 mit
    Kartusche Thutmosis III.).
Entstehungszeit: Späte Hyksos-Zeit für Nr. 1. 18. Dyn. für
    Nr. 3-4. Ramessidisch für Nr. 5-10. Mitte des 9. Jhs. für
    Nr. 11. 7.-6. Jh. für Nr. 2.
Fundstelle: Tophet.
Datierung der Fundstelle: E-II-Zeit.
Importiert/lokal: Lokal.

Literatur: Feghali Gorton, Egyptian and Egyptianizing
    Scarabs, 1996, 13 Nr. 4 und 35 Nr. 8 (beide ohne Abb.).
Zahl: 2.
Material: ?
Motiv: Hieroglyphen.
Entstehungszeit: 8. Jh.?
Fundstelle:
Datierung der Fundstelle:
Importiert/lokal: Lokal.

Literatur: de Ridder, de Clercq VII, Tf. XVI, Nr. 2514 (auch,
    Bordreuil, Catalogue, 1986, Nr. 24). Tf. XVIII, Nr. 2753
    (auch Nunn, OBO SA 18, 2000, Tf. 44,26), 2756
    (Bordreuil, op. cit. Nr. 26). Tf. XIX, Nr. 2808 (Nunn, op.
    cit. 57,172), 2822 (Nunn, op. cit. Tf. 57,175). Nunn, op.
    cit. Tf. 45,35, 47,68 und 48,79.
Zahl: 6 und 1 Skaraboid.
Material: Stein (6), Fayence (1).
Motiv: Gott, Bes, Sphinx, Löwe, Herakles, Skarabäus.
Entstehungszeit: 7.-5. Jh.
Fundstelle: Kunsthandel Tyros.
Datierung der Fundstelle:
Importiert/lokal: Lokal außer dem Import aus Ostgriechen-
    land Tf. 57,172.

Ugarit/Minet el-Beida (Syrien)
Literatur: Schaeffer, The Cuneiform Texts, 1980, Tf. V und
    Keel, in: Westenholz (Hg.), 1995, 110 Abb. 30.
Zahl: 1.
Material: ?
Motiv: Grüßender Mann, Pseudohieroglyphen
Entstehungszeit: Wohl 13. Dyn.
Fundstelle:
Datierung der Fundstelle:
Importiert/lokal: Lokal palästinisch.

Literatur: Schaeffer, Syria 13, 1932, 17 und Tf. 11,2.
Zahl: 6.
Material: ?
Motiv: Hieroglyphen, Figuren.
Entstehungszeit: Späte Hyksos-Zeit/15. Dyn.
Fundstelle: Aus der Nekropole, mindestens ein Skarabäus
    aus dem Grab 83.

Datierung der Fundstelle: SB-Zeit.
Importiert/lokal: Lokal palästinisch.

Literatur: Schaeffer, Syria 19, 1938, 215 = Ugaritica I, 1939, 69-70 mit Abb. 59, und S. 76 mit Abb. 67. Der Skarabäus auf Abb. 59 unten rechts ist auch im Ausstellungskatalog, Syrie. Mémoire et Civilisation, Paris 1993, 238 Nr. 202 (mit falscher RS-Nummer) abgebildet.
Zahl: 9, davon zwei als Ring gefaßt.
Material: ?
Motiv: Hieroglyphen (Namen Amenophis III. auf 9441 und 9113^A), Figuren, geom. Muster.
Entstehungszeit: Hyksos-Zeit: 7407, 9443, 9569, 9710, 9871 und Abb. 67. 18. Dyn.: 9441 und 9113^A. NR: 9442, 9440?
Fundstellen: Gräber 42 (9113^A), 53 (9440, 9441, 9442, 9443), 54 (9569), 56 (9710), 57 (9871) und 65 (7407).
Datierung der Fundstelle: SB-Zeit.
Importiert/lokal: Lokal außer Abb. 67 (7407).

Literatur: Schaeffer, Ugaritica I, 1939, 126-128.
Zahl: 6.
Material: ?
Motiv: Hieroglyphen.
Entstehungszeit: Hyksos-Zeit.
Fundstelle: Tempeldepot.
Datierung der Fundstelle: 17.-16. Jh.
Importiert/lokal: Lokal palästinisch.

Literatur: Kuschke, Ugaritica IV, 1962, Tf. 17,1-2.
Zahl: 2.
Material: ?
Motiv:
Entstehungszeit: Hyksos-Zeit.
Fundstelle: Grab.
Datierung der Fundstelle:
Importiert/lokal: Importiert.

Literatur: Bordreuil - Pardee, RSO V, 1989, 41 (RS 6. 071), 45 (RS 8.015), 49 (RS 9.164), 50 (RS 9.464, 9.466 mit Abb. 17c S. 51), 80 (RS 14.248), 101 (RS 16.094 mit Abb. 28d S. 122), 133 (RS 17.166), 285 (RS 22. 258), 293 (R S 23.018), 299 (RS 24.047, 24.159, 24. 228), 305 (RS 24.369), 315 (RS 25.190, 25.191, 25.192, 25.250), 326 (RS 26.051), 328 (RS 26.[500]), 336 (RS 29.107), 337 (RS 29.120).
Zahl: 22.
Material: ?
Motiv: Hieroglyphen (Name Thutmosis IV. auf RS 9. 466. Name Amenophis III. auf RS 14.248, RS 16.094 und RS 26.[500]).
Entstehungszeit: Wenn bekannt 14. Jh.
Fundstelle: Sud Acropole (6), Acropole (2), Ville Basse Ouest (2), Palais Royal/Hof III (1) und IV (1), Bute NO Tell (2), quartier résidentiel (3), ville sud/maison (3), gräko-persischer Sarkophag (1), Oberfläche (1).
Datierung der Fundstelle: SB-Zeit.
Importiert/lokal:
Bemerkung: S. 51 RS 9.466 im Ausstellungskatalog: Syrie. Mémoire et Civilisation, Paris 1993, 238 Nr. 200 abgebildet. S. 49, RS 9.145 = Nunn, BAR IS 804, 1999, Nr. 256.

Literatur: Nunn, BAR IS 804, 1999, Nr. 250 (**Tf. 10, 150**), 251-254 (**Tf. 10,147**), 255-259 (**Tf. 10,148**), 260-261 (**Tf. 10,149**), 290-294, 302, 304.

Zahl: 19, davon Nr. 261 aus Minet al-Beidha.
Material: Elfenbein (7), Stein (6), Fayence (5), Bitumen (1).
Motiv: Hieroglyphen (Nr. 254 mit Kartusche Thutmosis III., Nr. 252 mit Kartusche und Nr. 257 mit Namen Amenophis III.), Figuren, geom. Muster, Tiere.
Entstehungszeit: 14.-13. Jh.: Nr. 250-258, 261, 290. 13.-12. Jh.: Nr. 259-260. SB-Zeit: Nr. 291-294. 8.-7. Jh.: Nr. 302, 304.
Fundstelle: Nr. 252 aus "tranchée 808 sud".
Datierung der Fundstelle:
Importiert/lokal: Lokal außer Import: Nr. 252 und 255. Import?: 253.
Bemerkung: Nr. 259-261 sind wohl nachgeahmte und daher jüngere Hyksos-Motive.

Literatur: Matoïan, Orient-Express 2000/3, 62 Abb. 1.
Zahl: 1.
Material: Fayence.
Motiv: Striche.
Entstehungszeit: SB-Zeit.
Fundstelle: Wahrscheinlich Acropole.
Datierung der Fundstelle:
Importiert/lokal: Lokal.

Literatur: Stucky, BAH 110, 1983, 63 Nr. 5 und Tf. 27, 1-2, 4.
Zahl: 4.
Material: Stein.
Motiv: Herakles?, Krieger, Bes.
Entstehungszeit: 6.-5. Jh.
Fundstelle: Sarkophag 3 (Tf. 27,1), Tell (Tf. 27,2), Haus I (Tf. 27,4).
Datierung der Fundstelle: Achämenidisch.
Importiert/lokal: Lokal.

Tell el-Umeiri (Jordanien)
Literatur: Geraty u.a., ADAJ 33, 1989, 165 und Tf. 21,3. Redford, in: Herr u.a. (Hg.), 1991, 379-380.
Zahl: 1 Abdruck.
Material:
Motiv: Kartusche mit Namen Thutmosis III.
Entstehungszeit: Ramessidisch.
Fundstelle:
Datierung der Fundstelle:
Importiert/lokal: Import.

Literatur: Avigad - Sass, Corpus, 1997, Nr. 860.
Zahl: 1 Abdruck.
Material:
Motiv: Ammonitische Inschrift.
Entstehungszeit: Beginn 6. Jh.
Fundstelle:
Datierung der Fundstelle:
Importiert/lokal: Lokal.

Literatur: Avigad - Sass, Corpus, 1997, Nr. 886.
Zahl: 2 Skaraboide.
Material: Stein.
Motiv: Ammonitische Inschrift.
Entstehungszeit: 7. Jh.
Fundstelle: Field A, Oberfläche und Field F, Phase 6.
Datierung der Fundstelle:
Importiert/lokal: Lokal.

Umm el-Biyara (Jordanien)
Literatur: Avigad - Sass, Corpus, 1997, Nr. 1049.
Zahl: 1 Abdruck.
Material:
Motiv: Sphinx und edomitische Inschrift.
Entstehungszeit: 7. Jh.
Fundstelle:
Datierung der Fundstelle:
Importiert/lokal: Lokal.

Ur (Irak)
Literatur: Woolley, UE VIII, 1965, 37, 88, 106.
Zahl: 1 goldene Skarabäenfassung (Skarabäus fehlt) und
    mehrere Skaraboide. Keine Abbildungen.
Material: Fritte.
Motiv:
Entstehungszeit: SB-Zeit.
Fundstelle: "Kassite Building-Temple", Grab Nr. 29.
Datierung der Fundstelle: Kassitisch.
Importiert/lokal:

Literatur: Woolley, UE IX, 1962, 108-09, 117-19 und Tf. 30.
Zahl: 5 Skaraboide (U. 494, U. 526, U. 15807, U. 16209, U.
    16805), 4 Skarabäen (U. 495, U. 15493, U. 15706, U.
    16213). U. 3340 ist ein Model.
Material: Stein (6), Fritte (3).
Motiv: Hieroglyphen, Figuren, Tiere. Moabitische Inschrift
    auf U. 526 (= Avigad - Sass, Corpus, 1997, Nr. 1034).
    Ammonitische Inschrift auf U. 16805 (= Avigad - Sass,
    op. cit. Nr. 975).
Entstehungszeit: E-II-Zeit.
Fundstelle: Grab p. 54 (S. 71, U. 16805), p. 118 (S. 74, U.
    15807), p. 132 (S. 75, U. 16213), p. 211 (S. 81, U. 15706),
    p. 217 (S. 82, U. 15493), p. 129 (S. 75, U. 16209), p. 274
    (S. 86, U. 15191). É-nun-maḫ Tempel, Raum 10, über dem
    persischen Boden für U. 526.
Datierung der Fundstelle: Achämenidisch.
Importiert/lokal: Lokal.
Bemerkung: Im Text des Bands UE IX, werden auf den Seiten
    58-130 insgesamt 8 Skarabäen und 58 Skaraboide und eine
    weitere unbestimmte Zahl erwähnt. Davon sind nur 10,
    ohne Rückseite, abgebildet.

Literatur: Legrain, UE X, 1951, 47 und Tf. 38, Nr. 684, 686
    (auch Woolley, UE IX, Tf. 30 U. 497), 687 (auch Woolley,
    UE IX, Tf. 30 U. 496), 688-700 (**Tf. 10,151**).
Zahl: 16.
Material: Fritte (14), Stein (1).
Motiv: Hieroglyphen, Figuren, Tiere, Striche.
Entstehungszeit: E-II-Zeit.
Fundstellen: AH. Larsa-Grab 216 oder nach Woolley, UE
    IX, 71 Grab p. 59 für Nr. U. 689 (= U. 16783A); NT. Grab
    30/3 oder nach Woolley, UE IX, 74 Grab p. 120 für Nr. U.
    684 (U. 16113); E-nun-maḫ Raum 5, über dem Pflaster
    Nebukadnezars und unter dem persischen Pflaster für Nr.
    U. 686, 687. Nach Woolley, UE IX, S. 71 Grab p. 55 für
    U. 694-698.
Datierung der Fundstelle: Die Angaben in UE X sind wohl
    falsch. Nach UE IX neubabylonisch und achämenidisch.
Importiert/lokal: Lokal.
Bemerkung: Der Vergleich der Objektfotos in Legrain, UE
    X, Tf. 38, Nr. 686 = und 687 mit den in Woolley, UE IX,

Tf. 30 publizierten Zeichnungen derselben Siegel (= jeweils
U. 497 und U. 496) zeigt, dass die Zeichungen sehr ungenau
sind.

Literatur: Giveon, OBO SA 13, 1985, 170-171 Nr. 1-2.
Zahl: 2.
Material: Stein.
Motiv: Hieroglyphen, Figur.
Entstehungszeit: E-II-Zeit.
Fundstellen:
Datierung der Fundstelle:
Importiert/lokal: Lokal.

Uruk (Irak)
Literatur: Heinrich, UVB 6, 1935, 24, Abb. 6 und Tf. 18.
Zahl: 1.
Material: ?
Motiv: Bastet.
Entstehungszeit: 18.-19. Dynastie.
Fundstelle: Schutt neben Eanna-Zikkurat in Sammelfund von
    Siegeln und Perlen.
Datierung der Fundstelle: Kassitisch.
Importiert/lokal: Importiert.

Literatur: Boehmer - Pedde - Salje, AUWE 10, 1995, 94 und
    Tf. 127 (Grab 332), S. 119 und Tf. 171 (Grab 464), S. 122
    und Tf. 176 (Grab 482), S. 187 und Tf. 258 (Grab 660).
Zahl: 6.
Material: Stein (2), Fritte (2).
Motiv: Hieroglyphen (krytographische Schreibung für
    Amun-Re), Figur, Tier.
Entstehungszeit: E-II-Zeit.
Fundstelle: Gräber.
Datierung der Fundstelle: Neu-spätbabylonisch (Grab 332,
    464, 482), parthisch (Grab 660).
Importiert/lokal: Lokal phönizisch.

Yabrud (Syrien)
Literatur: Abu Assaf, AAS 17, 1967, 66, 121-122 und Tf. 6.
Zahl: 1.
Material: Fayence.
Motiv: Hieroglyphen.
Entstehungszeit: ?
Fundstelle: Grab der Hama J-Zeit (2400-1900).
Datierung der Fundstelle: MB-Zeit.
Importiert/lokal: Lokal.

Wadi Fidan 40 Gräberfeld (Jordanien)
Literatur: Levy u.a., Levant 31, 1999, 299 Abb. 6, 301.
Zahl: 1.
Material: ?
Motiv: Hieroglyphen.
Entstehungszeit: Hyksos-Zeit/MB-Zeit.
Fundstelle: Grab 92, um den Hals einer erwachsenen Frau.
Datierung der Fundstelle: E-I-Zeit.
Importiert/lokal: Lokal.

Zincirli (Türkei)
Literatur: v. Luschan, Sendschirli V, 1943, 160 und Tf. 38b,
    h (auch Rost, Die Stempelsiegel, 1997, Nr. 138, **Tf. 10,152**),
    i (**Tf. 10,153**), k (Rost, op. cit. Nr. 173, **Tf. 10, 154**), n
    (Rost, op. cit. Nr. 112).

Zahl: 4, davon 1 Skaraboid (Tf. 38k, s. Anm. 6 in diesem Aufsatz). Tf. 38b ist ein Abdruck des Königs Barrakib (Avigad - Sass, Corpus, 1997, Nr. 750).
Material: Fritte (2), Stein (2), Glas? (1).
Motiv: Hieroglyphen, Tiere, geometrische Muster.
Entstehungszeit: Kopie des Hyksos-Stils für Tf. 38h. Für alle E-II-Zeit.
Fundstelle:
Datierung der Fundstelle:
Importiert/lokal: Lokal.

C: Skarabäen aus dem Kunsthandel (Auswahl)

I: Syrien

Buchanan - Moorey, Ashmolean III, Nr. 126, 130, 141, 146, 148, 150, 152, 288, 289.
Nunn, BAR IS 804, Nr. 271-274, 276-289, 295-303, 305-309.
Nunn, OBO SA 18, Tf. 43,18, 44,20, 45,39, 45,46, 48,75, 48,78, 48,82.

II: Libanon/Phönizien

Nunn, op. cit., Tf. 43,4 und 44,24 (Abdrücke), 45,41, 43,53, 47,62.

III: Westvorderasien

de Ridder, de Clercq VII, Tf. XVI: Nr. 2461, 2462, 2464, 2466, 2469, 2473, 2475, 2476, 2495-98, 2500, 2504, 2508 (auch Bordreuil, Catalogue, 1986, Nr. 15), 2510 (Bordreuil, op. cit. Nr. 17), 2511.
Tf. XVII: Nr. 2524 (auch Nunn, OBO SA 18, Tf. 46,51), 2541, 2545-2547 (Name Seti I.), 2563, 2564, 2566, 2574, 2576, 2598-2599.
Tf. XVIII: Nr. 2613, 2616-2617, 2639, 2705, 2706 (Nunn, op. cit. Tf. 47,61), 2713, 2714, 2726, 2730, 2734 (Nunn, op. cit. Tf. 43,7), 2735 (Nunn, op. cit. Tf. 43,11), 2730 (Nunn, op. cit. Nr. 13b), 2742, 2744, 2746, 2754-2755, 2758-2760, 2766, 2769, 2776-2778, 2782-2783.
Tf. XIX: Nr. 2789, 2791, 2801-2802, 2807, 2812-2813, 2819, 2821.
Bei de Ridder, de Clercq VII nicht abgebildet: Nr. 2470, 2471, 2478, 2484, 2526, 2528, 2530-2532 (alle 3 mit Kartusche Thutmosis III.), 2533, 2534, 2535-2540 (alle 6 mit Kartusche Thutmosis III.), 2542-2543, 2549, 2550-2553, 2555-2557, 2560, 2572, 2579-2587, 2596-2597, 2601-2604, 2607, 2614-2615, 2618-2637, 2640-2653, 2656, 2659-2660, 2662-2671, 2673-2679, 2681-2686, 2688-2704, 2707, 2709-2712, 2716-2725, 2728, 2732, 2737, 2743, 2747-2748, 2761-2763, 2765, 2771, 2773-2774, 2786-2787, 2816.
66 abgebildete und 155 nicht abgebildete Siegel = 221. Zeit: v.a. 8.-5. Jh.
de Clercq II, Tf. 7,55 bis (auch Nunn, OBO SA 18, Tf. 46,52). 1 Siegel. 6. Jh.

Delaporte, Aréthuse 5/2, 1928, Tf. 7-9.
Keel-Leu, OBO 110, 1991, Nr. 103-105, 107, 109-114. 10 Skarabäen. 9.-5. Jh.
Boardman, OJA 15/3, 1996.
Gubel, BAALIM VII, Syria 76, 1999, 260-272.
Nunn, OBO SA 18, Tf. 44,23, 44,28, Nr. 35, Tf. 47,69, 48,72, 48,74, 49,89, Nr. 103, Tf. 51,103, Nr. 119, Tf. 53,124-126, Nr. 137. 14 Siegel. 6.-5. Jh.

IV: Jordanien

Nunn, op. cit. Tf. 43,12. 1. Siegel. 6. Jh.
Für die eisen-II-zeitlichen Schriftsiegel seien nur Bordreuil, Catalogue, 1986, Avigad - Sass, Corpus, 1997 und Deutsch - Lemaire, Biblical Period Personal Seals, 2000, genannt.

V: Irak

Bordreuil, Catalogue, 1986, Nr. 106 (?).
Rost, Die Stempelsiegel, 1997, Nr. 466.

D: Bibliographie

P. M. Akkermans, Seals and Seal Impressions from Middle Assyrian Tell Sabi Abyad, Syria, in: M. Lebeau (Hg.), À propos de Subartu. Études consacrées à la Haute Mésopotamie, Subartu IV,2, 1998, 243-258.

P. Albenda, The Palace of Sargon King of Assyria. Le palais de Sargon d'Assyrie, Paris 1986.

'A. Abū 'Assāf, Der Friedhof von Yabrud, AAS 17, 1967, 55-68.

Ders., Die Kleinfunde aus 'Ain Dārā, DaM 9, 1996, 47-111.

P. Amiet, Corpus des cylindres de Ras Shamra-Ougarit II. Sceaux-cylindres en hématite et pierres diverses, Ras Shamra-Ougarit IX, Paris 1992.

N. Avigad - B. Sass, Corpus of West-Semitic Stamp Seals, Jerusalem 1997.

L. Badre u.a., Tell Kazel (Syrie). Rapport préliminaire sur les 4e-8e campagnes de fouilles, Syria 71, 1994, 259-346.

D. Baramki, A Late Bronze Age Tomb at Sarafand, Ancient Sarepta, Berytus 12, 1956-58, 129-142.

C. Bennett, A Brief Note on Excavations at Tawilan, Jordan 1968-1970, Levant 3, 1971, V-VII.

D. Ben-Tor, The Relations between Egypt and Palestine in the Middle Kingdom as Reflected by Contemporary Canaanite Scarabs, IEJ 47, 1997, 162-189.

Dies., The Absolute Date of the Montet Jar Scarabs, in: L. H. Lesko (Hg.), Ancient Egyptian and Mediterranean Studies in Memory of William A. Ward, Providence, 1998, 1-17.

D. Beyer, Du moyen-Euphrate au Luristan: baguescachets de la fin du deuxième millénaire, MARI 1, 1982, 169-189.

M. Bietak (Hg.), Akten des Zweiten Internationalen Kolloquiums über Absolute Chronologie. Langenlois 1990, ÄL 3, 1992.

J. Boardman, Some Syrian Glyptic, OJA 15/3, 1996, 327-340.

R.M. Boehmer - F. Pedde - B. Salje, Uruk. Die Gräber, AUWE 10, 1995.

D. Bonatz - H. Kühne - A. Mahmoud, Rivers and Steppes. Catalogue to the Museum of Deir ez-Zor, Damaskus 1998.

P. Bordreuil, Catalogue des sceaux ouestsémitiques inscrits de la Bibliothèque Nationale, du Musée du Louvre et du Musée biblique de Bible et Terre Sainte, Paris 1986.

P. Bordreuil - D. Pardee, La trouvaille épigraphique de l'Ougarit. 1. Concordance, RSO V, 1989.

A. Bounni u.a., Rapport préliminaire sur la deuxième campagne de fouilles (1976) à Ibn Hani (Syrie), Syria 55, 1978, 233-301.

A. Bounni - E. und J. Lagarce, Ras Ibn Hani, I. Le Palais Nord du Bronze Récent. Fouilles 1979-1995, synthèse préliminaire, BAH 151, 1998.

S.J. Bourke u.a., Preliminary Report of the University of Sydney's Fourteenth Season of Excavations at Pella in 1992, ADAJ 38, 1994, 81-126.

R. Braidwood, Report on two Sondages on the Coast of Syria, South of Tartous, Syria 21, 1940, 183-221.

C.-L. Brossé - Cap. de la Brassetière - E. Pottier, La nécropole de Cheikh Zenad, Syria 7, 1926, 193-126.

B. Buchanan - P. Moorey, Catalogue of Ancient Near Eastern Seals in the Ashmolean Museum III: The Iron Age Stamp Seals (c. 1200-350 BC), Oxford 1988.

M.-L. Buhl, Hama II/2: Les objets de la période dite syro-hittite (âge du fer), Kopenhagen 1990.

Dies., Sūkās VII. The Near Eastern Pottery and Objects of Other Materials from the Upper Strata, Kopenhagen 1983.

M. Chéhab, Fouilles de Tyr. La nécropole II, III und IV: Description des fouilles, BMB 34, 1984, BMB 35, 1985 und BMB 36, 1986.

V.A. Clark, Archaeological Investigations at two Burial Cairns in the Ḥarra Region of Jordan, ADAJ 25, 1981, 235-257.

D. Collon, The Green Jasper Seal Workshop Revisited, Archaeology and History in Libanon (bis dahin National Museum News) 13, 2001, 16-24.

G. Contenau, La glyptique Syro-Hittite, BAH 2, 1922.

Ders., Deuxième mission archéologique à Sidon (1920), Syria 5, 1924, 123-134.

P. Courbin, Rapport sur la sixième campagne de fouilles (1976) à Ras El Bassit, AAS 27-28, 29-40.

W. Culican, A Phoenician Seal from Khaldeh, Levant 6, 1974, 195-198.

P.M. Daviau, Preliminary Report of the Third Season of Excavations at Tell Jawa, ADAJ 37, 1993, 325-340.

L. de Clercq, Collection de Clercq. Catalogue méthodique et raisonné II: Antiquités assyriennes, cylindres orientaux, cachets, bronze, bas-reliefs, etc., Paris 1903.

L. Delaporte, Catalogue des Cylindres, cachets et pierres gravées de style oriental, Musée du Louvre I: Fouilles et missions, Paris 1920. II: Acquisitions, Paris 1923.

Ders., Cachets orientaux de la collection de Luynes, Aréthuse 5/2, 1928, 41-65.

A. de Ridder, Collection de Clercq VII, 2: les pierres gravées, Paris 1911.

R. Deutsch - A. Lemaire, Biblical Period Personal Seals in the Shlomo Moussaieff Collection, Tel Aviv 2000.

C. Doumet, Les tombes IV et V de Rachidieh, Annales d'Histoire et d'Archéologie 1, Beirut 1982, 89-135, 141-186.

R. du Mesnil du Buisson, Les ruines d'el-Mishrifé, Paris 1927.

Ders., L'ancienne Qatna ou les ruines d'El-Mishrifé, Syria 9, 1928, 81-89.

Ders., Une campagne de fouilles à Khan Sheikhoun, Syria 13, 1932, 171-188.

M. Dunand, FdB I = Fouilles de Byblos I, 1926-1932, Paris 1939.

Ders., FdB II = Fouilles de Byblos II, 1933-1938, Paris 1954.

Ders., Rapport préliminaire sur les fouilles de Byblos en 1962, BMB 17, 1964, 29-35.

Ders., A. Bouni u. N. Saliby, Fouilles de Tell Kazel, Rapport préliminaire, AAS 14, 1964, 3-14.

A. Feghali Gorton, Egyptian and Egyptianizing Scarabs. A Typology of Steatite, Faience and Paste Scarabs from Punic and other Mediterranean Sites, Oxford 1996.

P.M. Fischer, Tell Abu al-Kharaz. The Swedish Jordan Expedition 1989. First Season, ADAJ 35, 1991, 67-101.

Ders. - O. Keel, The Saḥem Tomb. The Scarabs, ZDPV 111, 1995, 135-150.

H.J. Franken, Excavations at Tell Deir 'Alla. The Late Bronze Age Sanctuary, Leuven 1992.

L.T. Geraty u.a., Madaba Plain Project. The 1987 Season at Tell el-'Umeiri and Vicinity, ADAJ 33, 1989, 145-175.

R. Giveon, Egyptian Scarabs from Western Asia from the Collections of the British Museum, OBO SA 3, 1985.

E. Gubel, in: L. Badre u.a., Tell Kazel, Syria. AUB Museum Excavations 1985-87, Berytus 38, 1990, 10-124.

P.E. Guigues, Lébé'a, Kafer-Ǧarra, Qrayé. Nécropoles de la région sidonienne, BMB I, 1937, 35-76, BMB II, 1938, 27-72 und BMB III, 1939, 53-63.

A. Hadidi, An Ammonite Tomb at Amman, Levant 19, 1987, 101-120.

A. Haller, Die Gräber und Grüfte von Assur, WVDOG 65, 1954.

G.L. Harding, The Antiquities of Jordan, London 1959.

E. Heinrich, UVB 6 = Sechster Vorläufiger Bericht über die von der Deutschen Forschungsgemeinschaft in Uruk-Warka unternommenen Ausgrabungen, Berlin 1935.

J.B. Hennessy, Preliminary Report on a second Season of Excavation at Pella, Jordan, ADAJ 25, 1981, 267-309.

D. Homès-Fredericq, Stamp and Cylinder Seal Techniques in Jordan, SHAJ V, 1995, 469-477.

S. Horn, Three Seals from Sahab Tomb «C», ADAJ 16, 1971, 103-106.

B. Hrouda, Tell Halaf IV: Die Kleinfunde aus historischer Zeit, Berlin 1962.

Ders., Stein, in: B. Hrouda (Hg.), Isin - Išān Baḥrīyāt I. Die Ergebnisse der Ausgrabungen 1973-1974, 1977, 51.

M. Ibrahim, Siegel und Siegelabdrücke aus Saḥāb, ZDPV 99, 1983, 43-53.

Ders. - G. van den Kooij, Excavations at Deir 'Alla, ADAJ 30, 1986, 131-144.

M. Jean-Marie, Tombes et nécropoles de Mari, MAM V, BAH 153, Beirut 1999.

O. Keel, Die Ω-Gruppe. Ein mittelbronzezeitlicher Stempelsiegel-Typ mit erhabenem Relief aus Anatolien-Nordsyrien und Palästina, OBO 88, 1989, 39-88.

Ders., Die Jaspis-Skarabäen-Gruppe. Eine vorderasiatische Skarabäenwerkstatt des 17. Jahrhunderts v.Chr., OBO 88, 1989, 209-242.

Ders., Corpus der Stempelsiegel-Amulette aus Palästina/Israel. Von den Anfängen bis zur Perserzeit. Einleitung, OBO SA 10, 1995.

Ders., Früheisenzeitliche Glyptik in Palästina/Israel. Mit einem Beitrag von H. Keel-Leu, OBO 100, 1990, 331-421.

Ders., Stamp Seals - Local Problem of Palestinian Workshops in the Second Millennium, in: J. Goodnick Westenholz (Hg.), Seals and Sealing in the Ancient Near East, Jerusalem 1995, 93-142.

Ders., Corpus der Stempelsiegel-Amulette aus Palästina/Israel. Von den Anfängen bis zur Perserzeit. Katalog Band I: Von Tell Abu Farağ bis 'Atlit, OBO SA 13, 1997.

H. Keel-Leu, Vorderasiatische Stempelsiegel. Die Sammlung des Biblischen Instituts der Universität Freiburg Schweiz, OBO 110, 1991.

H. Klengel, Syria 3000 to 300 B.C. A Hand-book of Political History, Berlin 1992.

E. Klengel-Brandt u.a., Vorläufiger Bericht über die Ausgrabungen des Vorderasiatischen Museums auf Tall Knēdiğ/NO-Syrien, MDOG 128, 1996, 33-67.

Dies. (Hg.), Mit sieben Siegeln versehen. Das Siegel in Wirtschaft und Kunst des Alten Orients, Mainz 1997.

R. Koldewey, Die Tempel von Babylon und Borsippa, VWDOG 15, 1911.

G. v.d. Kooij - M. Ibrahim (Hg.), Picking up the Threads, Leiden 1989.

V. Krings (Hg.), La civilisation phénicienne et punique. Manuel de recherche, HdO 1/20, Leiden 1995.

H. Kühne - B. Salje, Kāmid el-Lōz 15. Die Glyptik, SBA 56, 1996.

A. Kuschke, Bericht über eine Sondage im Palastgarten von Ugarit-Ras Shamra, Ugaritica IV, 1962, 251-299.

E. Lagarce, Le scarabée de la tombe 13, in: P. Courbin, Fouilles de Bassit. Tombes du Fer, Paris 1993, 119-123.

L. Legrain, UE X. Seal Cylinders, London 1951.

T. Levy - R. Adams - R. Shafiq, The Jabal Hamrat Fidan Project: Excavations at the Wadi Fidan 40 Cemetery, Jordan, Levant 31, 1999, 293-308.

G. Loud - C. Altman, Khorsabad II, the Citadel and the Town, OIP 40, 1938.

F. von Luschan, Ausgrabungen in Sendschirli V. Die Kleinfunde von Sendschirli, Berlin 1943.

J. Mallet, Mari: Une nouvelle coutume funéraire assyrienne, Syria 52, 1975, 23-36.

M. Mallowan, The excavations at Tall Chagar Bazar and an archaeological survey of the Habur Region, Iraq 4, 1937, 91-177.

Ders., NR = Nimrud and its Remains I-II, London 1966.

M. al-Maqdissi, Kurzbericht über die syrischen Ausgrabungen in Mišrife – Qatna, MDOG 133, 2001, 141-155.

G.T. Martin, A Ruler of Byblos of the Second Intermediate Period, Berytus 18, 1969, 81-83.

Ders., Egyptian Administrative and Private-Name Seals, Oxford 1971.

V. Matoïan, Un cachet en "faïence" décoré du signe omega à Ougarit, Orient-Express 2000/3, 61-63.

P. Matthiae, Ebla. Un impero ritrovato. Dai primi scavi alle ultime scoperte, Turin, 1977 und 1995 (3. Auflage).

P.E. McGovern, The Late Bronze and Early Iron Ages of Central Transjordan: The Baq'ah Valley Project 1977-1981, Philadelphia 1986.

P. Montet, Byblos et l'Egypte, BAH 11, Paris 1928.

P.R.S. Moorey, Cemeteries of the First Millennium B.C. at Deve Hüyük, BAR IS 87, 1980.

M. Najjar, A New Middle Bronze Age Tomb at the Citadel of Amman, ADAJ 35, 1991, 105-134.

A. Nunn, in cooperation with H. Hammade, Stamp seals from the Collections of the Aleppo Museum, Syrian Arab Republic, BAR IS 804, Oxford 1999.

Dies., Der figürliche Motivschatz Phöniziens, Syriens und Transjordaniens vom 6. bis zum 4. Jahrhundert v. Chr., OBO SA 18, 2000.

Dies., Nekropolen und Gräber in Phönizien, Syrien und Jordanien zur Achämenidenzeit, UF 32, 2000, 389-463.

B. Parker, Excavations at Nimrud, 1949-1953. Seals and Seal Impressions, Iraq 17, 1955, 93-125.

Dies., Seals and Seal Impressions from the Nimrud Excavations, 1955-1958, Iraq 24, 1962, 26-40.

A. Parrot - M. Chéhab - S. Moscati, Die Phönizier, München 1977.

A. Parrot, Les fouilles de Mari. Troisième campagne (Hiver 1935-36), Syria 18, 1937, 54-84.

Ders., Les fouilles de Mari. Quatrième campagne (Hiver 1936-37), Syria 19, 1938, 1-29.

V. Place, Ninive et l'Assyrie, Paris 1867.

K. Politis, Excavations and Restaurations at Dayr 'Ayn 'Abāta 1994, ADAJ 39, 1995, 477-491.

T.F. Potts u.a., Preliminary Reports on the Eighth and Ninth Seasons of Excavation by the University of Sydney at Pella, ADAJ 32, 1988, 115-149.

J. Pritchard, Sarepta. A Preliminary Report on the Iron Age, Philadelphia 1975.

Ders., The Cemetery at Tell es-Sa'idiyeh, Philadelphia 1980.

Ders., Sarepta IV. The Objects from Area II,X, Beirut 1988.

D.B. Redford, The Scarab Seal Impression, in: L. G. Herr u.a. (Hg.), Madaba Plains Project 2. The 1987 Season at Tell el-'Umeiri and Vicinity and Subsequent Studies, Berrien Springs, Michigan 1991, 379-380.

E. Renan, Mission de Phénicie dirigée par E. Renan, Texte et Planches, Paris 1864.

O. Reuther, Die Innenstadt von Babylon (Merkes), WVDOG 47, 1926.

F. Richards, Scarab Seals from a Middle to Late Bronze Age Tomb at Pella in Jordan, OBO 117, 1992.

P.J. Riis, Hama, fouilles et recherches 1931-1938, II/3: Les cimetières à crémation, Kopenhagen 1948.

L. Rost, Die Stempelsiegel im Vorderasiatischen Museum Berlin, Mainz 1997 (2. Auflage).

O. Rouault, Recherches récentes à Tell Ashara-Terqa (1991-1995), in: M. Lebeau (Hg.), À propos de Subartu. Études consacrées à la Haute Mésopotamie, Subartu IV,1, 1998, 313-330.

Ders., Terqa et sa région (6e-1er millénaire av. J.-C.). Recherches récentes, Akkadica 122, 2001, 1-26.

O. Rouault - M.G. Masetti-Rouault, L'Eufrate e il tempo. La civiltà del medio Eufrate e della Gezira siriana, Mailand 1993.

G. Saidah, Fouilles de Khaldé. Rapport préliminaire sur les première et deuxième campagnes (1961-1962), BMB 19, 1966, 51ff.

J.-F. Salles, La nécropole «K» de Byblos, Paris 1980.

G. Scandone, La cultura egiziana a Biblo attraverso le testimonianze materiali, in: E. Acquaro u.a. (Hg.), Biblo. Una città e la sua cultura, Rom 1994, 37-48.

C. Schaeffer, Les fouilles de Minet-el-Beida et de Ras-Shamra, Syria 13, 1932, 1-27.

Ders., The Cuneiform Texts of Ras Shamra-Ugarit, The Schweich Lectures of the British Academy, London 1937, Nachdruck München 1980.

Ders., Les fouilles de Ras Shamra-Ugarit, Syria 19, 1938, 193-255.

Ders., Ras Shamra et le monde égéen, Ugaritica I, 1939, 53-106.

Ders., Matériaux pour l'étude de la formation de l'art syrien du deuxième millénaire, Ugaritica I, 1939, 126-143.

T. Schneider, Lexikon der Pharaonen. Die altägyptischen Könige von der Frühzeit bis zur Römerherrschaft, Zürich 1994.

S. Schroer, Der Mann im Wulstsaummantel. Ein Motiv der Mittelbronze-Zeit IIB, OBO 67, 1985, 49-115.

Dies., Die Göttin auf den Stempelsiegeln aus Palästina/Israel, OBO 88, 1989, 89-207.

S. Shaath, Sceaux cylindres de Tell Denit, AAS 36-37, 1986-87, 33-46 (arab.).

R.H. Smith - T. Potts, The Middle and Late Bronze Ages, in: A. W. McNicoll u.a. (Hg.), Pella in Jordan 2, Sydney 1992, 35-82.

R. Stucky, Ras Shamra, Leukos Limen. Die nach-ugaritische Besiedlung von Ras Shamra, BAH 110, 1983.

Syrie. Mémoire et Civilisation, Ausstellungskatalog Institut du Monde Arabe, Paris 1993.

R. Tefnin, Les niveaux supérieurs du Tell Abou Danné chantier A, SMS 3/3, 1980.

F. Thureau-Dangin - M. Dunand, Til Barsip, BAH 23, 1936.

H.O. Thompson, The 1972 Excavations of Khirbet Al-Hajjar, ADAJ 17, 1972, 47-72.

C. Torrey, A Phoenician Necropolis at Sidon, AASOR 1, 1920, 1-27.

J. Tubb, Tell es-Sa'idiyeh: Preliminary Report on the First three Seasons of renewed Excavations, Levant 20, 1988, 23-88.

J. Tubb - P. Dorrell - F. Cobbing, Interim Report on the Eighth (1995) Season of Excavations at Tell es-Sa'idiyeh, PEQ 128, 1996, 16-40.

O. Tufnell - W. Ward, Relations between Byblos, Egypt und Mesopotamia at the End of the Third Millennium B.C. A Study of the Montet Jar, Syria 43, 1966, 165-241.

S. Wakita u.a., Tell Mastuma: A Preliminary Report of the Excavations at Idlib, BAOM 16, 1995, 1-73.

W.A. Ward, Cylinders & Scarabs from a Late Bronze Temple at 'Amman, ADAJ 8&9, 1964, 47-55.

Ders., Scarabs, Seals and Cylinders from two Tombs at Amman, ADAJ 11, 1966, 5-18.

Ders., A possible New Link between Egypt and Jordan During the Reign of Amenhotep III, ADAJ 18, 1973, 45-46.

Ders., The Egyptian Objects, in: P. M. Bikai, The Pottery of Tyre, Warminster, 1978, 83-87.

Ders., Scarabs from the Montet Jar. A Late Eleventh Dynasty Collection at Byblos, Berytus 26, 1978, 37-53.

Ders., The Scarabs, Scaraboid and Amulet-plaque from Tyrian Cinerary Urns, Berytus 39, 1991, 89-99.

Ders., Egyptian Objects from the Beirut Tombs, Berytus 41, 1993-1994, 211-222.

H. Weippert, Palästina in vorhellenistischer Zeit, HdArch II/I, München 1988.

L. Woolley, Excavations at Al Mina, Sueidia, JHS 58, 1938, 1-30, 133-170.

Ders., The Iron-Age Graves of Carchemish, LAAA 26, 1939, 11-37.

Ders., Alalakh, Oxford 1955.

Ders., UE IX. The Neo-Babylonian and Persian Periods, London 1962.

Ders., UE VIII. The Kassite Period and the Period of the Assyrian Kings, London 1965.

K. Yassine, Tell el Mazar I, Cemetery A, Amman 1984.

P. Zazoff, Die Antiken Gemmen, HdArch, München 1983.

LÖWE UND ESEL. EINE UNGEWÖHNLICHE BILDKOMBINATION

Regine SCHULZ, Baltimore

In einer deutschen Privatsammlung befindet sich eine kleine, beidseitig dekorierte Bildplatte, die eine ovale Grundform besitzt und zwei Durchbohrungen an den Schmalseiten (Abb. 1, 3-4)[1]. Folgende Daten sind zu vermerken:

Material: Enstatit mit Resten einer blaugrünen Glasur.
Maße: L. 26, Br. 18, H. 8 mm.
Fundort: Ostdelta von Ägypten (Händlerauskunft).
Datierung:15. Dynastie.
Technik: Die Darstellungen wurden zum Teil in flächiger Gravur eingeschnitten, die Oberfläche anschließend glasiert.
Erhaltungszustand: Vollständig, Glasur innerhalb der versenkten Flächen noch sehr gut erhalten, sonst größtenteils abgerieben.

Beschreibung und Kommentar

Seite A (Abb. 1)

Eine einfache, durchgehende Linie rahmt das ovale Bildfeld in einem Abstand von ca. 2,5 mm zum Rand. Diese Rahmung setzt in der Mitte oberhalb der Löwenfigur an, was in einer

Abb. 1a und b (Maßstab: 2:1)[2]

leichten Überlappung von Linienanfang und -ende deutlich wird. Der untere Teil des Rahmens weist eine Begradigungskorrektur auf, was man an einer kleinen Aussparung unter den Hinterbeinen des Löwen erkennen kann.

Das eigentliche Bildfeld wird von der Figur eines männlichen, nach rechts gewandten Löwen fast vollständig ausgefüllt. Der schlanke Tierkörper ist in majestätisch schreitender Haltung dargestellt, das mächtige Haupt mit dem weit geöffneten Maul vorgestreckt und der Schwanz über den Rücken geschwungen. Schnurrhaare, Mähne und Fellstruktur wurden mit Hilfe schräg verlaufender, zu einander leicht versetzter Schraffuren angegeben.

Die stilisierte Mähne ist dreieckig angelegt und von einem vertieften Kontur umschlossen. Der untere Abschluss über dem linken Schultergelenk wurde halbkreisförmig gestaltet; ein abgesetztes Dreieck am obersten Mähnenwinkel markiert das Ohr. Das Auge ist als schräg stehendes Oval gestaltet; eine am oberen Ende ansetzende kurze Kerblinie kennzeichnet den herabgezogenen Augenwinkel. Die tropfenförmig gestaltete Zunge im Inneren des aufgerissenen Maules und ein Reißzahn, der unter der Oberlippe hervortritt, verstärken den wehrhaften Eindruck.

Während die bisher beschriebenen Details des Bildes harmonisch aufeinander abgestimmt sind, scheinen bei der Gestaltung des hinteren Körperteiles Schwierigkeiten aufgetreten zu sein. Grund dafür war wohl das *nfr*-Zeichen zwischen den beiden Hinterbeinen. Es verhindert, dass das linke Bein ohne Überschneidung an der geeigneten Stelle ansetzen kann. Die linke Hüfte wurde weit nach hinten verschoben, wodurch ein zu großer Abstand zwischen den Hinterbeinen entstand, und nicht mehr genügend Platz für die vorgegebene Schreithaltung vorhanden war. Die Haltung des linken, sehr schlanken Hinterbeines wurde deshalb dem Verlauf der Rahmenlinie angepasst und wirkt ungelenk und missgebildet[3].

Unterhalb der Löwenfigur sind Schriftzeichen eingeschnitten.

Unter dem Kopf: ein *nb*-Korb über einer Sonnenscheibe, unter der Körpermitte und zwischen den Hinterbeinen je ein: *nfr*.

Nur das *nb*-Zeichen weist eine Binnenzeichnung auf: zwei schräg verlaufende parallele Linien. Ein stilistisch sehr ähnlich gearbeitetes, ovales Plättchen wurde in Tell el-Far'a

---

[1]   Das Plättchen wurde für einige Zeit im Roemer- und Pelizaeus Museum in Hildesheim aufbewahrt, und dort unter der Inventarnummer 6347 geführt; vgl. Seidel, in: A. Eggebrecht, Pelizaeus-Museum. Die Ägyptische Sammlung, Antike Welt, 1993, 49, Abb. 39, 3. Reihe, l./r.; zur Rückseite Staubli, ZDPV 117, 2001, 106, Abb. 8.

[2]   Alle Umrisszeichnungen, wenn nicht gesondert ausgewiesen von R. Schulz.

[3]   Eine vergleichbare Anpassung der Beinhaltung an die Rahmenlinie, allerdings ohne Verschiebung der zugehörigen Hüfte findet sich in der Löwendarstellung auf einem Skaraboid in der Sammlung Fraser - von Bissing, s. E. Hornung - E. Staehelin, Skarabäen und andere Siegel-amulette aus Basler Sammlungen, 1976, 344, Nr. 780.

gefunden. Auf der einen Seite zeigt es eine schreitende Löwen-figur (Abb. 2)[4], auf der anderen ein Schlingen-muster[5].

Abb. 2 (Maßstab: 2:1)

Die folgenden Aspekte sind unmittelbar vergleichbar: Die Haltung mit weiter Schrittstellung und vorgestrecktem Kopf, die leicht zu einander versetzte Schraffur der Fellstruktur, die stilisierte Mähne mit dreieckiger Grundform und halbbogenförmigem unteren Abschluss, das als Dreieck am obersten Mähnenwinkel angegebene Ohr, das weit geöffnete Maul, sowie die quastenlose Ausführung des über den Rücken geschwungenen Schwanzes. Darüber hinaus ist die Sonnenscheibe als Zusatz zu vermerken, auch wenn sie im Falle des Tell el-Far a Löwen unter der Körpermitte und nicht unterhalb des Kopfes platziert ist.

Die stilistische Gestaltung der Details sowie die Gesamtauffassung des majestätisch schreitenden Löwen zeigt eine unmittelbare Nähe zur Löwendarstellung auf dem vorgestellten Plättchen. Daraus leitet sich nicht nur ein vergleichbarer Datierungsansatz, sondern auch die Vermutung von einer gleichen Produktionsstätte ab.

Seite B (Abb. 3)

Die Rückseite des Plättchens zeigt ebenfalls eine durchgehende Rahmenlinie, die ca. 2,5 mm vom Rand entfernt ein geschlossenes Oval bildet. Wie beim Bildfeld mit Löwe befindet sich der Linienansatz in der Mitte, oberhalb der Figur und ist durch eine Verbreiterung der Kerblinie kaschiert.

Die Figur eines Packesels füllt das gesamte Bildfeld aus. Auffällig ist der lang gezogene Körper des Tieres und der große Abstand zwischen den Beinen. Verstärkt wird der Eindruck eines zu lang geratenen Körpers durch den leicht angehobenen Schwanz des Tieres, der in einigem Abstand hinter dem Körper herabhängt, ohne die Beine zu berühren.

Der Kopf des Esels besitzt zwei lange aufgestellte Ohren, das Auge und das geschlossene Maul sind mit kurzen, leicht gebogenen Kerblinien angegeben.

Abb. 3a und b, (Maßstab 2:1)

Das weit ausladende Lastenpacket auf dem Rücken des Tieres wird von 2 x 2 kreuzförmig gespannten Gurten zusammen-gehalten. Die Befestigung auf dem Rücken des Tieres ist ebenfalls mit Kreuzgurten angeben. Der Verlauf der Gurte weist leichte Verschiebungen auf, was der Bewegung beim Transport Rechnung trägt.

In die Fläche hinter dem Lastenpacket, über dem Schwanz des Esels, wurde eine einfache Sonnenscheibe eingeschnitten. Weitere Schriftzeichen oder Ikone sind nicht vorhanden.

Rand des Plättchens (Abb. 4)

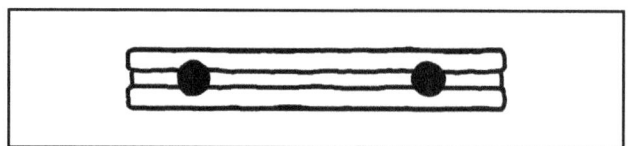

Abb. 4

Der Rand des Amuletts weist eine einfache umlaufende Mittelkerbung auf ohne zusätzliche Binnenstrukturen, und an den Längsseiten zwei parallel zu einander angelegte Durchbohrungen. Die parallel angelegten Durchbohrungen verlaufen vertikal zu den Darstellungen auf den Bild-flächen.

Die Art der Durchbohrung des Plättchens lässt darauf schließen, dass es sich um eine Art von Kettenglied, vielleicht einen so genannten Stopper oder ein Endstück gehandelt haben könnte. Dagegen erscheint mir die Befestigung auf einem Stoff oder an einem Stempelgriff eher unwahrschein-

---

[4] Neue Umrisszeichnung (R. Schulz) nach Foto.

[5] J.L. Starkey - L. Harding, Beth-Pelet II, BSAE 52, 1932, 43,12A und B.

[6] Eine solche Befestigung wurde von Staubli, Platte mit Esel und Treiber, 2001, 38, Nr. 13 für ein ähnliches, allerdings rechteckiges Siegelamulett mit kreuzweise verlaufender Durchbohrung erwogen. Zur Befestigung an einem Stempelgriff, Staubli, ZDPV 117, 2001, 112, Abb. 21.

lich[6], da die Doppelschnur eine Drehung des Amuletts erschweren würde, und somit die beidseitige Funktion.

Zu den Motiven

Der Löwe

Das Motiv des Löwen ist auf Skarabäen und den so genannten Siegelamuletten in Ägypten seit dem Mittleren Reich gut belegt[7], in Palästina seit MB IIA[8]. Der Löwe wird liegend, hockend (mit aufgestellten Vorderbeinen), schreitend, jagend, Feinde niedertretend, als Kampfgegner oder Jagdbeute dargestellt, oder in Kombination mit anderen Tieren[9]. Die Bedeutung des Ikons Löwe ist vielschichtig und kann mit himmlischer und königlicher Macht, sowie mit apotropäischen und regenerativen Aspekten[10] verbunden werden. Es ist seit der ägyptischen Vorgeschichte gut belegt und auf Skarabäen und Siegelamuletten seit dem Mittleren Reich vertreten. In Verbindung mit königlichen und göttlichen Namensschreibungen ist auch ein akrophonischer Einsatz möglich.

Das Bild des schreitenden Löwen mit über den Rücken geschwungenem Schwanz, der ohne szenische Einbindung oder Figurenkombination[11] auftritt, kann im Zeitraum von der 13. – 15. Dynastie/MB IIA-B auf Skarabäen und Siegelamuletten sowohl mit geschlossenem als auch mit weit geöffnetem Maul abgebildet sein[12]. Die jeweilige Bedeutung wird in den meisten Fällen durch zusätzliche Schrift- und/oder Bildikone verstärkt. Dabei handelt es sich vor allem um folgende Kombinationen:

- Sonnenscheibe[13]/Sonnenscheiben[14]
- Sonnenscheibe, *nb*, *nfr* und *s3*[15]
- Sonnenscheibe, *nb* und Zweig[16]
- Sonnenscheibe, Blüten, Zweige, Uräen[17]

- Uräus/Uräen[18]
- Uräus und *nb*[19]
- Uräus/Uräen und Zweig[20]
- Uräus, Zweig, *nb* und *h‘*[21]
- Uräus und *hpr*[22]
- *hpr, nfr, t*[23]
- *nb*[24]
- *‘nh* und *nfr*[25]
- *‘nh* und Lotosknospe[26]
- Lotosknospe und Zweig[27]
- Zweige[28] oder *sw*-Binse[29].

Eine weitere Variante findet sich auf der Rückseite eines Skarabäus im Walters Art Museum in Baltimore (Abb. 5):

Inv.Nr.: 42.36
Material: Steatit mit Resten einer blaugrünen Glasur.
Maße: L. 2,5 cm, Br. 1,49 cm, H. 0,92 cm.
Herkunft: Unbekannt.
Technik: Die Darstellungen wurden in flächiger Gravur in den weichen Steatit eingeschnitten, die Oberfläche anschließend glasiert.
Erhaltungszustand: Vollständig, Kanten bestossen, leichte Risse und Absplitterungen an der Oberfläche, Glasur innerhalb der vertieften Partien gut erhalten, sonst stärker abgerieben.

---

7 Ward, Studies on Scarab Seals I, 1978, Nr. 172f.; Hornung - Staehelin, a.O. 126f.

8 Zu den Belegen vgl. Hornung - Staehelin, a.O. Nrn. 777-783; Keel, OBO SA 10, 1995, 195 (dort auch zur älteren Literatur).

9 Zu den Belegen Tufnell, Studies on Scarab Seals, II, 1984, 339; Keel, OBO SA 10, 197f.

10 Vgl. Hornung - Staehelin, a.O. 127.

11 Z.B. mit Capride oder Krokodil, Keel, a.O. 197f., mit verschiedenen Tieren; Hornung - Staehelin, a.O. 349, Nr. 805.

12 Hornung - Staehelin, a.O. 780, bei hockenden Löwen: 779, 781, 782; Ben-Tor, The Scarab, 1993, 68, no. 27; Rowe, A Catalogue of Egyptian Scarabs, 1936, no. 314.

13 Starkey - Harding, BSAE 52, 43,12B (Tell el-Far‘a, Löwe mit geöffnetem Maul, 15. Dynastie).

14 Macalister, The Excavations of Gezer, 1912, pl. CCIV b,5. (Geser, Löwe wohl mit geschlossenem Maul, Hyksoszeit – Neues Reich).

15 Rowe, a.O. no. 314. (Tell el-‘Aǧul, Löwe mit geöffnetem Maul, 15. Dynastie).

16 Keel, OBO SA 13, 382f. 816 (el-‘Aǧul, Löwe mit geöffnetem Maul, 13.-15. Dynastie).

17 Keel, a.O. 546 Nr. 44 (Akko, Löwe mit geschlossenem Maul, 15. Dynastie).

18 Guy, OIP 33, pl. 137,12 (Megiddo, Grab 37 A, Löwe mit geschlossenem Maul, Hyksoszeit); Kirkbride, Appendix E, in: Kenyon, Jericho II, 1965, fig. 290,21 (Jericho, Grab J 20, Löwe mit geöffnetem Maul, Hyksoszeit) und 295,17 (Jericho, Grab J 9, Löwe mit geschlossenem Maul, Hyksoszeit); Petrie, Ancient Gaza IV, 1934, pl. V, 83 (Tell el-‘Aǧul, Löwe mit geschlossenem Maul, Hyksoszeit).

19 Z.B. Keel, a.O. 10f. Nr. 16 (Tell Abu Hawam, Löwe mit geöffnetem Maul, 15. Dynastie), und 490f. Nr. 1133 (Tell el-‘Aǧul, Löwe mit geöffnetem Maul, 15. Dynastie).

20 Keel, a.O. 450f. Nr. 1017 (Tell el-‘Aǧul, mit zwei Uräen, Löwe mit leicht geöffnetem Maul und vorgestreckter Zunge, 13.-15. Dynastie).

21 Keel, a.O. 750f. Nr. 8. (Asor, Löwe nach links gewandt mit offenem Maul, 15. Dynastie).

22 Keel - Uehlinger, Altorientalische Miniaturkunst, 1990, Abb. 107e. Auffällig ist, dass bei diesem Exemplar der Löwe zurück über seine Schulter zum Skarabäus blickt (Herkunft unbekannt, Löwe mit geschlossenem Maul, Hyksoszeit).

23 Keel, a.O. 136f. Nr. 96 (Tell el-‘Aǧul, 13.-15. Dynastie).

24 Hornung - Staehelin, a.O. 344 no. 780 (Herkunft unbekannt, geöffnetes Maul, Hyksoszeit); Pritchard, The Bronze Age Cemetery at Gibeon, 1963, fig. 70,6 (el-Ǧib, Löwe mit geöffnetem Maul, Hyksoszeit).

25 Kempinski, Excavations at Kabri, 1989, 49f., fig. 12,6. (Kabri, Löwe mit geschlossenem Maul, 13. Dynastie).

26 Jerusalem, Private Collection, Ben-Tor, The Scarab, 1993, 68 no. 27 (Herkunft unbekannt, Löwe mit geöffnetem Maul, Hyksoszeit).

27 Keel - Uehlinger, a.O. 81 Nr. f (Herkunft unbekannt, Löwe mit geöffnetem Maul, 13.-15. Dynastie).

28 Rowe, a.O. pl. VIII, no. 313 (Tell el-Far‘a, Löwe mit geschlossenem Maul, 13.-15. Dynastie); Keel, a.O. 490f Nr. 1134 (Tell el-‘Aǧul, Löwe mit geschlossenem Maul, 13.-15. Dynastie).

29 Starkey - Harding, a.O. 43,23 (Tell el-Far‘a, Löwe mit geöffnetem Maul, 15. Dynastie).

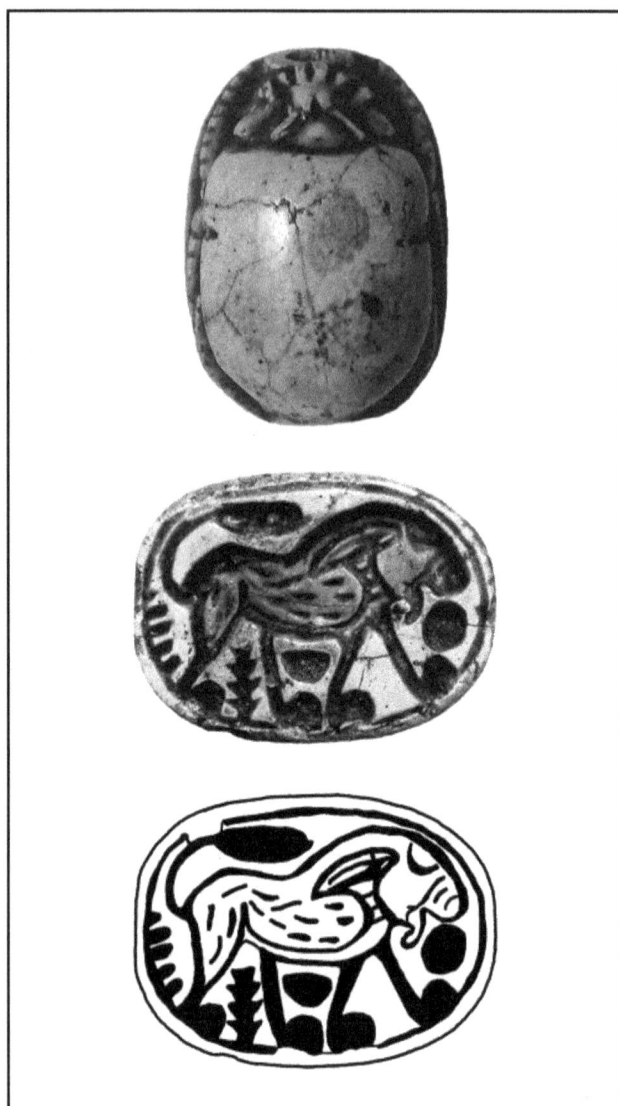

Abb. 5a, b und c (Maßstab: 2:1)

Rücken- und Seitenansicht

Der Clypeus ist trapezförmig und gezackt ausgeführt, die Seitenlappen leicht abgewinkelt, der Kopf als Dreieck angegeben. Die Trennung von Prothorax und Elytra wurde durch Dreieckskerben an beiden Seiten markiert, die Naht der Elytra ist nicht erkennbar. Die Konturen der Extremitäten sind tief eingeschnitten, die Fiederung mit Hilfe gleichmäßiger Kerben angegeben. Der Käferkörper ist der Länge nach durchbohrt.

Unterseite

Das Bildfeld wird von einer Rahmenlinie umschlossen, die in einem Abstand von ca. 2,5 mm vom Rand in die Oberfläche geschnitten wurde. Die Breite und Tiefe der Rahmung ist gleichmäßig ausgeführt.

Die Figur des ausschreitenden Löwen wirkt kräftig, der Kopf ist vorgestreckt, das Maul weit geöffnet, die Zunge herausgestreckt. Nase, Schnurrhaare und Auge wurden mit kurzen Linien markiert. Die Mähne, Ohr und Bauch sind

deutlich umrissen, die Fellstruktur mit Kerben angegeben. Die schlanken Beine des Tieres stehen im Missverhältnis zu den sehr großen und rundlich gestalteten Pranken. Der über den Rücken geschwungene Schwanz endet in einer länglich ovalen Quaste. Zwischen dem geöffneten Maul und der linken vorderen Tatze wurde eine Sonnenscheibe eingefügt, unter der Körpermitte, zwischen dem rechten Vorder- und dem linken Hinterbein, ein *nb*-Korb, und zwischen den beiden Hinterbeinen ein stilisierter Baum. Eine Reihe von Kerbmarkierungen hinter dem Körper könnte als vegetabile Elemente, vielleicht ein Zweig, aufgefasst werden.

Bei allen hier angesprochenen Beispielen fällt die häufige Kombination von schreitendem Löwen mit Sonnenscheibe und/oder Uräus und/oder *nb* auf. Geht man davon aus, dass diese Zeichen ikonisch aufzufassen sind, so verdeutlichen sie solare wie königliche Aspekte des Löwen. Denn es wird wohl generell davon auszugehen sein, dass der ikonische Gehalt bestimmter Standardzeichen auch über die Grenzen Ägyptens hinaus, insbesondere in Palästina, gut bekannt war. Andere Zeichen wie Pflanzen/Zweige oder ʿ*nḫ* dürften regenerativ aufzufassen sein. Häufiger ist auch *nfr* belegt.

Der Esel

Darstellungen von Wildeseln sind in Ägypten seit der Vorgeschichte belegt, die von domestizierten Eseln, die zum Transport oder bei der Ernte eingesetzt wurden, seit dem Alten Reich. Die Bedeutung des Ikons Wildesel und die von Darstellungen des zur Arbeit eingesetzten Hauesels ist grundsätzlich zu unterscheiden. Während der Wildesel häufig mit der Chaosabwehr, d.h. Feindvernichtung und Jagd, in Verbindung gebracht werden kann[30], steht der domestizierte Esel meist in einem größeren szenischen Kontext und ist selten als einzelnes Ikon aufzufassen. So kann z.B. die Darstellung von Hauseseln im Rahmen von Ernte- und Gütertransportszenen als Variable des Versorgungsaspektes verstanden werden, und die von Eseln als Sänftenträger zur Statusförderung[31]. Abbildungen von Eseln als Reit- oder Transporttier von Beduinen scheinen dagegen einen ganz anderen Aussagewert zu besitzen. Hier geht es um Lebewesen, die aus der Wüste, d.h. dem Chaos, kamen, die zum Teil gefährlich, aber auch etwas komisch auf die Ägypter wirkten[32]. Dazu gehörte auch das Reiten auf Eseln, denn die Ägypter reisten mit Karren, Wagen oder Schiffen, und reiten war befremdlich für sie.

Generell ist aber zu vermerken, dass Transportesel in Ägypten ein kostbarer Besitz waren, den sich nicht jeder leisten konnte. Daraus resultieren wohl auch die Bestattungen von Eseln in Gräbern, die aus Ägypten seit der 1. Dynastie bekannt sind[33]. Besonders beliebt waren solche Bestattungen sowohl in

---

[30] Kemna, Bemerkungen zu den Darstellungen der Wildeseljagd, 6. Congresso Internazionale 1, 1992, 365-370.

[31] Boessneck, Die Tierwelt des alten Ägypten, 1988, 78f.; Osborn - Osbornová, The Mammals in Ancient Egypt, 1998, 29ff.

[32] Houlian, Göttinger Miszellen 190, 2002, 35ff.

[33] Boessneck - von den Driesch - Eissa, MDAIK 48, 1992, 1ff.

Vorderasien als auch in Ägypten in der Mittleren Bronzezeit (MB IIA – IIB-C)[34]. Hier stellt sich nun die Frage, ob durch die Hyksos neue Vorstellungen aus Vorderasien nach Ägypten gebracht wurden, durch welche den Eseln eine zusätzliche Bedeutung zukam, denn Darstellungen von Packeseln aus Ton, später aus Bronze waren in Palästina schon seit der frühen Bronzezeit bekannt[35]. Hier stand wohl der Aspekt des erfolgreichen Handels und der Versorgung im Vordergrund. Auf Skarabäen und Siegelamuletten sind Esel dagegen nur sehr vereinzelt und nur aus der Hyksoszeit belegt[36]. Drei Grundmotive sind bekannt:

- Einzelner Esel
    mit Zweigen[37]
    mit Zweig, *nfr* und *s3*[38]
    mit Uräus[39]
- Esel mit Reiter
    mit Reiter und Begleitperson[40]
- Esel mit Lastenpacket
    mit *nb*[41]
    mit Sonnenscheibe (besprochenes Objekt)
    mit Zweig und Eselstreiber[42].

Vier der sieben Belege mit Eseldarstellungen zeigen ein nach rechts[43], drei ein nach links gewandtes Tier[44]. Bei den Last- und Reiteseln wird die Fellstruktur entweder gar nicht[45], durch einfache Schraffur[46] und/oder Kreuzschraffur[47] angegeben, bei den Wildeseln wird ein Kerbmuster[48] verwendet. Nur in zwei Fällen ist ein Strick oder Halsband angegeben, bei einem Packesel[49] und bei einem Wildesel[50].

Die stilistische Gestaltung der Tiere ist recht unterschiedlich. Vergleicht man z.B. die drei Packesel miteinander so fällt als Gemeinsamkeit nur die ausladende Form des Lastenbündels auf.

Departement für Biblische Studien
Universität Fribourg, Inv.Nr. SK 1998.1
Umzeichnung H. Keel-Leu
Staubli, ZDPV 117, 2001, 98 Abb. 1

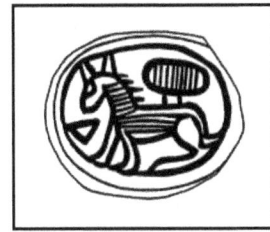

London, BM EA 43103
Umzeichnung: T. Staubli
Staubli, ZDPV 117, 2001, 106 Abb. 9

Um die Bedeutung dieser Darstellungen etwas näher zu erfassen, sollen zunächst die drei einzelnen Esel genauer betrachtet werden. Die Beifügung Zweig darf ohne Zweifel als Ikon für die Fruchtbarkeit des Landes verstanden werden, *nfr* und *s3* verheißen dagegen Schutz und Vollkommenheit, und das Ikon Uräus königlichen Schutz. Auffällig ist, dass der mit Uräus kombinierte Esel ein Halsband trägt, und demzufolge nicht, wie die beiden anderen, als Wildesel aufgefasst werden kann. Allein diese drei Beispiele verdeutlichen eine veränderte Sicht, welche den Esel möglicherweise als Garanten für Handel und Wohlstand versteht. Ähnlich könnte auch die Szene des Eselreiters mit Treiber verstanden werden, die sich auf der Unterseite eines Skarabäus befindet[51], und die durch einen Zweig vor dem Maul des Esels vervollständigt wird. Die drei Belege für Packesel werden durch eine Sonnenscheibe, einen Zweig und ein *nb* vervollständigt. Während die Sonnenscheibe auf die göttlichsolare Ebene verweist, steht der *nb*-Korb wohl für Herrschaftssicherung.

Zur Bedeutung der Bild- und Textikone

Das hier vorgestellte ovale Plättchen steht in einem engen inhaltlichen Zusammenhang mit einigen anderen doppelseitig dekorierten Siegelamuletten und Skarabäen der Hyksoszeit. Geht man davon aus, dass die hier verwendeten Schriftzeichen auch über die Grenzen Ägyptens hinaus als Ikone verstanden wurden, deren Bedeutung im weitesten Sinne bekannt war und in Palästina mit eigenen Ikonen verbunden wurden, dann könnten die Darstellungen auf beiden Seiten des Plättchens folgendermaßen aufgefasst werden:

---

[34] Wapnish, Middle Bronze Equid Burials, in Oren (Hg.), 1997, 335-367.

[35] Staubli, ZDPV 117, 2001, 102, Anm. 28.

[36] Zu einer Zusammenstellung der Belege Staubli, a.O. 100ff.

[37] Berlin, SMBPK 758/72, Staubli, a.O. 106, Abb. 10; London, BM EA 1049464, Giveon, OBO SA 3, 1985, 116f. no. 22.; London, Institute of Archaeology E XX 85/2; Keel, OBO SA 13, 1997, Nr. 279 (Tell el-'Aǧul); Staubli, a.O. 106 Abb. 11.

[38] Berlin, SMBPK 759/73, Staubli, a.O. 106, Abb. 10.

[39] London, British Museum 104946, Giveon, a.O. 116-117 no. 22; Staubli, a.O. Abb. 12.

[40] Berlin, SMBPK 9517, Staubli, a.O. 105 Abb. 7a-b (erworben in Theben).

[41] London, BM EA 43103, Staubli, a.O. 106 Abb. 9.

[42] Departement für Biblische Studien der Universität Fribourg, SK 1998.1, Staubli, a.O. 98ff.

[43] Vgl. die Belege in Anm. 28, 30, 31, 33.

[44] Vgl. die Belege in Anm. 29, 32 sowie ehem. Hildesheim 6347.

[45] Ehem. Hildesheim 6347.

[46] Vgl. Beleg in Anm. 32.

[47] Vgl. Belege in Anm. 31, 33.

[48] Vgl. Belege in Anm. 28-30.

[49] Ehem. Hildesheim 6347.

[50] Vgl. Beleg in Anm. 30.

[51] Vgl. Anm. 37.

Der Löwe steht hier als mächtiger, königlicher Garant der Vollkommenheit des Sonnengottes analog zum zeitgleichen Skarabäus mit Sonnenscheibe aus Baltimore, wo statt des *nfr* ein Baum erscheint, der wohl als Zeichen der lebensspendenden göttlichen Kraft interpretiert werden kann.

Die Verbindung zwischen der Vorder- und der Rückseite bildet die Sonnenscheibe, die vor dem Löwen, aber hinter dem Esel abgebildet ist. Dieser ist durch seine Traglast eindeutig als Ikon des Handels ausgewiesen, der durch den Sonnengott geschützt wird, und der durch die Gleichung von königlicher Macht mit Löwe wirkt und Vollkommenheit entstehen lässt.

Schlussbemerkung

Die Verwendung eines solchen Bildplättchens wirft Fragen auf. Wer hat es in Auftrag gegeben, für wen war es gedacht, und wurde es wirklich als Stempelsiegel benutzt? Die Doppelseitigkeit wirft dabei ebenso Probleme auf wie die parallel verlaufenden Durchbohrungen.

Wäre das Plättchen als Siegel verwendet worden und mit einem festen Gegenstand verbunden gewesen, der als Stempelgriff diente, würde man stärkere Abreibungen auf einer oder beiden Seite erwarten. Wahrscheinlicher erscheint es mir, dass der Gegenstand an einer Kette oder einem Doppelband getragen wurde, so dass beide Seiten jederzeit zugänglich waren. Das Löwenmotiv verweist auf einen königlichen Auftraggeber und das Packeselmotiv auf eine mit dem Handel oder einem Handelsstützpunkt verbundene Person- oder Personengruppe. Letztendlich lässt sich aber nicht klären, ob ein solches Bildplättchen eher Amulettcharakter besaß, und/oder als eine Art von Ausweisgegenstand verstanden werden kann.

Bibliographie

D. Ben-Tor, The Scarab. A reflection of Ancient Egypt, Jerusalem 1993.

J. Boessneck, Die Tierwelt des alten Ägypten, München 1988.

J. Boessneck, A. von den Driesch, A. Eissa, Eine Eselsbestattung der 1. Dynastie in Abusir, in: MDAIK 48, 1992, 1-10.

R. Giveon, Egyptian Scarabs from Western Asia from the collection of the British Museum. OBO SA 3, 1985.

P.L.O. Guy, Megiddo Tombs, OIP 33, 1938.

P.F. Houlian, Some Instances of Humor Associated with Animal Riding in Ancient Egypt, in: Göttinger Miszellen 190, 2002, 35-45.

E. Hornung - E. Staehelin, Skarabäen und andere Siegelamulette aus Basler Sammlungen, Ägyptische Denkmäler aus der Schweiz Bd. 1, Mainz 1976.

O. Keel, Corpus der Stempelsiegel-Amulette aus Palästina/Israel. Von den Anfängen bis zur Perserzeit. Einleitung, OBO SA 10, 1995.

Ders., Corpus der Stempelsiegel-Amulette aus Palästina/Israel. Von den Anfängen bis zur Perserzeit. Katalog Bd. I, OBO SA 13, 1997.

O. Keel - C. Uehlinger, Altorientalische Miniaturkunst, Mainz 1990.

C. Kemna, Bemerkungen zu den Darstellungen der Wildeseljagd, in: 6. Congresso Internazionale di Egittologia 1, Rom 1992, 365-370.

A. Kempinski, Excavations at Kabri, Preliminary Report of 1988 Season, Tel Aviv 1989.

D. Kirkbride, Appendix E. Scarabs, in: K.M. Kenyon, Excavations at Jericho, vol. II, London 1965, 580-655.

R.A.S. Macalister, The Excavations of Gezer, London 1912.

D.J. Osborn – J. Osbornová, The Mammals in Ancient Egypt, Warminster 1998

W.M.F. Petrie, Ancient Gaza IV, London 1934.

J.B. Pritchard, The Bronze Age Cemetery at Gibeon, University Museum Monographs, Philadelphia 1963.

A. Rowe, A Catalogue of Egyptian Scarabs, Scaraboids, Seals and Amulets in the Palestine Archaeological Museum, Kairo 1936.

M. Seidel, in: A. Eggebrecht, Pelizaeus-Museum. Die Ägyptische Sammlung, Antike Welt, Sondernummer, Mainz 1993, 49.

J.L. Starkey - L. Harding, Beth-Pelet II, BSAE 52, London 1932.

T. Staubli, Stabile Politik – florierende Wirtschaft und umgekehrt. Eine rechteckige, beidseitig gravierte Platte der Hyksoszeit, ZDPV 117, 2001, 98-115.

Ders., Platte mit Esel und Treiber, in O. Keel - T. Staubli, Im Schatten Deiner Flügel. Tiere in der Bibel und im Alten Orient, Freiburg/CH, 2001, 38, Nr. 13.

O. Tufnell, Studies on Scarab Seals II. Scarab Seals and their Contribution to History in the Early Second Millennium B.C., part 2, Warminster 1984.

P. Wapnish, Middle Bronze Equid Burials at Tell Jemmeh and Reexamination of a Purportedly "Hyksos" Practice, in: E.D. Oren (Hg.), The Hyksos: New Historical and Archaeological Perspectives. University Museum Monographs 96, University Museum Symposium Series 8, Philadelphia 1997, 335-367.

W.A. Ward, Studies on Scarab Seals I: Pre-12th Dynasty Scarab Amulets, Warminster 1978.

ZWEI SKARABÄEN DER HATSCHEPSUT UND NEFERURE

Matthias SEIDEL, Baltimore

Als der amerikanische Geschäftsmann Henry Walters die ägyptische Abteilung[1] seiner ungewöhnlich reichhaltigen Kunstsammlungen zusammenstellte, galt ein Schwerpunkt dem Erwerb von Schmuck und Gegenständen der Kleinkunst. Dazu gehört auch eine kleine Kollektion von Skarabäen und Skaraboiden, die bis auf einige Namensskarabäen des Mittleren Reiches[2] weitgehend unbekannt geblieben ist.

A Skarabäus mit Namen der Königin Hatschepsut
(Abb. 1)

Neues Reich, 18. Dynastie, um 1470 v. Chr.
Enstatit[3], grünblaue Glasurreste
Maße: L. 1,40 cm, B. 0,97cm
Fundort unbekannt
Baltimore, Walters Art Museum, Inv.Nr. 42.60

Abb. 1 a und b
Baltimore, Walters Art Museum 42.60
(Zeichnung: R.Schulz)

Sie beinhaltet eine Reihe von besonders interessanten Einzelstücken, von denen hier zwei Exemplare aus der Zeit des frühen Neuen Reiches (18. Dynastie) vorgestellt werden sollen. Beide Skarabäen gehören zwar nicht direkt dem fokussierten Zeithorizont des Workshops an, können aber in mehrfacher Hinsicht dem vielschichtigen Problemkreis der ägyptisch-palästinischen Siegelkunst zugerechnet werden.

Erhaltung: Das Stück zeigt kleinere Materialabsplitterungen im Bereich der Körperoberseite, sonst vollständig. Die ehemalige Glasur aus grünblauer Fayence ist nur noch in Resten erkennbar.

Körperbildung: Gleichmäßige ovale Grundform mit durchschnittlicher Körperhöhe (0,68 cm). Deutliche Angabe von Kopf und Clypeus. Einfache Trennlinien zwischen Prothorax und Elytra sowie Bezeichnung der beiden Zwickel auf den Flügeldecken. Längsdurchbohrung.

Inschrift: Die Beschriftung in sauber eingeschnittenen Hieroglyphen füllt die gesamte Siegelfläche aus und ist von einer einfachen Dekorlinie umzogen:

M3.ʿt-k3-Rʿ mrj.t Jmn "Maat-ka-Re, geliebt von Amun".

B Skarabäus mit Namen der Prinzessin Neferure
(Abb. 2)

Neues Reich, 18. Dynastie, um 1470 v.Chr.
Dunkler, braunroter Karneol
Maße: L. 1,42 cm, B. 1,09 cm
Fundort unbekannt
Baltimore, Walters Art Museum, Inv.Nr. 42.56

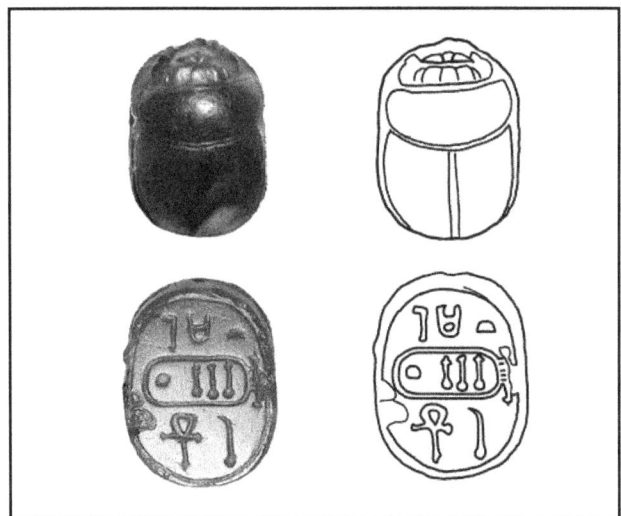

Abb. 2
Baltimore, Walters Art Museum 42.56
(Zeichnung: R.Schulz)

Erhaltung: Das aus einem dunkelrotbraunem Karneol[4] gearbeitete Exemplar weist nur kleinste bis kleine Materialab-

---

[1] Johnston (1999), 176, 211 ff.

[2] Martin (1971), Nrn. 41, 214, 425, 819, 1302

[3] Zur Bezeichnung vgl. Keel (1995a), 147 (§ 386-87).

[4] Häufiger in der frühen 18. Dynastie für weibliche Mitglieder des Hofes verwendet, vgl. Jaeger (1982), 331(Anm. 705).

splitterungen am Rand der Siegelfläche auf. Die ansonsten vollständige Steinoberfläche ist leicht stumpf und berieben.

Körperbildung: Breit-ovale Gesamtform mit relativ hoher Körperbildung (0,75 cm). Für das verwendete Werkmaterial sehr saubere und präzise Ausführungen von Kopf und Clypeus sowie aller Trennlinien. Tiefer Unterschnitt an den Beinen, Längsdurchbohrung.

Inschrift: Gleichmäßige Verteilung der Hieroglyphen auf der Siegelfläche mit einfacher Linien-umrandung:

Ḥm.t-nṯr Nfr.w-Rᶜ ᶜnḫ.tj "Die Gottesgemahlin Nefru-Re, sie möge leben".

Die Kreiselemente einiger Zeichen (z.B. unterer Abschluss der nfr-Hieroglyphen und des tj-Zeichens) wurden rund gebohrt.

Kommentar

Wenngleich beide Skarabäen in ihrer grundsätzlichen Typologie und Beschriftung der Siegelflächen keine absoluten Innovationen vermitteln, stehen sie dennoch für einige interessante Fragestellungen in Verbindung mit der Siegelkunst der frühen 18. Dynastie. Die beim Erwerb der Exemplare im Kunsthandel angegebene Herkunft "aus dem Delta" lässt sich ebenso wenig absichern wie eine Fundort-bezeichnung "bei Gaza". Besonders für den Hatschepsut-Skarabäus ist dies jedoch nicht a priori auszuschließen. Die veränderte machtpolitische Situation in Ägypten und Palästina zu Beginn der 18. Dynastie hatte die autochtone Skarabäenproduktion der Mittleren Bronzezeit II B in Palästina beendet. Die zahlreichen Funde an Siegelamuletten des Neuen Reiches sind dann überwiegend Importe[5] ägyptischer Produktion. Allerdings wird seit der Zeit Thutmosis' III. (Alleinregierung) die eine oder andere ägyptisch geleitete Werkstatt im Sinne einer "Vor-Ort-Belieferung" der steigenden Nachfrage an Siegelamuletten nicht ganz auszuschließen sein. Nach Stilistik und Schnittduktus der Dekoration gehört das Walters Exemplar jedenfalls nicht zum thebanischen Werkkreis[6] im 1. Regierungsjahrzehnt der Hatschepsut. In der Körperbildung ist keine Gemeinsamkeit mehr mit der leicht ovoiden

Grundform[7] festzustellen wie sie für Skarabäen der Zeit Amenophis' I. bis Thutmosis' II. so charakteristisch ist. Mit aller gebotenen Vorsicht wird man deshalb eine genauere Datierung dieses Stückes in die späteren Regierungsjahre der Herrscherin annehmen wollen.

Während der Hatschepsut-Skarabäus als ein weiterer Beleg des schon bekannten Typenspektrums gelten kann, stellt das Exemplar mit dem Namen ihrer Tochter Neferure[8] eine willkommene Ergänzung dar. So ist hier erstmalig für die Siegelamulette der Prinzessin ein Beispiel aus Karneol belegt. Auch die Verwendung ihres Namens in quer platzierter Kartusche[9] hat bislang nur ein weiteres Vergleichsstück, ist für Thutmosis III. jedoch häufiger belegt. Neferure führt den Titel einer Gottesgemahlin, den sie wohl nach der Thron-besteigung ihrer Mutter erhalten hatte. In ihrer Gesamtheit reflektieren die Siegelamulette der Neferure nachhaltig deren überragende Rolle als Erbprinzessin. Denn für keine weitere Königstochter (oder Sohn) des Neuen Reiches ist eine solche Vielzahl an Siegeln bekannt. Zusammen mit dem reich-haltigen Skarabäenbestand der Hatschepsut vermittelt die reine Numerik den Tatbestand, dass man von staatlicher Seite zu dieser Zeit endgültig Skarabäen als multifunktionales und kostengünstiges Instrument der Massenkommunikation verstanden hatte.

Bibliographie

W.C. Hayes, The Scepter of Egypt II, New York 1990[4].

E. Hornung - E. Staehelin, Skarabäen und andere Siegelamulette aus Basler Sammlungen, Ägyptische Denkmäler aus der Schweiz Bd. 1, Basel 1976.

B. Jaeger, Essai de classification et datation des scarabées Menkhéperrê, OBO SA 2, Freiburg 1982.

W.R. Johnston, William and Henry Walters, The reticent Collectors, Baltimore-London, 1999.

O. Keel, Corpus der Stempelsiegel-Amulette aus Palästina/Israel, OBO SA 10, Freiburg 1995.

Ders., Stamp Seals - Local Problem of Palestinian Workshops in the Second Millennium, in: J. G. Westenholz (ed.), Seals and Sealing in the Ancient Near East, Jerusalem 1995, 93-142.

G.Th. Martin, Egyptian Administrative and Private-Name Seals, Oxford 1971.

W.M.F. Petrie, Scarabs and Cylinders with Names, BSAE 29, London 1917.

---

[5] Keel (1995), 93 ff.

[6] Dafür steht das Konvolut aus einer Gründungsgrube des Totentempels der Hatschepsut in Deir el-Bahari, s. Hayes (1990⁴), 88, Fig. 48.

[7] Vgl. Beispiele bei: Hornung/ Staehelin (1976), Nrn. 219, 221, 663. Auch der bis in die Zeit Thutmosis' I. noch anzutreffende lineare Zeichenstil ist verschwunden; vgl. als Beispiel den Ahmose-Skarabäus bei Jaeger (1982), Fig. 161.

[8] Für weitere Belege u.a.. Hayes, (1990⁴), 88; Petrie (1917), Tf. XXVI, Nr. 38-45.

[9] Jaeger (1982) § 1077-1078, Anm. 377.

jmnjj.t-SKARABÄEN?

Stefan J. WIMMER, München

Dieser kleine Beitrag möchte das Augenmerk auf eine denkbare Interpretation einer Gruppe von Skarabäen richten, die schon vor vielen Jahren angesprochen wurde, seitdem aber weitgehend unbeachtet geblieben ist. Es wird nur intendiert, eine Diskussion anzustoßen, ohne - soviel sei gleich vorweggenommen - dass sie hier in der einen oder anderen Richtung entschieden werden kann.

Bei den von Alan Rowe in den 1930er Jahren in Beisan/ Beth Schean (Tel el-Husn) geleiteten Grabungen wurden zwei, als "model bread offerings" interpretierte, handgeformte Lehm-kugeln gefunden[1]. Die im Durchmesser 55 mm und 65 mm großen Bälle sind ringsum mit 14 bzw. 5 Siegelab-drücken versehen, und stammen aus der Umgebung des Tempels von Stratum VI, der heute in die frühe 20. Dynastie datiert wird[2]. Bei den mehr oder weniger deutlich von der dominanten ägyptischen Präsenz in Beth Schean geprägten Tempeln der Strata IX-VI handelt es sich, nach der andernorts im Einzelnen dargelegten Auffassung des Referenten, keineswegs und zu keiner Zeit um ägyptische Tempel[3]. Zwar sind einzelne ägyptische Elemente in der Archi-tektur erkennbar (zwei Papyruskapitelle und möglicherweise Hohlkehlenabschlüsse), und nachweisbar haben sich die in Beth Schean ansässigen Ägypter am Kult beteiligt (private Votivstelen). Trotz - oder besser: im Einklang mit - dieser ägyptischen Kultpartizipation blieb das Beth-Scheaner Hauptheiligtum aber immer ein Bauwerk einheimischer Tradition, zur Verehrung der dort beheimateten Gottheiten[4].

Die 14 Abdrücke auf der kleineren Kugel (Abb. 1.1)[5] lassen sich augenscheinlich gut in der überaus reichlich belegten Gruppe der *Jmn(-Rᶜ)*-Skarabäen unterbringen. Nach einer unveröffentlichten Studie von A. Jäkle treten solche *Jmn*-Siegel in Ägypten selbst ab der 18. Dynastie auf, ab der 19. Dynastie auch häufiger mit der Nennung *Jmn-Rᶜ*[6]. Aus Palästina/Israel lassen sich mehrere Hundert Exemplare anführen, Abb. 2 und 3 greifen einige Beispiele heraus. Es variieren dabei einzeln oder paarweise schmalseitlich abschließende *nb*-Zeichen, oder stattdessen ein symmetrisch wieder aufgenommenes Schilfblatt, das, wie auch sonst auf Stempelsiegeln, gelegentlich einer Maat-Feder angeglichen wird. In unserem Fall erscheint rechts eine durchgezogene, doppelte Linie, zu der sich Vergleichsbelege finden lassen (falls nicht erneut eine ungenaue Wiedergabe in der Hand-zeichnung zur Erklärung herangezogen werden sollte?)[7]. Auffallenderweise kann nun die als *Rᶜ* gelesene Gruppe neben der eigentlich korrekten Standarversion: Sonnenscheibe + Ideogrammstrich[8], auch durch zwei kleine, oft deutlich schräg gesetzte Striche neben einem rundlichen Zeichen ersetzt werden. Wie grundsätzlich auf Stempelsiegeln nicht ungewöhnlich, wird die Schriftrichtung dabei nicht immer eingehalten, sodass in beiden Versionen die Anordnung der Zeichen auch vertauscht erscheinen kann (Abb. 2.3, 3.3). Allerdings scheint in der Mehrzahl der Belege mit doppeltem Schrägstrich das rundliche Zeichen diesem zu folgen, nicht voraus zu gehen. Daraus ergibt sich nun eine ganz andere

Lesung, nämlich *jmnjj.t*.

In eben diesem Sinne wurden die Abdrücke aus Beisan/Beth Schean bereits von A. Rowe ver-standen und auch be-schrieben: "It is stamped *Imenyt, i.e.*, ‚daily,‘ and was used for the daily bread offerings. ... The seal indicates that the clay cakes were votive offerings for providing a ‚daily‘ supply of bread to the deity"[9]. Soweit ich sehe, ist diese Auffassung in der Skarabäenforschung nie rezipiert worden[10]. Im Ein-

---

[1] Rowe, The Four Canaanite Temples of Beth-Shan, 1940, pl. LIIIA/7 mit p. 90; James, The Iron Age at Beth Shan, 1966, 29, 324f., fig. 105/9.10.12.

[2] Die kleinere Kugel stammt aus Locus 1196, der unmittelbar östlich an den Tempel anschließt. Locus 1201, der Fundort der größeren Kugel, gehört zu einem weiter entfernten, jenseits einer Gasse gelegenen Haus. Vgl. den Plan in James, a.O. fig. 77. Zur Stratigraphie vgl. NEAEHL 1, 217.

[3] Wimmer, Egyptian Temples in Canaan and Sinai, in: Israelit-Groll (Hg.), Studies in Egyptology, 1990, 1077-1080; Wimmer, (No) More Egyptian Temples in Canaan and Sinai, in: Shirun-Grumach (Hg.), ÄAT 40, 1998, 96-98.

[4] Klar belegt ist die Verehrung von Mekal (Rowe, The Topographie, 1930, pl. 33; ders., The Four Canaanite Temples, 1940, frontispiece) und von Anat (Ders., The Topographie, pl. 50/2; vgl. auch Wimmer, Biblische Notizen 73, 1994, 36-41); entgegen früherer Darstellungen (Rowe, The Topographie, 19ff. zu pl. 48/2) wohl nicht von Astarte (Keel - Uehlinger, Göttinnen, Götter und Gottessymbole, 1992, 97 zu Abb. 107); evtl. von El (Wimmer, Journal of Palestinian Archaeology I/2, 2000, 32-35); ägyptische Gottheiten sind im Tempel nicht nachweisbar (entgegen James, Beth Shean, ADAJ 27, 1983, 644-645 [Hathor], und Zwickel, FAT 10, 1994, 190f. [Horus]).

[5] Die 5 Abdrücke der größeren Kugel sind nach James, The Iron Age at Beth Shean, 1966, 324/12 "illegible", "of the same shape" (wie die der

kleineren Kugel), "but slightly larger". Die kleinere Kugel ist zweimal als Fotografie und dazu als Handzeichnung publiziert (s. Anm. 1 und Abb. 1.1). Darauf sind fünf identische Abdrücke zu erkennen, wovon in einem Fall nur der Mittelteil des sonst breitovalen Siegels abgedrückt erscheint. Leichte Varianten in der Wiedergabe dürften vielleicht eher auf mangelnde Präzision der Nachzeichnung, als auf die Verwendung mehrerer, fast gleicher Siegel hindeuten.

[6] Keel, OBO SA 10, 1995, 242 (§ 642).

[7] z.B. Hodjash, Ancient Egyptian Scarabs, 1999, 104/541; Keel, a.O. 685/ 62, 717/75; MacDonald – Starkey - Harding, Beth Pelet II, 1932, pl. 57/ 389.

[8] Grafisch können dabei der Strich in Varianten auch der Sonne angeglichen, oder zwei ähnliche, waagrechte Zeichen gebildet werden (Abb. 3.1).

[9] Rowe, The Four Canaanite Temples, 90. Er vergleicht damit die sog. Schaubrote in 1 Sam 21,7 und Lev 24,5ff.

[10] Aufgenommen wird sie bei Zwickel, FAT 10, 1994, 190f.

63

leitungsband des *Corpus* von Othmar Keel liest man dazu: "Die Hieroglyphen sind aber keineswegs als *jmnjt* zu lesen, sondern schlicht als *Jmn-R^c* 'Amun-Re'"[11].

Das Lemma *jmnjj.t*, normalerweise mit Papyrusrolle und Pluralstrichen als Kollektivum, ab der 20. Dynastie auch nur mit Sonnenscheibe determiniert, kann ebenso die tägliche Arbeit eines Baumeisters oder tägliche Befehle qualifizieren, wie auch adverbial zu Ausdrücken wie z.B. "dass mein Herz froh sei alltäglich" (*m-jmnjj.t*) treten. Darüber hinaus meint es aber gerade das dauernde Opfer im Tempelkult. Belegt ist es in diesem Zusammenhang u.a. für Öl, Wein, Bier, Milchkühe, Rinder überhaupt, und insbesondere auch für Brot, vgl. z.B.[12]:

"('... begieb dich zum Tempel - tritt in das Allerheiligste, iss d. Brot i. Tempel') ... mach die Brote groß, gib noch mehr als **das regelmäßige Opfer** [*(j)mnjj.t*]", 20758450 (Petersburger Weisheit 65, 18. Dyn.)

"Ich versorgte den Tempel des Chontamenti, ich machte sein Brot groß, das festgesetzt war **als regelmäßiges, tägliches Opfer** [*m jmn(jj).t nt r^c nb*].", 20759090 (Louvre A 93, Naophor, saitisch)

"... ein Opfer aus dem Brot des Amuntempels: 10 Brote und 2 Krug Bier **als regelmäßiges, tägliches Opfer** [*m jmnjj.t n(t) r^c nb*]", 20759110 (Granitstele Sesostris' III. aus Deir el-Bahri, Kairo).

Daraus ließe sich nun postulieren, dass die als *jmnjj.t* lesbaren Skarabäen keineswegs zu den *Jmn(-R^c)*-Siegeln gehören, sondern als eigene Gruppe - mit einer ganz spezifischen, im Opferkultbereich angesiedelten Funktion - klassifiziert werden müssen. Natürlich kann einwändend gegen diese These die schiere Menge der so angesprochenen Siegel geltend gemacht werden. So findet sich selbst in dem sehr bescheidenen Privatfundus des Referenten ein Exemplar (Abb. 3.3), das unter den hier ausgewählten Beispielen ebenso wie Abb. 3.1 und 3.2[13], erstmalig vorgestellt wird. Für eine zuverlässige Bestandsanalyse wäre eine Fortführung der o.g. Studie von A. Jäkle wünschenswert. Festzustellen bleibt schließlich, dass der großen Anzahl erhalten gebliebener Siegel allein die besprochenen beiden Brotmodelle aus Beisan/ Beth Schean mit entsprechenden Abdrücken gegenüberstehen[14]. Dazu kommt möglicherweise ein etwas

kleinerer Tonklumpen aus Lachisch (44 mm), mit ganz ähnlichen Siegelabdrücken, die aber an der fraglichen Stelle nicht vollständig und daher nicht ganz eindeutig bestimmbar sind (Abb. 1.2)[15]. Ein Erklärungsmodell könnte davon ausgehen, dass die a priori tatsächlich als *jmnjj.t*-Stempel für Modellopfer gemeinten Siegel schon früh, zumal auf palästinischem Boden, eben doch als Varianten einer *Jmn-R^c*-Schreibung missverstanden wurden - so wie sich das in der modernen Forschung wiederholt hat - und so uminterpretiert entsprechend zahlreich weiter verbreitet wurden. Die Umdeutung manifestiert sich dann vollends in Beispielen wie Abb. 2.6 und 2.7, wo das ursprüngliche *jj*-Element in kryptografischen Schreibungen übernommen ist, die nun nichts anderes bedeuten können, als *Jmn-R^c*.

Als Fazit kann exemplarisch klassifiziert werden:

Abb. 2.1, 2.2, 2.3, 3.1: *Jmn-R^c*-Siegel (mit Varianten),

Abb. 1.1, 1.2: *jmnjj.t*-Siegelabdrücke,

Abb. 2.4, 2.5, 3.2, 3.3: *jmnjj.t*-Siegel oder möglicherweise auf *jmnjj.t*-Schreibung beruhende Varianten von *Jmn-R^c*-Siegeln,

Abb. 2.6, 2.7: *Jmn-R^c*-Siegel (definitiv auf *jmnjj.t*-Schreibung beruhende Varianten).

Bibliographie

S. Hodjash, Ancient Egyptian Scarabs. A catalogue of seals and scarabs from museums in Russia, Ukraine, the Caucasus and the Baltic states, Moskau 1999.

F. James, The Iron Age at Beth Shan. A Study of Levels VI-IV, Museum Monographs, Philadelphia 1966.

Dies., Beth Shean: A New Kingdom Egyptian Garrison?, in: Baq'ah Valley Project Symposium, ADAJ 27, 644-645.

O. Keel, Corpus der Stempelsiegel-Amulette aus Palästina/Israel. Einleitung, OBO SA 10, 1995.

Ders. - Chr. Uehlinger, Göttinnen, Götter und Gottessymbole, Quaestiones Disputatae 134, Freiburg/Basel/Wien, 1992.

E. MacDonald - J.L. Starkey - G.L. Harding, Beth-Pelet II, Publications of the Egyptian Research Account and British School of Archaeology in Egypt 52, London 1932.

F. Petrie, Beth-Pelet I, Publications of the Egyptian Research Account and British School of Archaeology in Egypt 48, London 1930.

A. Rowe, The Topography and History of Beth-Shan, Publications of the Palestine Section of the University Museum I, Philadelphia 1930.

Ders., The Four Canaanite Temples of Beth-Shan, Publications of the Palestine Section of the University Museum II, Philadelphia 1940.

O. Tufnell e.a., Lachish IV. The Bronze Age, The Wellcome-Marston Archaeological Research Expedition to the Near East Publications IV, London/ New York/Toronto 1958.

---

[11] Keel, OBO SA 10, 127.

[12] *Das digitalisierte Zettelarchiv des Wörterbuchs der ägyptischen Sprache*: http://aaew.bbaw.de:88. Zu den Textzitaten im Folgenden wird jeweils die Bildnummer angegeben, mit deren Hilfe die Belegzettel direkt angezeigt werden können.

[13] Privatbesitz in Balata/Palästina und vom dortigen Tell stammend. Für die frdl. Erlaubnis zur Nachzeichnung danke ich den Herren Walid und Issam Dweikat.

[14] Bei den neueren Grabungen der Hebräischen Universität unter A. Mazar wurde eine weitere, vergleichbare Lehmkugel gefunden (mündliche Mitteilung Prof. Mazar). Mehrere ebenfalls als Brotmodelle gedeutete, "zigarrenförmige" Stücke werden von Rowe aus Stratum IX angeführt (Rowe, The Four Canaanite Temples, 90/7). Sie weisen keine Abdrücke auf. Das gilt auch für die beiden hantelförmigen Objekte, die bei James, The Iron Age at Beth Shan, 29, 324f., fig. 105/8.11 zusammen mit den

gestempelten Kugeln angezeigt werden. Einer schriftliche Mitteilung von P. McGovern (29.1.1996) verdanke ich den Hinweis, dass solche auch in Nordsyrien gefunden wurden.

[15] Tufnell e.a., Lachish IV, 1958, 124, pl. 38/321; dort als Krugverschluss gedeutet. Vgl. Keel, OBO SA 10, 127.

S. Wimmer, Egyptian Temples in Canaan and Sinai, in: S. Israelit-Groll (Hg.), Studies in Egyptology, Presented to Miriam Lichtheim II, Jerusalem 1990, 1065-1106.

Ders., (No) More Egyptian Temples in Canaan and Sinai, in: I. Shirun-Grumach (Hg.), Jerusalem Studies in Egyptology, ÄAT 40, 1998, 87-123.

Ders., "Der Bogen der Anat" in Bet-Schean?, Biblische Notizen 73, 1994, 36-41.

Ders., El, Mekal and Ramses: The Statue from Beisán Again, in: Journal of Palestinian Archaeology I/2, 2000, 32-35.

W. Zwickel, Der Tempelkult in Kanaan und Israel, FAT 10, 1994.

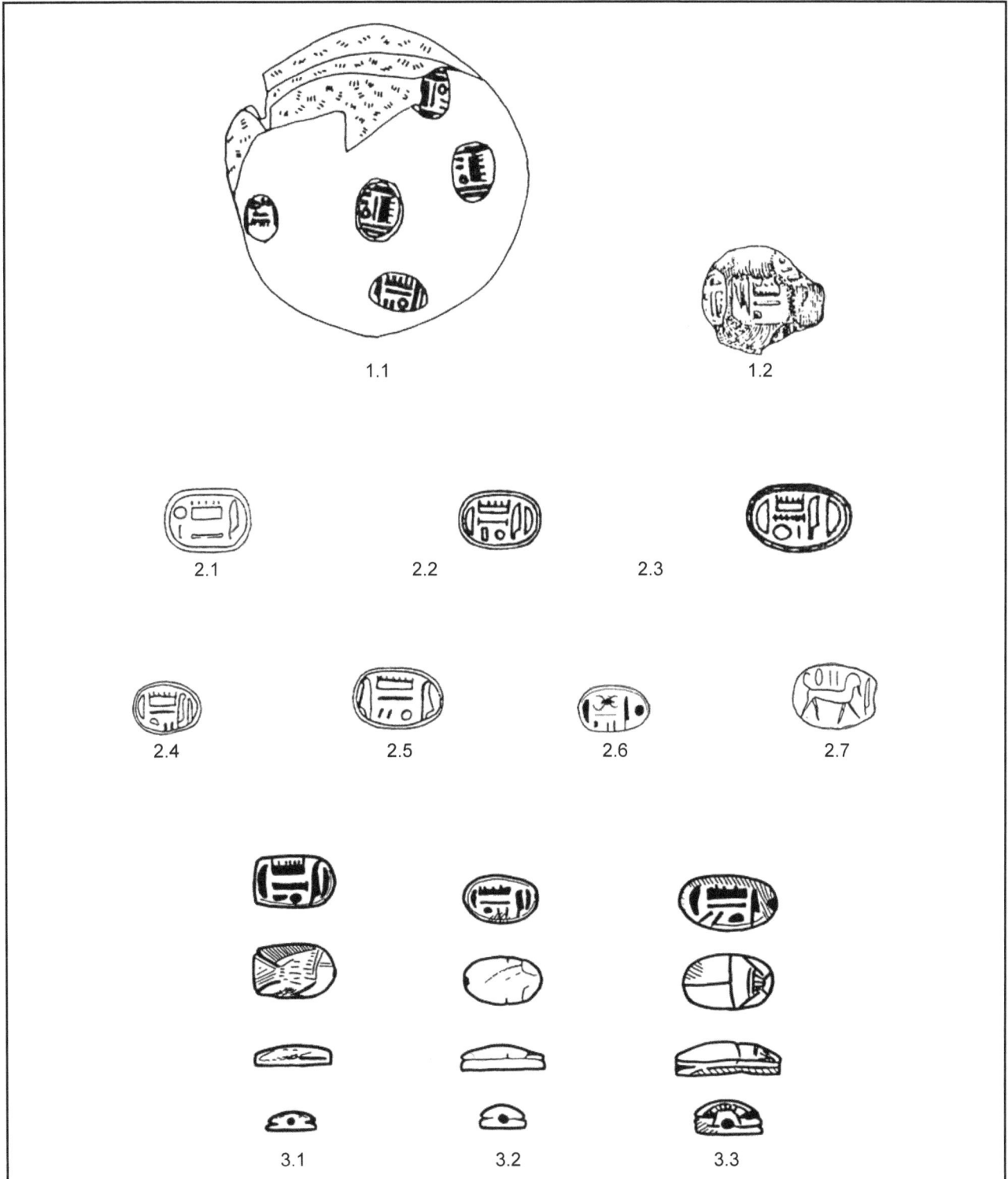

Abbildungen: 1.1: James, 1966, 325, fig. 105/10; 1.2: Tufnell, 1958, pl. 38/321; 2.1: Dies., a.O. pl. 39/377; 2.2: Hodjash, 1999, 104/545; 2.3: Dies., a.O. 102/520; 2.4: Tufnell, 1958, pl. 39/373; 2.5: Dies., a.O. pl. 39/374; 2.6: Petrie, 1930, pl. 29/278; 2.7: Ders., a.O. pl. 48/569; 3.1: Steatit, weiß. 1,29 x 0,86 x 0,38 cm. Rückseite als Fisch gestaltet. Minimaler hellgrüner Glasurrest an der Seite. Erworben in Jerusalem 1991. Privatbesitz München (unpubliziert); 3.2: Steatit, weiß. 1,33 x 0,97 x 0,50 cm. Kratzer auf Rückseite, Basis unten minimal beschädigt. Prov. Tell Balata. Privatbesitz Palästina (unpubliziert); 3.3: Steatit, weiß. 1,57 x 1,15 x 0,67 cm. Basis an den Rändern abgerieben. Erworben in Jerusalem 1990. Privatbesitz München (unpubliziert).

ABKÜRZUNGSVERZEICHNIS

AAS: Les Annales Archéologiques de Syrie, Damaskus
AASOR: The Annual of the American Schools of Oriental Research; New Haven
ÄAT: Ägypten und Altes Testament, Wiesbaden
ÄgF: Aegyptologische Forschungen, Glückstadt
ÄL: Ägypten und Levante, Wien
AUWE: Ausgrabungen in Uruk-Warka Endberichte, Mainz
ADAJ: Annual of the Department of Antiquities, Amman
AJA: American Journal of Archaeology, Princeton
BAH: Bibliothèque Archéologique et Historique, Paris
BAOM: Bulletin of the Ancient Orient Museum, Tokyo
BAR IS: British Archaeological Reports, International Series, Oxford
BASOR: Bulletin of the American Schools of Oriental Research, New Haven
BiMes: Bibliotheca Mesopotamica, Malibu
BMB: Bulletin du Musée de Beyrouth, Beirut
BSAE: British School of Archaeology in Egypt, London
CdE: Chronique d'Égypte, Brüssel
DaF: Damaszener Forschungen, DAI, Mainz
DaM: Damaszener Mitteilungen, DAI, Mainz
E: Eisenzeit
FAT: Forschungen zum Alten Testament, Tübingen
HdArch: Handbuch der Altertumswissenschaft. VI. Abteilung: Handbuch der Archäologie, München
HdO: Handbuch der Orientalistik, Leiden
IEJ: Israel Exploration Journal, Jerusalem
JARCE: Journal of the American Research Center in Egypt, Boston
JEA: Journal of Egyptian Archaeology, London
JHS: Journal of Hellenic Studies, London
JSSEA: Journal of the Society for the Study of Egyptian Antiquities, Toronto
LAAA: Liverpool Annals of Archaeology and Anthropology, Liverpool
MAM: Mission Archéologique de Mari, Paris
MARI: Mari. Annales et Recherches Interdisciplinaires, Paris
MB: Mittelbronzezeit
MDAIK: Mitteilungen des Deutschen Archäologischen Instituts, Abteilung Kairo, Wiesbaden
MDOG: Mitteilungen der Deutschen Orient-Gesellschaft, Berlin
MR: Mittleres Reich
NEAEHL: The New Encyclopedia of Archaeological Excavations in the Holy Land 1-4, Jerusalem 1993.
NR: Neues Reich
OBO: Orbis Biblicus et Orientalis, Freiburg/CH - Göttingen
OBO SA: Orbis Biblicus et Orientalis, Series Archaeologica, Freiburg/ CH - Göttingen
OIP: Oriental Institute Publications, Chicago
OJA: Oxford Journal of Archaeology, Oxford
OLA: Orientalia Lovaniensia Analecta, Leuven
PEQ: Palestine Exploration Quarterly, London
RdE: Revue d'Égyptologie, Paris
RSO: Ras Shamra-Ougarit, Paris
SAK: Studien zur Altägyptischen Kultur, Hamburg
SB: Spätbronzezeit
SBA: Saarbrücker Beiträge zur Altertumskunde, Saarbrücken
SHAJ: Studies in the History and Archaeology of Jordan, Amman
SMS: Syro-Mesopotamian Studies, Malibu
UE: Ur Excavations, London
UF: Ugarit-Forschungen, Münster
UVB: Uruk Vorläufige Berichte, Berlin
WVDOG: Wissenschaftliche Veröffentlichungen der Deutschen-Orient-Gesellschaft, Berlin
ZÄS: Zeitschrift für Ägyptische Sprache und Altertumskunde, Berlin
ZDPV: Zeitschrift des Deutschen Palästina-Vereins, Wiesbaden

Egyptian Late Middle Kingdom Designs

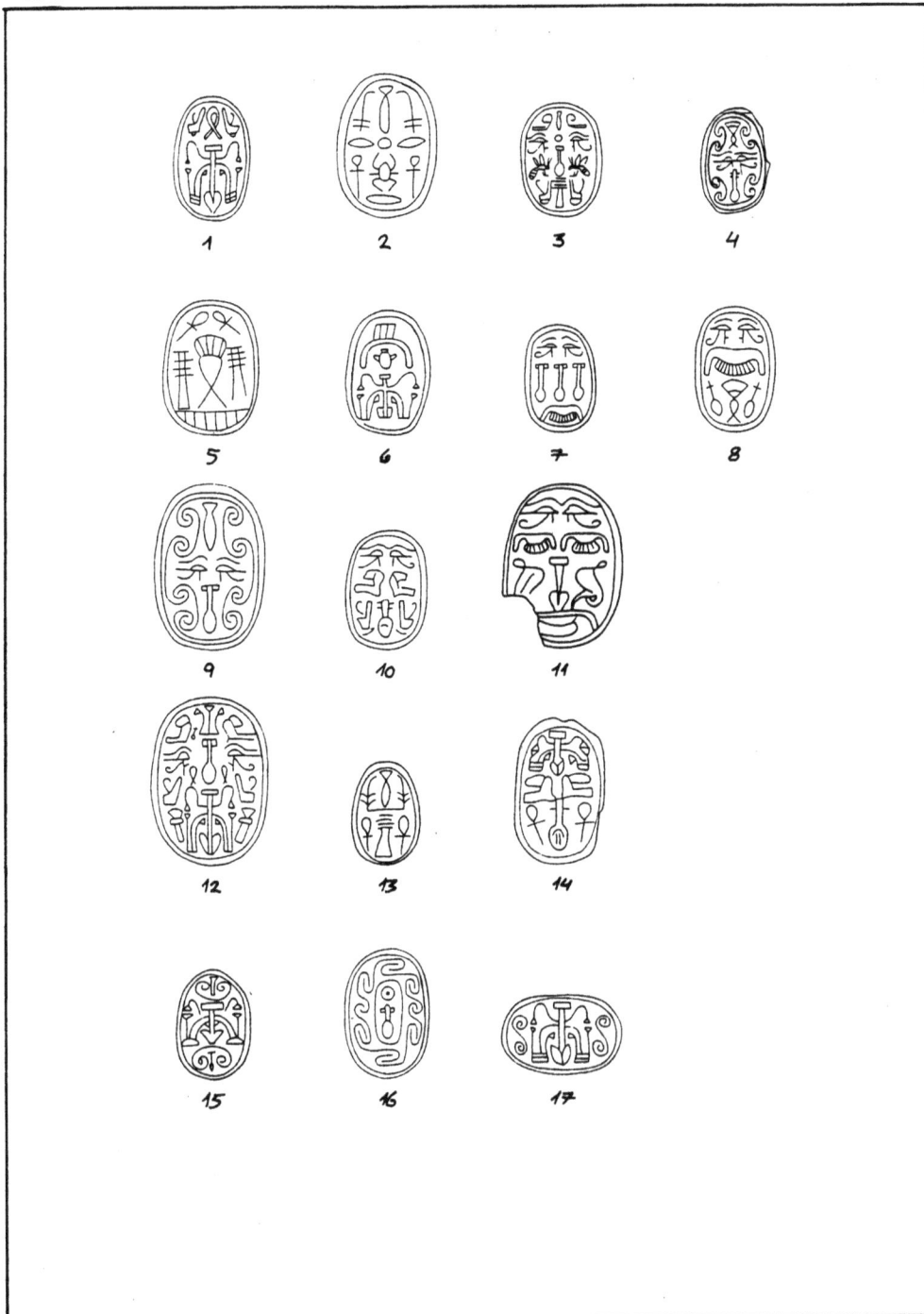

Fig. 1. 1.Uronarti 2.Nubt 3.Uronarti 4.El-Lisht 5.Nubt 6.Kahun 7-9.Uronarti
10.Kahun 11.Nubt 12.Uronarti 13.Harageh 14.El-Lisht 15.Harageh 16.Kahun 17.Uronarti

Early Palestinian Series Designs

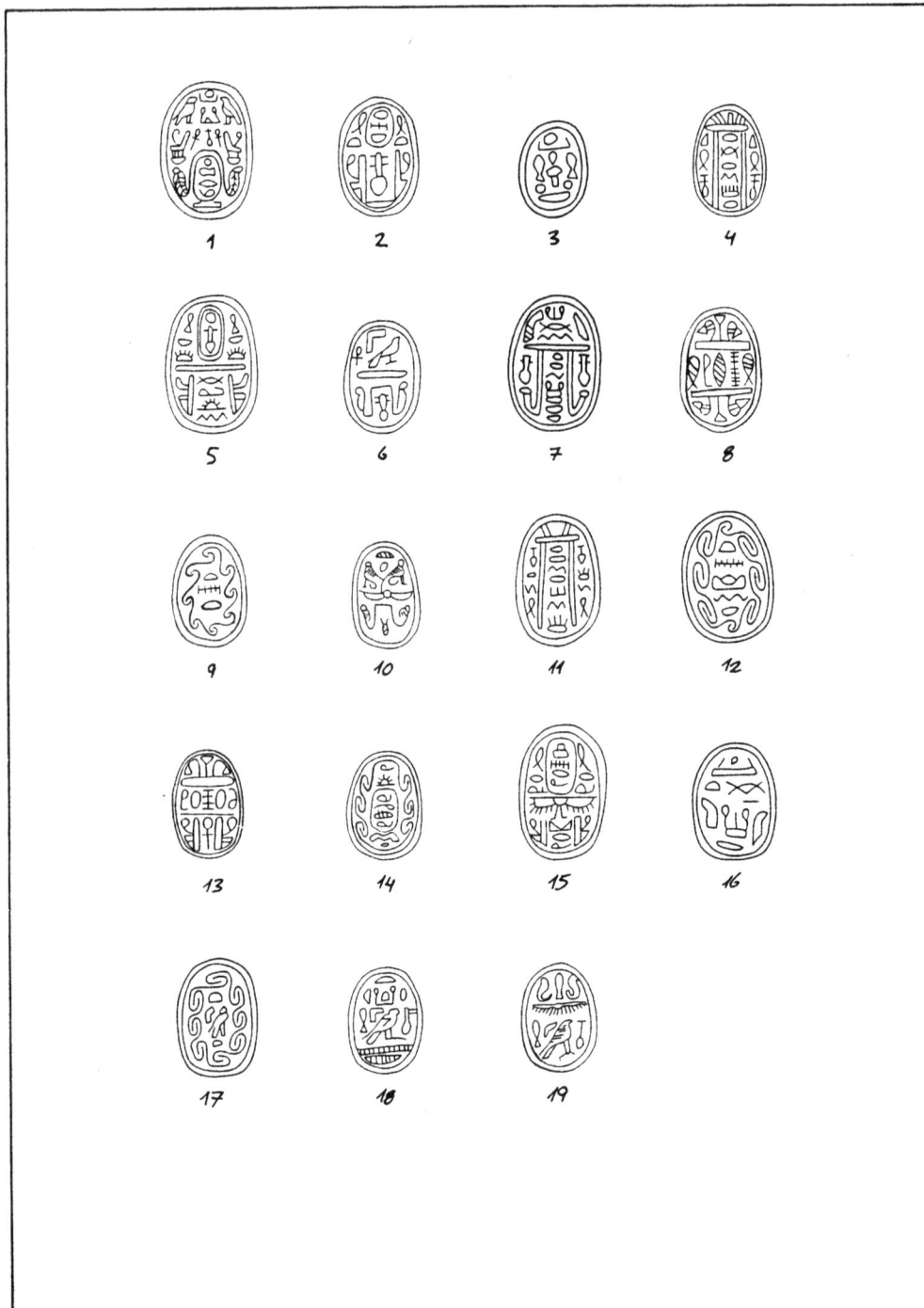

Fig. 2. 1.Jericho 2.Tel Aviv Harbor 3.Rishon Leziyyon 4.Megiddo 5-6.Jericho 7.Rishon Leziyyon 8.Tel Aviv Hrbor 9-11.Jericho 12.Rishon Leziyyon 13.Megiddo 14.Jericho 15.Tel Aviv Harbor 16-17.Rishon Leziyyon 18-19.Jericho

1   **2**   **3**   **4**   **5**   **6**   **7**

Tell Ahmar   **Alalaḫ**

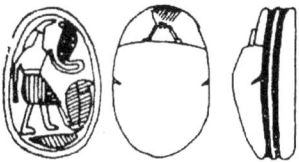
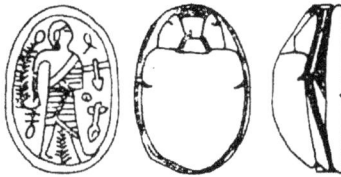

8   **9**   **10**

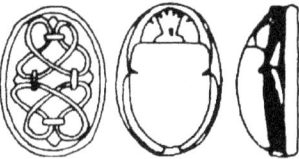
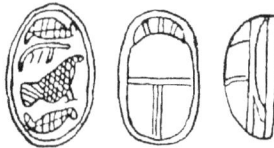
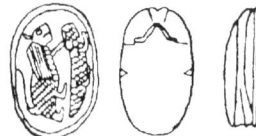

11   **12**   **13**

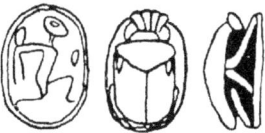
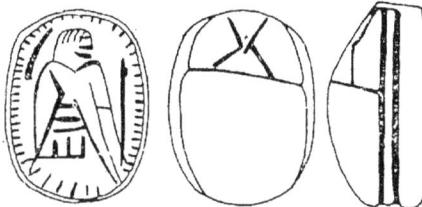

14   **15**   **Amman**

16   **17**

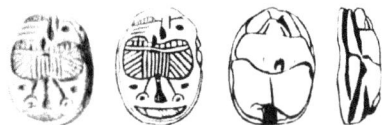

18   **19**   **Amrit**

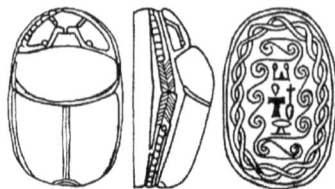

22

Bassit

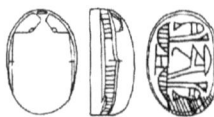

24

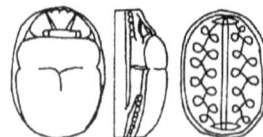

25

23

26

27

28

29

30

Beirut

Assur

20

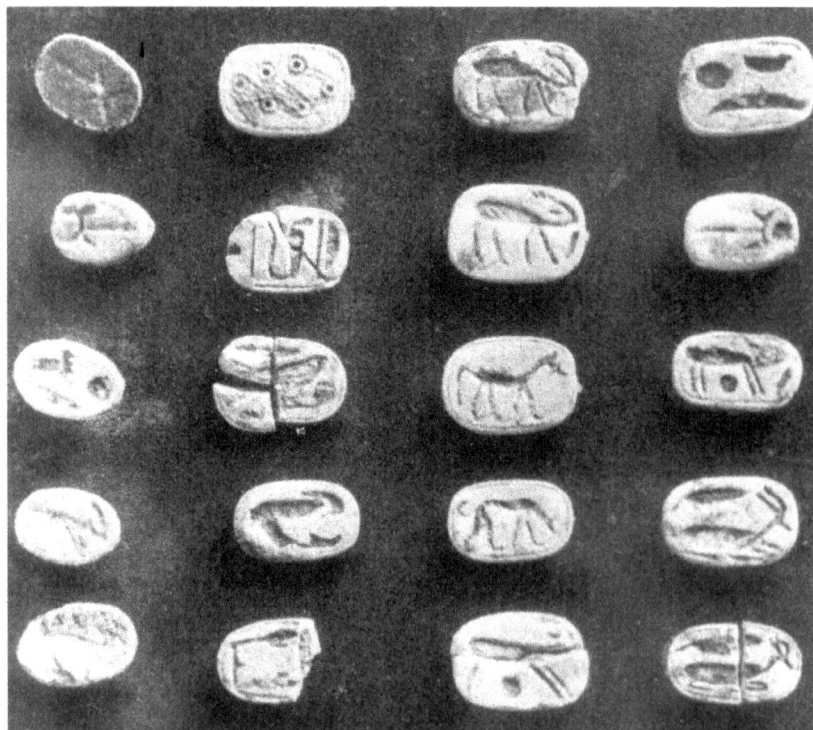

21

31   **Jarre Montet**

32   **J. Montet**   **33**   **34**   **35**   **36**   **37**   **38**
                                                 12.-13. Dyn.   **13. Dynastie**

Hyksos   **39**   **40**   **41**   **42**   **43**   **44**   **45**   **46**

47   **48**   **49**   **50**   **51**   **52**   **53**   **54**   **55**
Hyksos

56   **57**   **58**

59   **60**   **61**   **62**   **63**   **64**   **65**   **66**   **67**   **68**
Neues Reich

69   **70**   **71**   **72**   **73**
1. Jahrtausend   **Byblos**

71

74   **Deir ʿAlla**   **75**   **Deve Hüyük**   **76**

 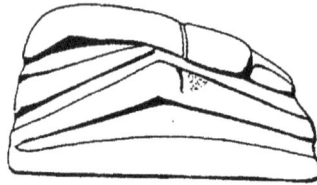 

77
Al-Haffa

78   **Tell Halaf**   **79**   **Ḥalde**   **80**   **81**   **Hamidiye**

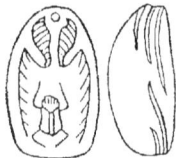   

82   **Ḫān Šayḫun**   **83**   **84**   **85**

86   **Ḫorsabad**

87   **88**   **89**   **Isin**

90
Tell Kazel

91
Lehun

92
Madaba

93   **94**   **95**   **96**   **97**   **99**

Tell al-Mazãr   **98**

100   **101**   **102**   **103**

Al-Mina

104   **105**   **106**

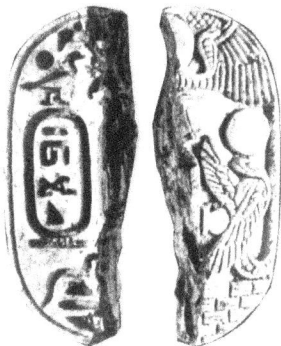

107
Nimrud

108

109

Ninive

110   **111**   **112**

113

115

116

114

117   **118**   **119**

120   **121**   Pella

122   Q a t n a

123

124   R a š i d i y a

125

126

Sahem
127

128   **129**   **130**   **131**

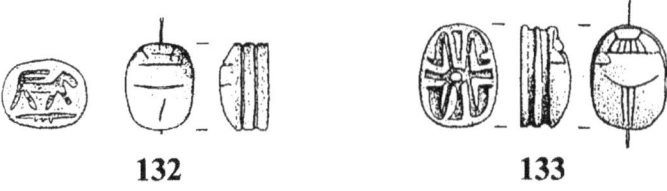

132   **133**   **Tell es-Saʿidiya**

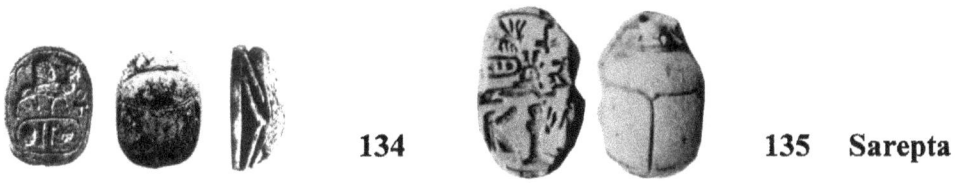

134   **135   Sarepta**

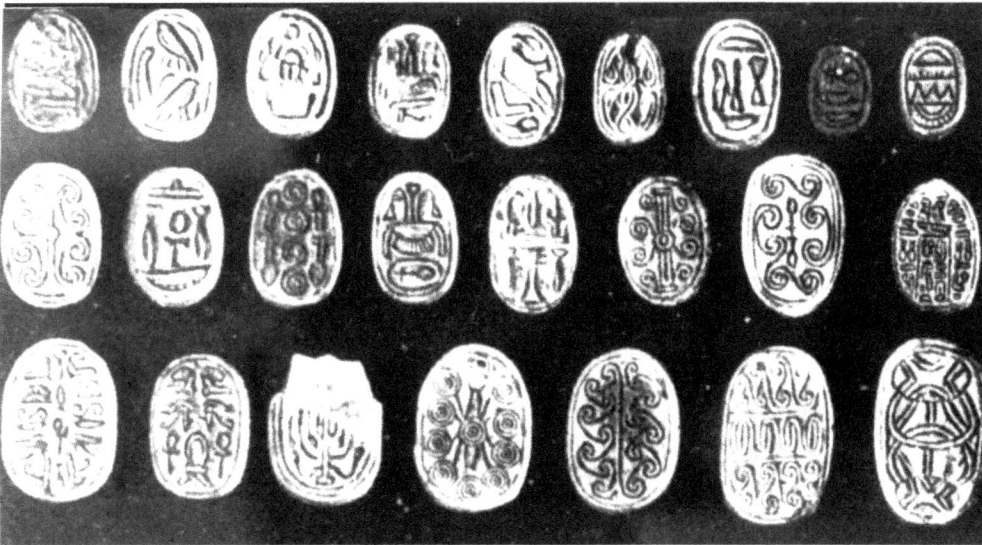

Sidon
136

k   **l**   **137**

138   **139**   **140**
                           Sidon

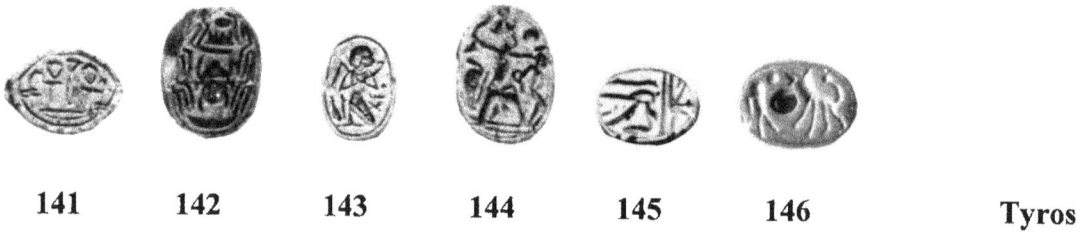

141   **142**   **143**   **144**   **145**   **146**   **Tyros**

147   **148**

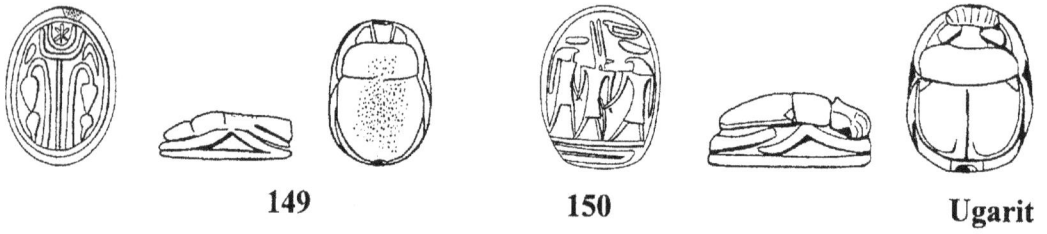

149   **150**   **Ugarit**

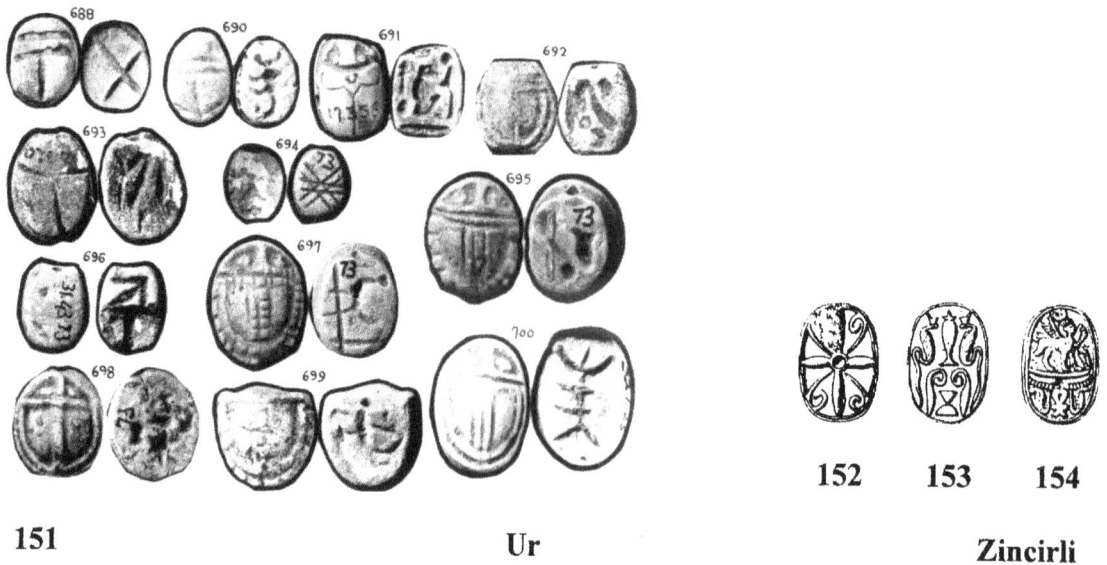

151   **Ur**

152   **153**   **154**

Zincirli

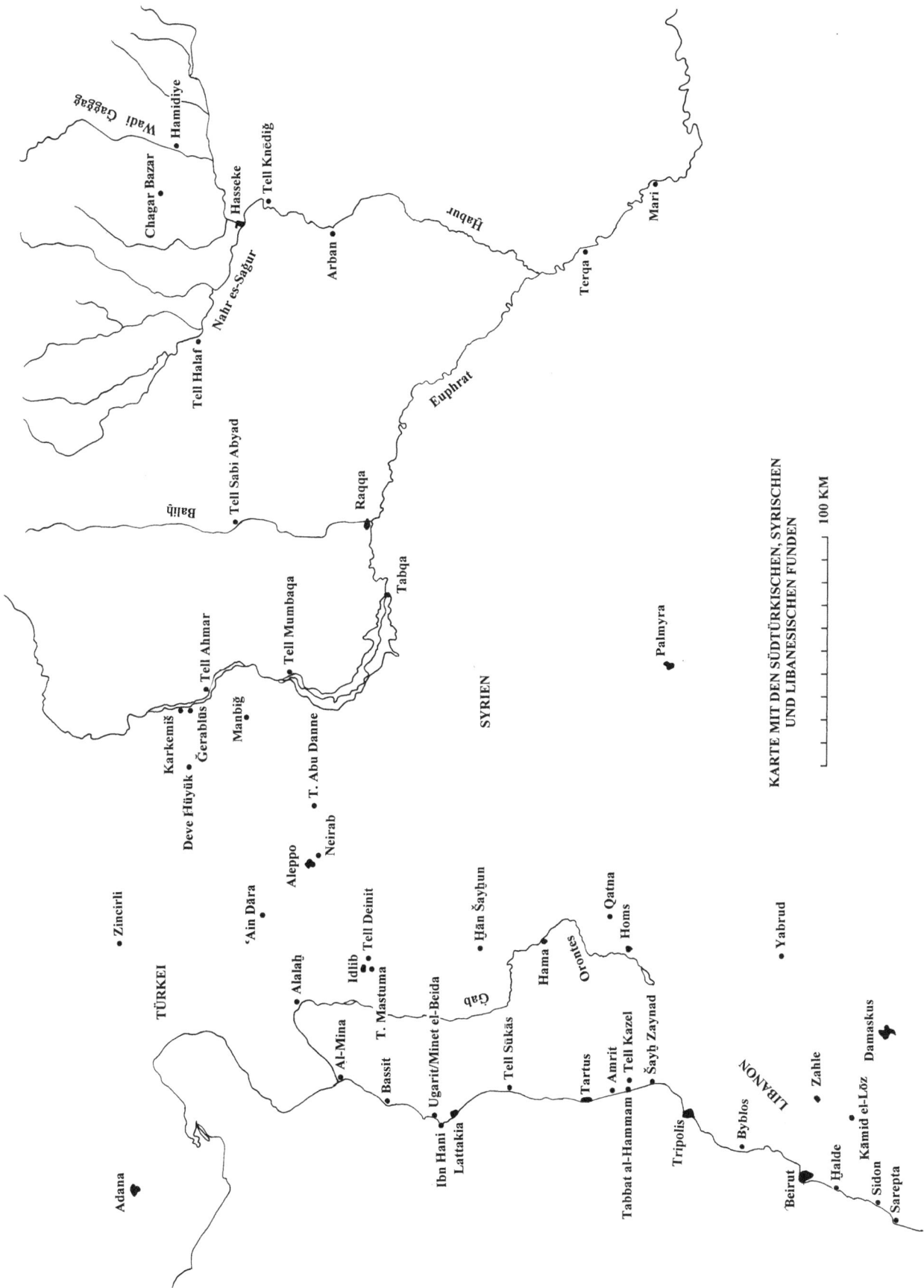

KARTE MIT DEN SÜDTÜRKISCHEN, SYRISCHEN
UND LIBANESISCHEN FUNDEN

100 KM

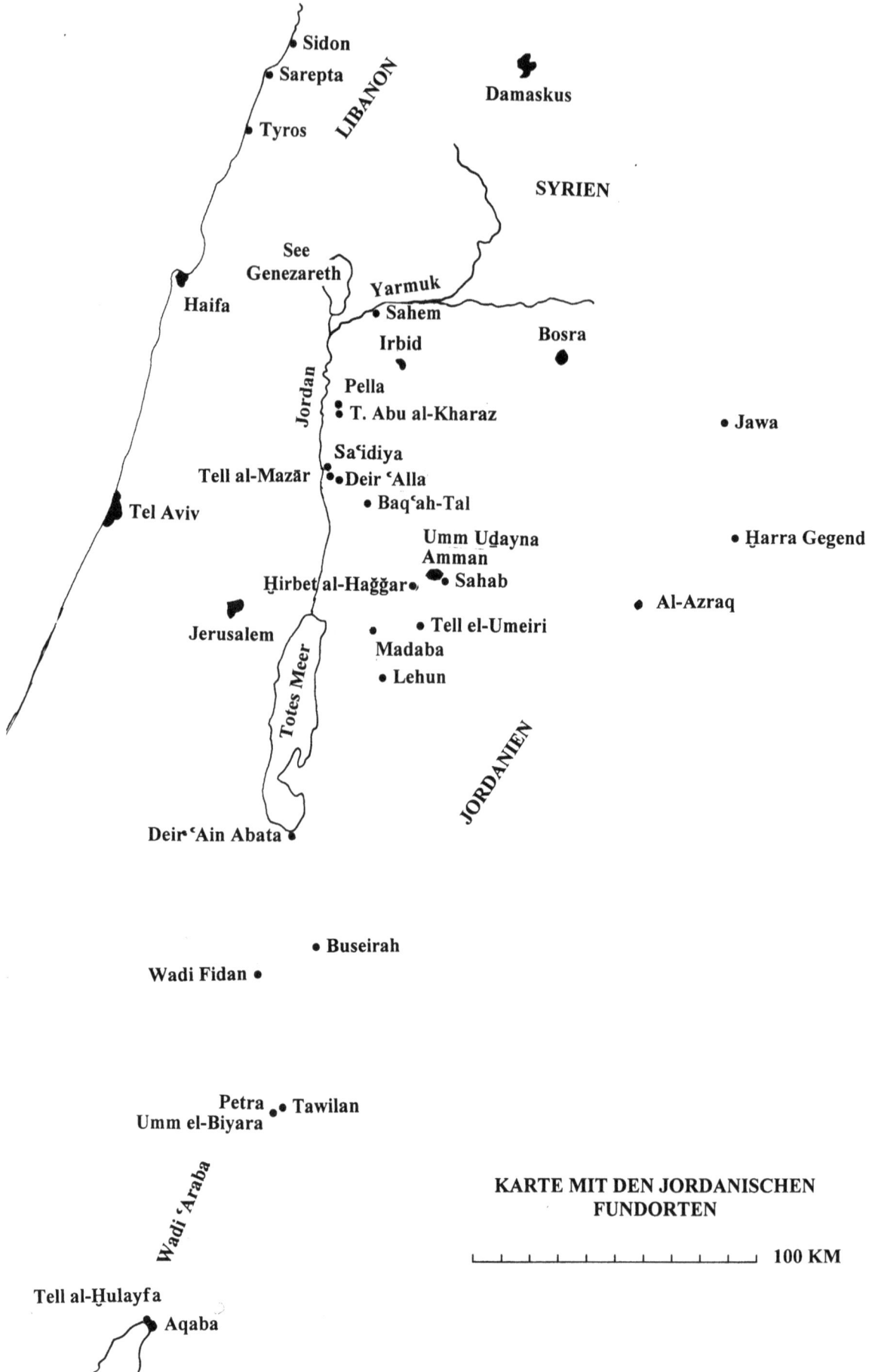

Sidon

Sarepta

LIBANON

Damaskus

Tyros

SYRIEN

See Genezareth

Yarmuk

Haifa

Sahem

Irbid

Bosra

Jordan

Pella

T. Abu al-Kharaz

Jawa

Sa'idiya

Tell al-Mazār

Deir 'Alla

Tel Aviv

Baq'ah-Tal

Umm Udayna

Ḥarra Gegend

Amman

Ḥirbet al-Haǧǧar

Sahab

Al-Azraq

Jerusalem

Tell el-Umeiri

Madaba

Totes Meer

Lehun

JORDANIEN

Deir 'Ain Abata

Buseirah

Wadi Fidan

Petra

Tawilan

Umm el-Biyara

Wadi 'Araba

KARTE MIT DEN JORDANISCHEN FUNDORTEN

100 KM

Tell al-Ḥulayfa

Aqaba

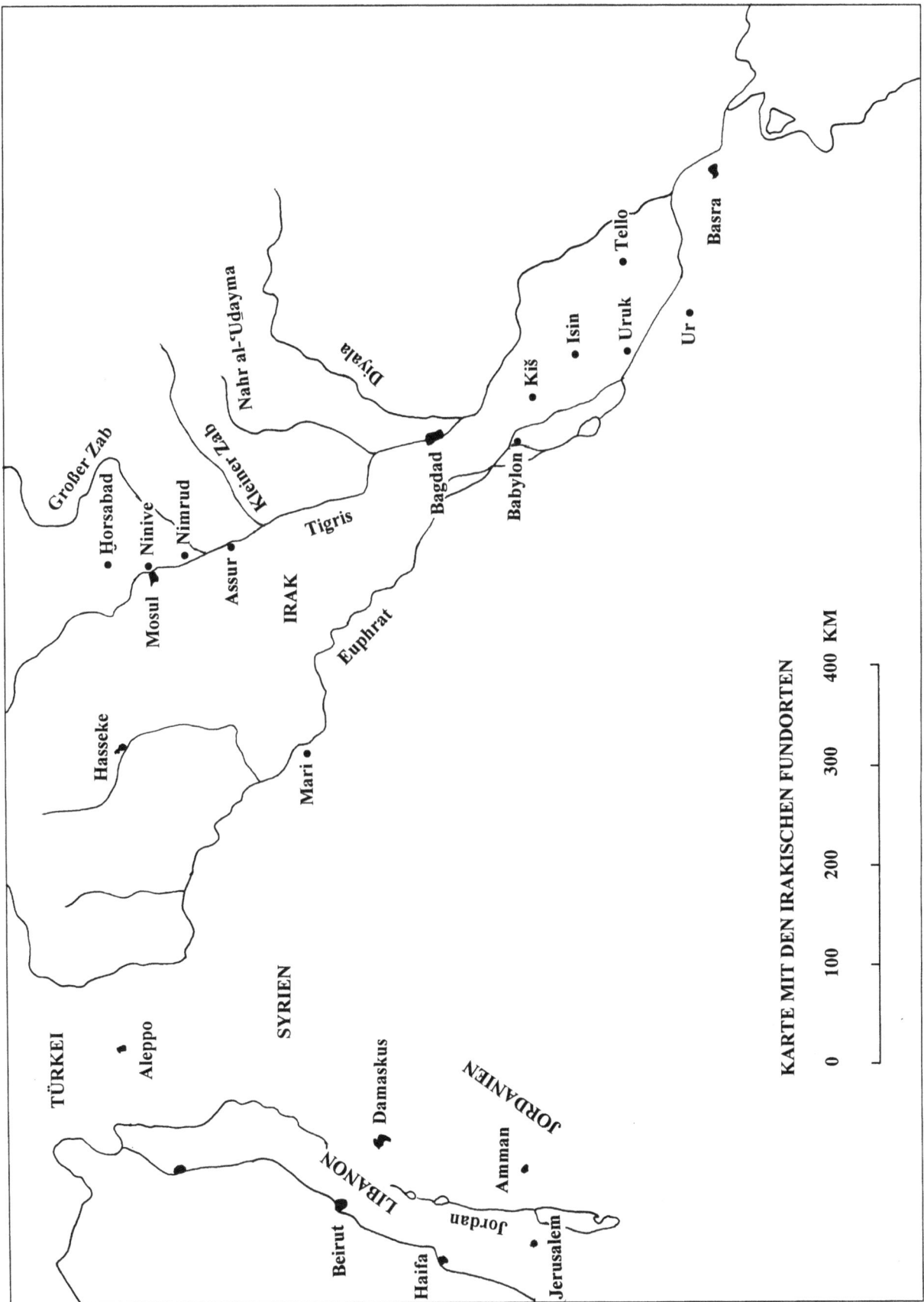

KARTE MIT DEN IRAKISCHEN FUNDORTEN

0   100   200   300   400 KM

www.ingramcontent.com/pod-product-compliance
Lightning Source LLC
Chambersburg PA
CBHW061304270326
41932CB00029B/3462